银行业专业人员职业资格考试辅导系列

公司信贷（中级）

过关必做1000题（含历年真题）

（第4版）

主编：圣才学习网

www.100xuexi.com

中国石化出版社

内 容 提 要

本书是银行业专业人员职业资格考试科目“公司信贷（中级）”过关必做习题集。本书遵循公司信贷（中级）考试大纲的章目编排，共分为12章，根据《公司信贷》教材内容及相关法律法规精心编写了约1000道习题，包括历年机考真题。所选习题基本涵盖了考试大纲规定需要掌握的知识内容，侧重于选编常考重难点习题，并对大部分习题进行了详细的分析和解答。

圣才学习网（www. 100xuexi. com）提供银行业专业人员职业资格考试辅导方案【视频课程、电子书、题库等】。购书即可享受大礼包增值服务【本书电子书（手机版、电脑版）】。手机扫码（本书封底）领取本书大礼包。

图书在版编目（CIP）数据

公司信贷（中级）过关必做1000题：含历年真题/圣才学习网主编. —4版. —北京：中国石化出版社，2024.2
（银行业专业人员职业资格考试辅导系列）
ISBN 978-7-5114-7399-8

Ⅰ. ①公… Ⅱ. ①圣… Ⅲ. ①信贷-银行业务-中国-资格考试-习题集 Ⅳ. ①F832.2-44

中国国家版本馆CIP数据核字（2024）第050361号

中国石化出版社出版发行

地址：北京市东城区安定门外大街58号
邮编：100011 电话：(010)57512500
发行部电话：(010)57512575
http://www. sinopec-press. com
E-mail：press@ sinopec. com
武汉市盛宏源印务有限公司印刷
全国各地新华书店经销

*

787×1092毫米 16开本 14.5印张 357千字
2024年3月第4版 2024年3月第1次印刷
定价：58.00元

序　言

为了帮助考生顺利通过银行业专业人员职业资格考试，我们根据考试大纲和指定参考教材精心编写了银行业专业人员职业资格考试辅导系列。

1. 银行业法律法规与综合能力(中级)过关必做1200题(含历年真题)
2. 银行业法律法规与综合能力(中级)历年真题与考前押题详解
3. 个人理财(中级)过关必做1200题(含历年真题)
4. 个人理财(中级)历年真题与考前押题详解
5. 风险管理(中级)过关必做1000题(含历年真题)
6. 公司信贷(中级)过关必做1000题(含历年真题)
7. 公司信贷(中级)历年真题与考前押题详解
8. 个人贷款(中级)过关必做1000题(含历年真题)
9. 个人贷款(中级)历年真题与考前押题详解
10. 银行管理(中级)过关必做1000题(含历年真题)

本书是银行业专业人员职业资格考试科目“公司信贷(中级)”过关必做习题集。本书遵循公司信贷(中级)考试大纲的章目编排，共分为12章，根据《公司信贷》教材内容及相关法律法规精心编写了约1000道习题，包括历年机考真题。所选习题基本涵盖了考试大纲规定需要掌握的知识内容，侧重于选编常考重难点习题，并对大部分习题进行了详细的分析和解答。

购书即可享受大礼包增值服务。手机扫码(本书封底)领取本书大礼包。具体包括：本书电子书(手机版、电脑版)。

与本书相配套，圣才学习网提供银行业专业人员职业资格考试视频课程、电子书、题库。

圣才学习网(www.100xuexi.com)是一家为全国各类考试和专业课学习提供名师视频课程、电子书、题库等全方位教育服务的综合性学习型视频学习网站，拥有近100种考试(含418个考试科目)、194种经典教材(含英语、经济、管理、证券、金融等共16大类)，合计近万小时的面授班、网授班课程。

资格考试：www.100xuexi.com(圣才学习网)
考研辅导：kaoyan.100xuexi.com(圣才考研网)

圣才学习网编辑部

目　录

第一章　公司信贷概述

一、单选题(下列选项中只有一项最符合题目的要求)

1. 下列选项中，(　　)是贷后管理及客户风险控制的第一责任部门。[2023年10月真题]

A. 信贷审批部门　B. 审计部门　C. 公司业务部门　D. 风险管理部门

【解析】前台部门包括公司业务部门、个人贷款部门、金融机构部门等，主要负责客户营销和维护，是银行的利润中心。同时前台部门也作为风险控制的第一道防线，在客户识别、授信方案设计、贷后管理等业务环节扮演主要角色，并为信贷业务的中台及后台部门工作提供支持。AD两项，信贷审批部门、风险管理部门属于中台部门；B项，审计部门属于后台部门。

2.《固定资产贷款管理暂行办法》第十条规定，贷款人应对借款人提供申请材料的方式和具体内容提出要求，并要求借款人恪守诚实守信原则，承诺所提供材料(　　)。[2023年10月真题]

A. 完整、合法、有效　　B. 及时、完整、真实

C. 及时、完整、合法　　D. 真实、完整、有效

【解析】贷款人应对借款人提供申请材料的方式和具体内容提出要求，并要求借款人恪守诚实守信原则，承诺所提供材料真实、完整、有效。

3. 根据《商业银行并购贷款风险管理指引》，下列选项不属于商业银行开展并购贷款业务应当遵循的原则的是(　　)。[2023年10月真题]

A. 依法合规　B. 利润最大化　C. 审慎经营　D. 风险可控

【解析】根据《商业银行并购贷款风险管理指引》第六条，商业银行开办并购贷款业务应当遵循依法合规、审慎经营、风险可控、商业可持续的原则。

4.《流动资金贷款管理暂行办法》规定贷款人应根据(　　)的原则，建立规范的流动资金贷款评审制度和流程，确保风险评价和信贷审批的独立性。[2023年10月真题]

A. 贷放分离、转授权审批　　B. 流程审批、权限审批

C. 贷审分离、分级审批　　D. 贷审分离、权限审批

【解析】根据《流动资金贷款管理暂行办法》第十七条，贷款人应根据贷审分离、分级审批的原则，建立规范的流动资金贷款评审制度和流程，确保风险评价和信贷审批的独立性。

5. 关于并购贷款，下列选项表述错误的是(　　)。[2023年10月真题]

A. 商业银行在开展并购贷款业务时，若并购方与目标企业存在关联关系，由于具有集团一致性，可适当简化贷前调查，了解并购双方整合的可行性即可

B. 并购目的清晰，并购方通过并购能够获得目标企业的研发能力、关键技术与工艺、商标、特许权、供应或外销网络等战略性资源以获得其核心竞争力

1C　2D　3B　4C　5A

C. 并购交易合法合规，涉及国家产业、土地、行业准入、反垄断、国有资产转让等事项的，应按适用法律法规和政策要求，取得有关方面的批准和相关手续

D. 并购交易涉及上市公司的，应遵守《上市公司收购管理办法》等相关法律法规

【解析】根据《商业银行并购贷款风险管理指引》第二十八条，并购方与目标企业存在关联关系的，商业银行应当加强贷前调查，了解和掌握并购交易的经济动机、并购双方整合的可行性、协同效应的可能性等相关情况，核实并购交易的真实性以及并购交易价格的合理性，防范关联企业之间利用虚假并购交易套取银行信贷资金的行为。

6. 实贷实付的主要目的是(　　)。[2023 年 10 月真题]

A. 监控借款人生产经营　　B. 防止借款人挪用贷款

C. 提高信贷资金使用效率　　D. 为借款人节省财务成本

【解析】实贷实付是指银行业金融机构根据借款人的有效贷款需求，主要通过贷款人受托支付的方式，将贷款资金支付给符合合同约定的借款人交易对象的过程。实贷实付原则的关键是让借款人按照贷款合同的约定用途使用贷款资金，减少贷款挪用的风险。

7. 银行开展银团贷款业务可以依据(　　)制定的银团贷款合同示范文本，制定银团贷款合同。[2023 年 10 月真题]

A. 中国人民银行　　B. 银行业监管机构

C. 中国银行业协会　　D. 省级以上政府金融工作办公室

【解析】根据《银团贷款业务指引(修订)》第二十九条，银行开展银团贷款业务可以依据中国银行业协会制定的银团贷款合同示范文本，制定银团贷款合同。

8. ______应在银行贷款存续期内跟踪了解项目进展情况，及时发现银团贷款可能出现的问题，并以书面形式尽快通报______。(　　)[2022 年 7 月真题]

A. 代理行，牵头行　　B. 牵头行，银团成员

C. 代理行，银团成员　　D. 牵头行，代理行

【解析】根据《银团贷款业务指引(修订)》第三十条，银团贷款的日常管理工作主要由代理行负责。代理行应在银团贷款存续期内跟踪了解项目的进展情况，及时发现银团贷款可能出现的问题，并以书面形式尽快通报银团成员。

9. 银团贷款出现违约风险时，(　　)应当根据银团贷款合同的约定负责及时召集银团会议。[2022 年 7 月真题]

A. 发行人　　B. 参与行　　C. 代理行　　D. 牵头行

【解析】根据《银团贷款业务指引(修订)》第三十三条，银团贷款出现违约风险时，代理行应当根据银团贷款合同的约定，负责及时召集银团会议，并可成立银团债权委员会，对贷款进行清收、保全、重组和处置。必要时可以申请仲裁或向人民法院提起诉讼。

10. 某企业在银行办理了一笔 4 年的抵押贷款，在贷款到期日之前，企业因经营困难需要申请贷款展期。按照《贷款通则》的规定，该笔贷款展期，最长期限为(　　)年。[2022 年 7 月真题]

A. 3　　B. 4　　C. 2　　D. 1

6B　7C　8C　9C　10C

【解析】中期贷款是指贷款期限在1年以上(不含1年)5年以下(含5年)的贷款。不能按期归还贷款的，借款人应当在贷款到期日之前，向银行申请贷款展期，是否展期由银行决定。短期贷款展期期限累计不得超过原贷款期限；中期贷款展期期限累计不得超过原贷款期限的一半；长期贷款展期期限累计不得超过3年。

11. 根据《商业银行并购贷款风险管理指引》，商业银行对单一借款人的并购贷款余额占同期本行一级资本净额的比例不应超过(　　)%。[2022年7月真题]

A. 2　　B. 3　　C. 10　　D. 5

【解析】根据《商业银行并购贷款风险管理指引》第二十条，商业银行对单一借款人的并购贷款余额占同期本行一级资本净额的比例不应超过5%。

12. 根据《商业银行并购贷款指引》，并购交易价款中并购贷款所占比例不应高于(　　)。[2021年6月真题]

A. 60%　　B. 40%　　C. 70%　　D. 50%

【解析】银行办理并购贷款须合理评估并购目标企业价值及并购交易价格合理性，并购交易价款中并购贷款所占比例不应高于60%；并购贷款期限一般不超过7年。

13. 承兑是银行在商业汇票上签章承诺按(　　)指示到期付款的行为。[2021年6月真题]

A. 承兑人　　B. 背书人　　C. 持票人　　D. 出票人

【解析】银行承兑汇票业务是银行接受出票人的付款委托，承诺在承兑汇票到期日对收款人或持票人无条件支付汇票金额的票据行为。

14. 当一个集团客户授信需求超过一家银行风险的承受能力时，商业银行应采取组织银团贷款、(　　)和贷款转让等措施分散风险。[2021年6月真题]

A. 联合贷款　　B. 项目贷款　　C. 表外授信　　D. 流动资金贷款

【解析】集团授信额度是指授信银行授予集团客户(包括分配集团内成员企业)授信额度的总和。当一个集团客户授信需求超过一家银行风险的承受能力时，商业银行应当采取组织银团贷款、联合贷款和贷款转让等措施分散风险。

15. 在银团贷款中，单家银行担任牵头行时，其承贷份额原则上不少于银团融资总金额的______，分销给其他银团成员的份额原则上不低于______。(　　)[2021年6月真题]

A. 50%；20%　　B. 10%；50%　　C. 20%；50%　　D. 50%；10%

【解析】根据《银团贷款业务指引(修订)》第九条的规定，单家银行担任牵头行时，其承贷份额原则上不少于银团融资总金额的20%；分销给其他银团成员的份额原则上不得低于50%。

16. 根据《贷款通则》，中期贷款是指贷款期限在(　　)的贷款。[2020年10月真题]

A. 1年以上3年以下　　B. 1年以上5年以下

C. 6个月以上1年以下　　D. 10年以下

【解析】短期贷款是指贷款期限在1年以内(含1年)的贷款；中期贷款是指贷款期限在1年以上(不含1年)5年以下(含5年)的贷款；长期贷款是指贷款期限在5年(不含5

11D　12A　13D　14A　15C　16B

年）以上的贷款。

17. 按照贷款经营模式划分，风险由银行承担，并由银行收回本金和利息的贷款是（　　）。［2020 年 10 月真题］

A. 信用贷款　　B. 项目融资　　C. 委托贷款　　D. 自营贷款

【解析】公司信贷按贷款经营模式划分为自营贷款、委托贷款、特定贷款。自营贷款是指银行以合法方式筹集的资金自主发放的贷款，其风险由银行承担，并由银行收回本金和利息。委托贷款是指政府部门、企事业单位及个人等委托人提供资金，由银行（受托人）根据委托人确定的贷款对象、用途、金额、期限、利率等代为发放、监督使用并协助收回的贷款。委托贷款的风险由委托人承担，银行（受托人）只收取手续费，不承担信用风险，不代垫资金。特定贷款是指国务院批准并对贷款可能造成的损失采取相应补救措施后责成银行发放的贷款。

18. 银团贷款参加行应当按照约定及时足额划拨资金至（　　）指定账户。［2020 年 10 月真题］

A. 牵头行　　B. 协调行　　C. 代理行　　D. 账户行

【解析】参加行是指接受牵头行邀请，参加银团并按照协商确定的承贷份额向借款人提供贷款的银行。参加行应当按照约定及时足额划拨资金至代理行指定的账户，参加银团会议，做好贷后管理，了解掌握借款人日常经营与信用状况的变化情况，及时向代理行通报借款人的异常情况。

19. 银团贷款存续期间，银团会议通常由（　　）负责定期召集，或者根据银团贷款合同的约定由一定比例的银团成员提议召开。［2020 年 10 月真题］

A. 牵头行　　B. 代理行　　C. 托管行　　D. 协调行

【解析】根据《银团贷款业务指引（修订）》第三十一条，银团贷款存续期间，银团会议由代理行负责定期召集，或者根据银团贷款合同的约定由一定比例的银团成员提议召开。银团会议的主要职能是讨论、协商银团贷款管理中的重大事项。

20. 商业银行应明确并购贷款业务内部报告的内容、路线和频率，并应至少（　　）对并购贷款业务的合规性和资产价值变化进行内部检查和独立的内部审计，对其风险状况进行全面评估。［2020 年 10 月真题］

A. 每半年　　B. 每年　　C. 每季度　　D. 每月

【解析】商业银行应明确并购贷款业务内部报告的内容、路线和频率，并应至少每年对并购贷款业务的合规性和资产价值变化进行内部检查和独立的内部审计，对其风险状况进行全面评估。当出现并购贷款集中度趋高、贷款风险分类趋降等情形时，商业银行应提高内部报告、检查和评估的频率。

21. 流动资金贷款可以用于（　　）等用途。［2019 年 6 月真题］

A. 房地产开发　　B. 股权投资

C. 日常生产经营周转　　D. 固定资产构建

【解析】流动资金贷款是指贷款人向企（事）业法人或国家规定可以作为借款人的其他组

17D　18C　19B　20B　21C

织发放的用于借款人日常生产经营周转的本外币贷款。

22. 企业因采购生产用原材料而向银行申请的贷款属于(　　)。[2018 年 6 月真题]

A. 技术改造贷款　B. 固定资产贷款　C. 基本建设贷款　D. 流动资金贷款

【解析】根据《流动资金贷款管理暂行办法》，流动资金贷款是指贷款人向企(事)业法人或国家规定可以作为借款人的其他组织发放的用于借款人日常生产经营周转的本外币贷款。

23. 利率一般有年利率、月利率和日利率三种形式，以月为计息期的，一般按本金的(　　)表示。[2016 年 11 月真题]

A. 十万分之几　B. 百分之几　C. 万分之几　D. 千分之几

【解析】月利率也称月息率，以月为计息期，一般按本金的千分比表示。此外，年利率也称年息率，以年为计息期，一般按本金的百分比表示；日利率也称日息率，以日为计息期，一般按本金的万分比表示。

24. 下列关于公司信贷的基本要素，说法错误的是(　　)。[2015 年 10 月真题]

A. 信贷产品主要包括贷款、担保、承兑、保函、信用证等

B. 按计算利息的周期，计息方式分为按日计息、按月计息、按季计息、按年计息

C. 在广义的定义下，贷款期限通常分为提款期、宽限期和还款期

D. 利率一般有年利率、季利率、月利率、日利率四种形式

【解析】D 项，利率一般有年利率、月利率、日利率三种形式。年利率也称年息率，以年为计息期，一般按本金的百分比表示；月利率也称月息率，以月为计息期，一般按本金的千分比表示；日利率也称日息率，以日为计息期，一般按本金的万分比表示。

25. 商业银行一般采用的保证担保是(　　)。[2014 年 11 月真题]

A. 一般保证担保

B. 一般保证和连带保证其中任意一个都行

C. 连带责任保证担保

D. 一般保证和连带保证其中任意一个都不行

【解析】保证贷款是指以第三人承诺在借款人不能偿还贷款时，按约定承担一般保证责任或者连带保证责任而发放的贷款。银行一般要求保证人提供连带责任保证。

26. 公司信贷的基本要素不包括(　　)。[2014 年 11 月真题]

A. 信贷产品、金额、期限、利率和费率

B. 还款方式、担保方式

C. 直接融资渠道

D. 借款主体

【解析】公司信贷的基本要素主要包括借款主体、信贷产品、信贷金额、信贷期限、贷款利率、还款方式、担保方式和授信条件等。

27. 下列选项中不属于广义信贷期限的是(　　)。[2010 年 5 月真题]

22D　23D　24D　25C　26C　27C

A. 宽限期　　B. 还款期　　C. 用款期　　D. 提款期

【解析】信贷期限有广义和狭义两种。广义的信贷期限是指银行承诺向借款人提供以货币计量的信贷产品的整个期间，即从签订借款合同到合同结束的整个期间。狭义的信贷期限是指从具体信贷产品发放到约定的最后还款或清偿的期限。贷款期限通常分为提款期、宽限期和还款期。

28. (　　)是指由非政府部门的民间金融组织确定的利率。[2009 年 10 月真题]

A. 法定利率　　B. 基准利率　　C. 行业公定利率　　D. 市场利率

【解析】行业公定利率是指由非政府部门的民间金融组织，如银行业协会等确定的利率，该利率对会员银行具有约束力。

29. 我国人民币贷款基准利率是(　　)。

A. 贷款市场报价利率　　B. 固定利率

C. 行业公定利率　　D. 市场利率

【解析】我国人民币贷款基础利率是贷款市场报价利率(LPR)。2019 年 8 月，中国人民银行发布公告，决定改革完善 LPR 形成机制，LPR 报价方式由参考基准利率改为参考公开市场操作利率，由各报价行按照对最优质客户执行的贷款利率，于每月 20 日(遇节假日顺延)以公开市场操作利率加点形成的方式报价。

30. 某人存款 10000 元，期限为一年，月息二厘五毫，则到期可获得利息(　　)元。

A. 3000　　B. 300　　C. 30　　D. 3

【解析】我国计算利息传统标准是分、厘、毫，每十毫为一厘，每十厘为一分。年息几分表示百分之几，月息几厘表示千分之几，日息几毫表示万分之几。年利率 ÷ 12 = 月利率；月息二厘五毫即月利率为 2.5‰，则 10000 元的年利息 = 10000 × 2.5‰ × 12 = 300(元)。

31. 某人贷款 10000 元，日利率万分之二，如银行按复利计息，每年应还利息(　　)元。

A. 732　　B. 740　　C. 746　　D. 755

【解析】单利计息是指在计息周期内对已计算未支付的利息不计收利息；复利计息是指在计息周期内对已计算未支付的利息计收利息。如按复利计算，每年应还利息额为：$[(1+0.0002)^{360}-1]\times 10000=746$(元)。

32. 某人向银行申请一笔贷款，约定每月等额偿还贷款的本金和利息，20 年还清，则此种清偿计划属于______中的______。(　　)

A. 定额还款；约定还款　　B. 等额还款；等额本金还款

C. 等额还款；等额本息还款　　D. 分期还款；不定额还款

【解析】还款方式一般分为一次性还款和分期还款，分期还款又分为定额还款和不定额还款两种方式。定额还款包括等额还款和约定还款，其中等额还款通常包括等额本金还款和等额本息还款等方式。此人与银行约定每月等额偿还贷款本金与利息，属于分期还款下等额还款中的等额本息还款。

28C　29A　30B　31C　32C

33. 通过强调合同的完备性、承诺的法制化乃至管理的系统化，弥补过去贷款合同不足的是(　　)。

A. 诚信申贷原则　　B. 贷放分控原则

C. 全流程管理原则　　D. 协议承诺原则

【解析】协议承诺原则通过强调合同的完备性、承诺的法制化乃至管理的系统化，弥补过去贷款合同的不足。协议承诺原则一方面要求贷款人在合同等协议文件中清晰规定自身的权利义务，另一方面要求客户签订并承诺一系列事项，依靠法律来约束客户的行为。

34. (　　)是银行接受出票人的付款委托，承诺在承兑汇票到期日对收款人或持票人无条件支付汇票金额的票据行为。

A. 银行担保　　B. 信贷承诺　　C. 银行承兑　　D. 信用证

【解析】公司信贷的表外业务主要包括保证业务、银行承兑汇票业务和信用证业务等。银行承兑汇票业务是银行接受出票人的付款委托，承诺在承兑汇票到期日对收款人或持票人无条件支付汇票金额的票据行为。

35. 下列关于商业银行信贷业务经营管理组织架构的说法，不正确的是(　　)。

A. 前台部门是风险控制的第一道防线

B. 中台部门包括信贷审批部门、信贷管理部门、风险管理部门、内控合规部门等

C. 后台部门多以回溯的视角扮演“监督者”的角色，从集团和全局视角，揭示信贷业务在体制、系统、流程等方面存在的问题

D. 信贷业务前台、中台、后台部门间的操作过程应有所关联

【解析】商业银行信贷业务经营管理组织架构包括董事会及其专门委员会、监事会、高级管理层和信贷业务前台、中台、后台部门。其中，信贷业务前台、中台、后台部门直接负责信贷业务的开展以及贷后管理工作，商业银行应确保其前台、中台、后台各部门的独立性，前台、中台、后台均应设立防火墙，确保操作过程的独立性。

36. 为实现绿色金融体系和银行现有的管理体系的有机结合，《银行业保险业绿色金融指引》要求，由(　　)担任绿色金融的责任主体。

A. 高级管理层　　B. 董事会或理事会

C. 管理团队或委员会　　D. 各工作小组、部门和分支机构

【解析】《银行业保险业绿色金融指引》对银行保险机构治理层、管理层和执行层的职责提出了明确的要求，要求采用清晰的绩效考核体系将责任落实到具体主体或岗位：由董事会或理事会担任绿色金融的责任主体；由高级管理层把握整体绿色金融和ESG战略方向，明确顶层设计；组建专门的管理团队或委员会，对绿色金融和ESG战略工作的落地实施开展管理监督；由各工作小组、部门和分支机构开展和推进各规划模块的工作。

37. 在商业银行信贷业务经营管理架构中，(　　)主要负责客户营销和维护。

A. 前台部门　　B. 中台部门

33D　34C　35D　36B　37A

C. 董事会及其专门委员会　　D. 后台部门

【解析】前台部门主要负责客户营销和维护，是银行的利润中心。中台部门主要负责在贷款的全周期内，对信贷业务主要面临的信用风险、市场风险、合规风险等风险类型进行识别、预警以及管理。后台部门主要负责为信贷业务提供配套支持和保障。

二、多选题（下列选项中有两项或两项以上符合题目要求）

1. 银团贷款的审批原则包括（　　）。［2023 年 10 月真题］

A. 风险自担　B. 独立审贷　C. 自主决策　D. 共同决策

E. 风险共担

【解析】根据《银团贷款业务指引（修订）》第二十二条，收到银团贷款邀请函的银行应按照“信息共享、独立审贷、自主决策、风险自担”的原则，在全面掌握借款人相关信息的基础上做出是否参加银团贷款的决定。银团贷款信息备忘录信息不能满足潜在参加行审批要求的，潜在参加行可要求牵头行补充提供相关信息、提出工作建议或者直接进行调查。

2. 一般情况下，项目融资的还款资金来源主要依赖（　　）。［2022 年 7 月真题］

A. 借款人其他业务经营收入　　B. 该项目产生的补贴收入

C. 该项目产生的销售收入　　D. 借款人其他综合经营收入

E. 该项目产生的其他收入

【解析】项目融资是指符合以下特征的贷款：贷款用途通常是用于建造一个或一组大型生产装置、基础设施、房地产项目或其他项目，包括对在建或已建项目的再融资；借款人通常是为建设、经营该项目或为该项目融资而专门组建的企事业法人，包括主要从事该项目建设、经营或融资的既有企事业法人；还款资金来源主要依赖该项目产生的销售收入、补贴收入或其他收入，一般不具备其他还款来源。

3. 根据《商业银行保理业务管理暂行办法》，保理业务是以债权人转让其应收账款为前提，集应收账款（　　）于一体的综合性金融服务。［2021 年 6 月真题］

A. 融资　B. 坏账担保　C. 催收　D. 管理

E. 核销

【解析】《商业银行保理业务管理暂行办法》规定，保理业务是以债权人转让其应收账款为前提，集应收账款催收、管理、坏账担保及融资于一体的综合性金融服务。按照商业银行在应收账款付款人拖欠或无法偿付应收账款时，是否可以要求保理申请人（应收账款收款人）回购应收账款或归还融资，分为有追索权保理和无追索权保理。

4. 按照在银团贷款中的职能和分工，银团贷款成员通常分为（　　）。［2021 年 6 月真题］

A. 副牵头行　B. 参加行　C. 委托行　D. 牵头行

E. 代理行

【解析】按照在银团贷款中的职能和分工，银团贷款成员通常分为牵头行、代理行和参加行等角色，也可根据实际规模与需要在银团内部增设副牵头行、联合牵头行等，并按照银团贷款合同履行相应职责。

1ABC　2BCE　3ABCD　4BDE

5. 根据《银团贷款业务指引(修订)》，银团贷款是指由两家或两家以上银行(　　)向借款人提供的本外币贷款或授信业务。[2020年10月真题]

A. 基于相同的贷款条件　　B. 按约定时间

C. 依据同一贷款合同　　D. 按约定比例

E. 通过牵头行

【解析】银团贷款又称辛迪加贷款，是一种特殊的贷款组织形式。银团贷款是指由两家或两家以上银行基于相同贷款条件，依据同一贷款合同，按约定时间和比例，通过代理行向借款人提供的本外币贷款或授信业务。

6. 商业银行评估并购贷款的法律与合规风险，主要分析内容包括(　　)。[2020年10月真题]

A. 并购交易各方是否具备并购交易主体资格

B. 商业银行权利能否获得有效的法律保障

C. 担保的法律结构是否合法有效并履行了必要的法定程序

D. 并购交易是否按有关规定已经或即将获得批准，并履行必要的登记、公告等手续

E. 借款人对还款现金流的控制是否合法合规

【解析】根据《商业银行并购贷款风险管理指引》，商业银行评估法律与合规风险，包括但不限于分析以下内容：①并购交易各方是否具备并购交易主体资格；②并购交易是否按有关规定已经或即将获得批准，并履行必要的登记、公告等手续；③法律法规对并购交易的资金来源是否有限制性规定；④担保的法律结构是否合法有效并履行了必整的法定程序；⑤借款人对还款现金流的控制是否合法合规；⑥贷款人权利能否获得有效的法律保障；⑦与并购、并购融资法律结构有关的其他方面的合规性。

7. 商业银行应在并购贷款借款合同中约定保护商业银行利益的关键条款，主要包括(　　)。[2020年10月真题]

A. 确保商业银行对重大事项知情权或认可权的借款人承诺条款

B. 商业银行有权根据市场利率变化情况上调利率水平的保护性条款

C. 对借款人特定情形下获得的额外现金流用于提前还款的强制性条款

D. 对借款人并购后企业的主要或专用账户的监控条款

E. 对借款人或并购后企业重要财务指标的约束性条款

【解析】根据《商业银行并购贷款风险管理指引》第三十一条，商业银行应在借款合同中约定保护贷款人利益的关键条款，包括但不限于：①对借款人或并购后企业重要财务指标的约束性条款；②对借款人特定情形下获得的额外现金流用于提前还款的强制性条款；③对借款人或并购后企业的主要或专用账户的监控条款；④确保贷款人对重大事项知情权或认可权的借款人承诺条款。

8. 关于委托贷款的表述，错误的有(　　)。[2019年6月真题]

A. 借款人由委托人指定　　B. 委托贷款的风险由银行承担

C. 由银行确定贷款金额、期限、利率　　D. 银行作为受托人收取手续费

E. 委托贷款的资金提供方必须是银行

5ABCD　6ABCDE　7ACDE　8BCE

【解析】委托贷款是指政府部门、企事业单位及个人等委托人提供资金，由银行(受托人)根据委托人确定的贷款对象、用途、金额、期限、利率等代为发放、监督使用并协助收回的贷款。委托贷款的风险由委托人承担，银行(受托人)只收取手续费，不承担信用风险，不代垫资金。

9. 投标保证是银行应投标方的要求，向招标方保证，如投标方中标后(　　)等，银行将受理招标方的索赔，按照保函约定承担保证责任。[2018 年 10 月真题]

A. 未及时缴交预付工程款保证金

B. 未及时支付中标费用

C. 未在规定的期限内提交银行履约保函

D. 中标后在规定期限内不签订招投标项下的合同

E. 在投保有效期内撤销投标书

【解析】投标保证是指银行应投标方的要求，向招标方保证，如投标方中标后在投标有效期内撤销投标书、中标后在规定期限内不签订招投标项下的合同或者未在规定的期限内提交银行履约保函等，银行将受理招标方的索赔，按照保函约定承担保证责任。

10. 以下属于商业银行公司信贷授信条件中持续维护条件的有(　　)。[2017 年 10 月真题]

A. 财务维持　　B. 资本金要求　　C. 合法授权　　D. 股权维持

E. 政府批准

【解析】商业银行在向借款人发放贷款时，通常会有提款前提条件和持续维护条件。提款前提条件要求在银行发放贷款之前必须落实，通常包括合法授权、政府批准、资本金要求、担保落实等。持续维护条件要求在贷款存续期间落实，通常包括财务维持、股权维持、信息交流等。

11. 等额还款中一般包括下列哪些方式？(　　)[2016 年 11 月真题]

A. 等额本息还款　B. 约定还款　　C. 分期还款　　D. 等额本金还款

E. 不定额还款

【解析】还款方式一般分为一次性还款和分期还款，分期还款又分为定额还款和不定额还款两种方式。定额还款包括等额还款和约定还款，其中等额还款通常包括等额本金还款和等额本息还款等方式。

12. 根据《项目融资业务指引》规定，项目融资是指符合(　　)特征的贷款。[2015 年 10 月真题]

A. 借款人通常是为建设、经营该项目或为该项目融资而专门组建的企事业法人

B. 贷款用途通常是用于建造一个或一组大型生产装置、基础设施、房地产项目或其他项目

C. 还款资金来源主要依赖该项目产生的销售收入、补贴收入或其他收入

D. 专指对在建项目的再融资

E. 借款人包括主要从事该项目建设、经营或融资的既有企事业法人

【解析】根据《项目融资业务指引》规定，项目融资是指符合以下特征的贷款：①贷款用

9CDE　10AD　11AD　12ABCE

途通常是用于建造一个或一组大型生产装置、基础设施、房地产项目或其他项目，包括对在建或已建项目的再融资；②借款人通常是为建设、经营该项目或为该项目融资而专门组建的企事业法人，包括主要从事该项目建设、经营或融资的既有企事业法人；③还款资金来源主要依赖该项目产生的销售收入、补贴收入或其他收入，一般不具备其他还款来源。

13. 按贷款期限划分，公司信贷可分为(　　)。[2015 年 5 月真题]

A. 短期贷款　　B. 循环贷款　　C. 中期贷款　　D. 长期贷款

E. 透支

【解析】按贷款期限划分，公司信贷可分为：①短期贷款，贷款期限在 1 年以内(含 1 年)的贷款；②中期贷款，贷款期限在 1 年以上(不含 1 年)5 年以下(含 5 年)的贷款；③长期贷款，贷款期限在 5 年(不含 5 年)以上的贷款。

14. 商业银行公司信贷管理的原则包括(　　)。[2013 年 6 月真题]

A. 全流程贷款管理原则　　B. 实贷实付原则

C. 协议承诺原则　　D. 贷放分控原则

E. 诚信申贷原则

【解析】公司信贷管理的原则包括：①全流程贷款管理原则；②诚信申贷原则；③协议承诺原则；④贷放分控原则；⑤实贷实付原则；⑥贷后管理原则。

15. 下列关于我国贷款利率的说法，正确的有(　　)。

A. 中长期贷款利率可在合同期内按月、按季、按年调整

B. 贷款展期，按合同规定的利率计息

C. LPR 是我国浮动利率贷款的统一定价基准

D. 逾期贷款从逾期或挤占挪用之日起，按罚息利率计收罚息，直到清偿本息为止

E. 借款人在借款合同到期日之前归还借款时，银行不得再按原贷款合同向借款人收取利息

【解析】B 项，贷款展期，期限累计计算，累计期限达到新的利率档次时，自展期之日起，按展期日相应期限 LPR 及加点数值计息；达不到新的利率档次时，按展期日的原档次利率计息。E 项，借款人在借款合同到期日之前提前还款，银行有权按贷款合同约定的原借款期限对应利率向借款人收取利息，同时可以根据合同约定收取违约金。

16. 以下贷款方式中，银行不用承担贷款风险的是(　　)。

A. 自营贷款　　B. 委托贷款　　C. 特定贷款　　D. 银团贷款

E. 辛迪加贷款

【解析】B 项，委托贷款是指政府部门、企事业单位及个人等委托人提供资金，由银行(受托人)根据委托人确定的贷款对象、用途、金额、期限、利率等代为发放、监督使用并协助收回的贷款。委托贷款的风险由委托人承担，银行(受托人)只收取手续费，不承担信用风险，不代垫资金。C 项，特定贷款是指经国务院批准并对贷款可能造成的损失采取相应补救措施后责成银行发放的贷款，因而银行不需承担贷款风险。

13ACD　14ABCDE　15ACD　16BC

17. 下列关于公司信贷管理原则的说法，正确的有(　　)。

A. 信贷管理分为贷前管理、贷中管理和贷后管理三个环节

B. 诚信申贷原则要求借款人应证明其信用记录良好、贷款用途和还款来源明确合法等

C. 推行贷放分控，强调各部门和岗位之间的有效制约，可避免前台部门权力过于集中

D. 实贷实付主要通过贷款人受托支付的方式，将贷款资金支付给符合合同约定的借款人交易对象

E. 协议承诺原则要求规范各方有关行为，明确各方权利义务，调整各方法律关系，明确各方法律责任

【解析】A 项，银行监管和银行经营的实践表明，信贷管理不能仅仅粗略地分为贷前管理、贷中管理和贷后管理三个环节。

三、判断题(请对下列各题的描述做出判断，正确的用 A 表示，错误的用 B 表示)

1. 银团贷款是指由两家或两家以上的银行依据同样的贷款条件并采用一份共同的贷款协议，按约定的时间和比例，向借款人发放的由所有参与行共同管理的贷款。(　　)[2017 年 10 月真题]

【解析】银团贷款是指由两家或两家以上银行基于相同贷款条件，依据同一贷款合同，按约定时间和比例，通过代理行向借款人提供的本外币贷款或授信业务。

2. 商业银行对逾期或挤占挪用的贷款从发现之日起按照罚息利率计收罚息，直到清偿本息为止。(　　)[2017 年 10 月真题]

【解析】根据《人民币利率管理规定》第二十五条，逾期贷款或挤占挪用贷款，从逾期或挤占挪用之日起，按罚息利率计收罚息，直到清偿本息为止，对不能按时支付的利息，按罚息利率计收复利。

3. 中期贷款是指贷款期限在 3 年以上(不含 3 年)5 年以下(含 5 年)的贷款。(　　)[2016 年 11 月真题]

【解析】中期贷款是指贷款期限在 1 年以上(不含 1 年)5 年以下(含 5 年)的贷款。

4. 如果借款人在借款合同到期日之前提前还款，银行有权按贷款合同约定的原借款期限对应利率向借款人收取利息。(　　)[2015 年 5 月真题]

【解析】根据《人民币利率管理规定》有关利率的相关规定，借款人在借款合同到期日之前提前还款，银行有权按贷款合同约定的原借款期限对应利率向借款人收取利息，同时可以根据合同约定收取违约金。

5. 目前，我国外汇贷款利率并未实现市场化，由人民银行定期公布外汇贷款利率。(　　)[2010 年 5 月真题]

【解析】目前中国人民银行已不再公布外汇贷款利率，外汇贷款利率在我国已经实现市场化。国内商业银行通常以国际主要金融市场的利率为基础确定外汇贷款利率。

6. 公司贷款主要包括固定资产贷款与流动资金贷款两种。(　　)

【解析】公司信贷产品主要包括流动资金贷款、固定资产贷款、项目融资、银团贷款、并购贷款、房地产开发贷款、贸易融资和保证业务等。

17BCDE　▌　1B　2B　3B　4A　5B　6B

第二章　信贷申请受理和贷前调查

一、单选题(下列选项中只有一项最符合题目的要求)

1. 某公司在向银行申请借款时，下列做法错误的是(　　)。[2023 年 10 月真题]

A. 提供银行要求的国家机密信息并要求银行保密

B. 拒绝银行提出的在借款合同以外的附加条件

C. 同意接受贷款人对其与贷款有关的生产经营、财务活动的监督

D. 如实向银行提供贷款所需要的资料

【解析】ACD 三项，根据《贷款通则》第十九条规定，借款人应当如实提供贷款银行要求的资料(法律规定不能提供者除外)，应当向贷款银行如实提供所有开户行、账号及存贷款余额情况，配合贷款银行的调查、审查和检查。应当接受贷款银行对其使用信贷资金情况和有关生产经营、财务活动的监督。B 项，根据《贷款通则》第十八条规定，借款人有权拒绝借款合同以外的附加条件。借款人应承担的义务及责任应在贷款合同中载明。如在合同以外附加条件，借款人有权拒绝。

2. 下列选项中，一般不属于商业银行贷前调查中贷款安全性调查内容的是(　　)。[2023 年 10 月真题]

A. 对原已到期贷款及应付利息清偿情况进行调查

B. 对借款人过去和未来给银行带来的存款、结算等综合效益情况进行调查

C. 对借款人、保证人的财务管理状况及其真实性进行调查

D. 对借款人、保证人、法定代表人的品行、业绩、能力和信誉进行调查

【解析】信贷安全性调查是指银行对借款人的经营管理、市场竞争力、财务效益，以及担保措施等各类情况进行的综合分析调查，可以有效判断借款人及信贷业务风险。银行应当尽量规避各种不确定因素对其信贷资产质量等方面的负面影响，努力确保信贷资产安全，保证银行稳健经营和发展。B 项，对借款人过去和未来给银行带来的存款、结算等综合效益情况进行调查属于信贷效益性调查内容。

3. 某公司向银行提出借款申请，银行客户经理与公司主要管理人员开展面谈，做法错误的是(　　)。[2023 年 10 月真题]

A. 面谈过程中，详细了解公司还款能力

B. 做好准备工作，拟定面谈工作提纲

C. 面谈过程中，详细了解公司贷款需求

D. 面谈结束后，向客户保证可以提供贷款

【解析】无论是商业银行主动营销的客户还是向商业银行提出信贷业务需求的客户，信贷业务受理人员都应尽可能通过安排面谈等方式进行前期调查。D 项，在对客户总体情况了解之后，受理人员应及时对客户的信贷申请作出必要回应。如客户的信贷申请可以考虑(但还不确定是否受理)，受理人员应当向客户获取进一步的信息资料，并准备后续调

1A　2B　3D

查工作，注意不得超越权限作出有关承诺。如客户的信贷申请不予考虑，受理人员应留有余地地表明银行立场，向客户耐心解释原因，还可建议其他融资渠道，或寻找其他业务合作机会。

4. 固定资产贷款借款人的经营管理要满足合法合规的要求，以下不符合这一要求的是(　　)。[2022 年 7 月真题]

A. 借款人的经营活动符合国家产业政策和区域发展政策

B. 借款人的经营活动符合营业执照规定的经营范围和公司章程

C. 新建项目所有者权益与总投资比例可以适度低于国家规定的资本金比例

D. 借款人的经营活动应符合国家相关法律法规规定

【解析】C 项，新建项目企业法人所有者权益与所需总投资的比例不得低于国家规定的投资项目资本金比例要求。

5. 关于贷款申请受理，下列选项表述不正确的是(　　)。[2022 年 7 月真题]

A. 风险管理部门可以对是否受理贷款提供意见

B. 受理人员可通过相关渠道对客户情况进行初步查询

C. 受理人员在撰写会谈纪要时，不应该包含是否应叙做该笔信贷业务的倾向性意见

D. 客户面谈后进行内部意见反馈的原则适用于每次业务面谈

【解析】面谈后，受理人员须及时撰写会谈纪要，为上级领导提供作出判断的基础性信息。撰写内容包括信贷业务面谈涉及的重要主体、获取的主要信息、存在的问题与障碍以及是否应叙做该笔信贷业务的倾向性意见或建议。会谈纪要的撰写应力求内容详尽、条理清晰、言简意赅、准确客观。

6. 贷款申请受理面谈结束后，如认为客户的贷款申请可以考虑，但不确定是否可受理，调查人员应(　　)。[2022 年 7 月真题]

A. 申报贷款　　B. 先做必要承诺，留住客户

C. 不作表态　　D. 准备后续调查工作

【解析】在对客户总体情况了解之后，受理人员应及时对客户的信贷申请作出必要回应。如客户的信贷申请可以考虑(但还不确定是否受理)，受理人员应当向客户获取进一步的信息资料，并准备后续调查工作，注意不得超越权限作出有关承诺。如客户的信贷申请不予考虑，受理人员应留有余地地表明银行立场，向客户耐心解释原因，还可建议其他融资渠道，或寻找其他业务合作机会。

7. 进行现场调研过程中，业务人员在现场会谈时，应当约见尽可能多的(　　)。[2021 年 6 月真题]

A. 财务部门人员　　B. 各部门不同层级人员

C. 基层人员　　D. 生产部门人员

【解析】现场会谈时，应当约见尽可能多的、不同层级的人员，包括企业高管，财务、生产、市场及销售等部门的主管，因为企业高管及这些部门在企业的生产经营中都发挥着重要作用，通过会谈可以获取许多重要信息。

4C　5C　6D　7B

8. 在流动资金贷款的贷前调查报告中，借款人的财务状况不包括(　　)。[2021 年 6 月真题]

A. 存货净值与周转速度　　B. 主要客户、供应商和分销渠道

C. 资产负债率　　D. 流动资金数额与周转速度

【解析】借款人的财务状况主要包括根据经调查核实的客户近三年及当期财务报表分析资产负债比率、流动资产和流动负债结构、主营业务利润率变化情况及原因、投资收益及现金实现率、营业外收入对利润总额的影响程度及其变动趋势，侧重分析借款人的短期偿债能力、财务数据真实性；流动资金数额和周转速度；存货数量、净值、周转速度、变现能力、呆滞积压库存物资情况；应收账款金额、周转速度、数额较大或账龄较长的国内外应收账款情况，相互拖欠款项及处理情况；应付账款情况；对外投资情况、在建工程与固定资产的分布情况；亏损挂账、待处理流动资产损失、不合理资金占用及清收等情况。财务分析需要重视同业比较。

9. 公司贷款发放流程中，银行下列行为具有法律效力的是(　　)。[2021 年 6 月真题]

A. 银行表明贷款意向　　B. 做出贷款承诺

C. 出具贷款意向书　　D. 告知客户

【解析】贷款承诺是借贷双方就贷款的主要条件已经达成一致，银行同意在未来特定时间内向借款人提供融资的书面承诺(这就表明贷款承诺不是在贷款意向阶段作出的)，贷款承诺具有法律效力。

10. 商业银行信贷人员在受理客户借款申请后，初次面谈了解客户贷款需求状况时，除贷款目的、贷款金额、贷款条件外，还必须了解(　　)。[2021 年 6 月真题]

A. 经济走势　　B. 贷款用途　　C. 贷款汇率　　D. 宏观政策

【解析】信贷人员在面谈中需了解的客户的信贷需求状况，包括信贷业务目的、用途、金额、期限、利率或费率、条件等。

11. 借款人申请信贷业务时通常无需提供的材料是(　　)。[2020 年 10 月真题]

A. 公司财务报表　　B. 员工名单　　C. 验资证明　　D. 自有资金来源计划

【解析】为了获取客户进一步的信息，除信贷业务申请书外，要求客户提供的基本材料通常包括：①公司注册登记或批准成立的有关文件；②公司章程；③借款人的验资证明；④近期中国人民银行企业征信报告及许可银行查询征信的授权书；⑤借款人预留印鉴卡及开户证明；⑥法人代表或其授权代理人身份证明及其必要的个人信息；⑦有权机构作出的关于同意申请信贷业务的文件、决议；⑧借款人近三年和最近一期的财务报表；⑨借款人自有资金、其他资金来源到位或能够计划到位的证明文件；⑩相关交易合同、协议。

12. 商业银行流动资金贷款贷前调查报告的内容一般不包括(　　)。[2020 年 10 月真题]

A. 借款人基本情况　　B. 对贷款担保的分析

C. 项目投资估算与资金筹措安排情况　　D. 对流动资金贷款必要性的分析

【解析】商业银行贷前调查报告一般包括以下内容：①借款人基本情况；②借款人生产

8B　9B　10B　11B　12C

经营及经济效益情况；③借款人财务状况；④借款人资信及与银行往来情况；⑤资金用途；⑥还款能力；⑦担保情况；⑧银行收益预测；⑨风险评估意见；⑩结论性意见。流动资金贷款贷前调查报告除需满足贷前调查报告内容一般要求外，还包括借款人流动资金需求分析与测算的内容，主要包括分析借款人经营规模及运作模式、季节性、结算方式、融资结构及市场变化等因素对借款人流动资金需求量的影响。C 项，项目投资估算与资金筹措安排情况属于固定资产贷款贷前调查报告内容的特殊要求。

13. 下列选项中，不属于信贷合规性调查的内容的是(　　)。[2020 年 10 月真题]

A. 认定借款人的法人资格

B. 考察借款人是否建立了良好的公司治理机制

C. 认定担保人的法定代表人签名的真实性和有效性

D. 对借款人的经营范围进行调查

【解析】信贷的合规性调查是指银行对借款人和担保人的主体资格、信贷用途及相关手续等合乎法律和监管要求的情况进行调查、认定。调查的内容应包括以下方面：①认定借款人、担保人合法主体资格。②认定借款人、担保人的法定代表人、授权代理人、法人的公章和签名的真实性及有效性，并依据授权委托书所载明的代理事项、权限、期限认定授权代理人是否具有签署法律文件的资格、条件。③对需要董事会决议同意借款和担保的，信贷调查人员应调查认定董事会同意借款、担保决议的真实性、合法性和有效性。④对需要股东(大)会决议同意借款和担保的，信贷调查人员应调查认定股东(大)会同意借款、担保决议的真实性、合法性和有效性。⑤对抵押物、质押物清单所列抵(质)押物品或权利的合法性、有效性进行认定。⑥对信贷用途合法合规性进行认定。⑦对购销合同的真实性进行认定。⑧对借款人的借款目的进行调查。B 项属于信贷安全性调查的内容。

14. 借款人的贷款申请应遵循“诚信申贷”的基本要求，下列选项不符合这一要求的是(　　)。[2018 年 6 月真题]

A. 借款人信用记录良好、贷款用途以及还款来源明确合法

B. 借款人应证明其设立合法、经营管理合法合规

C. 借款人恪守诚实守信原则

D. 借款人承诺部分材料的真实性、完整性和有效性

【解析】贷款申请应遵循“诚信申贷”的基本要求：①借款人恪守诚实守信原则，按照贷款人要求的具体方式和内容提供贷款申请材料，并且承诺所提供材料的真实性、完整性和有效性；②借款人应证明其设立合法、经营管理合规合法、信用记录良好、贷款用途和还款来源明确合法等。

15. 关于贷款意向书和贷款承诺，以下表述不正确的是(　　)。[2018 年 6 月真题]

A. 在出具贷款意向书和贷款承诺函时要谨慎处理、严肃对待

B. 银企合作协议涉及的贷款安排一般属于贷款承诺性质

C. 不得擅自越权对外出具贷款承诺，以免使银行卷入不必要的纠纷

D. 贷款意向书、贷款承诺须按内部审批权限批准后方可对外出具

13B　14D　15B

【解析】B 项，银企合作协议涉及的贷款安排一般属于贷款意向书性质。

16. (　　)是为贷款进行下一步的准备和商谈而出具的一种意向性的书面声明。[2016 年 11 月真题]

A. 贷款意向书　　B. 贷款承诺　　C. 借款申请书　　D. 贷款合同

【解析】贷款意向书是为进行下一步的准备和商谈而出具的一种意向性的书面声明，但该声明不具备法律效力，银行可以不受意向书任何内容的约束。

17. 如借款人拟将债务转让给第三方，必须事先获得(　　)的同意。[2015 年 10 月真题]

A. 借款人所属行业主管部门　　B. 银行业监督管理机构

C. 债权人　　D. 中国人民银行

【解析】将债务全部或部分转让给第三方的，应当取得贷款银行的同意。

18. 商业银行受理新客户贷款申请后，信贷业务人员通常要(　　)。[2015 年 5 月真题]

A. 面谈访问进行前期调查　　B. 确立贷款意向

C. 正式开始贷前调查　　D. 直接做出贷款承诺

【解析】无论是商业银行主动营销的客户还是向商业银行提出信贷业务需求的客户，信贷业务受理人员都应尽可能通过安排面谈等方式进行前期调查。前期调查的主要目的在于确定是否应该受理该笔信贷业务，是否投入更多的时间和精力进行后续的信贷业务洽谈，以及是否需要正式开始贷前调查工作。

19. (　　)是指借贷双方就贷款的主要条件已经达成一致，银行同意在未来特定时间内向借款人提供融资的书面承诺。[2015 年 5 月真题]

A. 信用证　　B. 贷款承诺　　C. 承兑　　D. 贷款意向书

【解析】A 项，信用证业务是指开证银行根据申请人(基础交易买方)的申请并按其指示，向受益人(基础交易卖方)开出书面承诺文件，承诺在符合信用证条款的情况下，凭规定的单据，向受益人支付一定金额或承兑的信贷业务；C 项，银行承兑汇票业务是银行接受出票人的付款委托，承诺在承兑汇票到期日对收款人或持票人无条件支付汇票金额的票据行为；D 项，贷款意向书是为进行下一步的准备和商谈而出具的一种意向性的书面声明。

20. 在商业银行受理贷款申请时，调查人员主要通过借款人的(　　)及其与本行及他行业务状况考察借款人与银行的关系。[2014 年 11 月真题]

A. 熟悉程度　　B. 存款余额　　C. 信用履约记录　　D. 贷款余额

【解析】在商业银行受理贷款申请时，调查人员进行的面谈中需要了解的主要信息有：①客户的公司状况；②客户的信贷需求状况；③客户的还贷能力；④担保的可接受性；⑤客户与银行关系等。其中，客户与银行关系包括客户与本行及其他商业银行的业务往来状况、信用履约记录等。

21. 下列关于贷款意向书和贷款承诺的说法中，错误的是(　　)。[2013 年 6 月真题]

A. 两者的信贷审查标准不同　　B. 两者均常见于中长期贷款

16A　17C　18A　19B　20C　21D

C. 贷款意向书表明该文件为要约邀请　D. 贷款承诺基本不具备法律效力

【解析】D 项，贷款承诺是借贷双方就贷款的主要条件已经达成一致，银行同意在未来特定时间内向借款人提供融资的书面承诺(这就表明贷款承诺不是在贷款意向阶段作出的)，贷款承诺具有法律效力。

22. 信贷效益性调查内容包括(　　)。[2010 年 5 月真题]

A. 对借款人过去三年的经营效益情况进行调查

B. 对借款人当前经营情况进行调查

C. 对借款人过去和未来给银行带来收入、存款、结算等综合效益情况进行调查

D. 对原到期贷款及应付利息清偿情况进行调查

【解析】信贷效益性调查内容包括：①结合当期资金成本、拨备、经济资本成本等要素，测算该笔贷款的利差及风险调整后的收益情况；②对借款人过去和未来给银行带来收入、存款、结算、结售汇等综合效益情况进行调查、分析、预测。

23. 办理信贷业务的第一道关口为(　　)。[2009 年 6 月真题]

A. 贷前调查　B. 信贷营销　C. 贷款项目评估　D. 不良贷款管理

【解析】贷前调查是办理信贷业务的第一道关口，也是信贷管理的一个重要程序和环节，贷前调查的质量优劣直接关系到信贷决策正确与否。

24. 实务操作中，建议采用(　　)方式进行现场调查，同时通过其他调查方法对考察结果加以证实。[2009 年 6 月真题]

A. 多次检查　B. 全面检查　C. 突击检查　D. 约见检查

【解析】在实务操作中，建议采用突击检查方式进行现场调查，同时可通过其他调查方法对考察结果加以证实。只有将现场调研的成果与其他渠道获取的信息有效地结合起来，相互印证，才能为贷前调查工作提供一个坚实的基础。

25. 初次面谈时，受理人员可按照(　　)标准原则，从有关方面集中获取客户相关信息。

A. 国际信用“4C”　B. 国际信用“5C”　C. 银行业信用　D. 贷款信用

【解析】面谈过程中，受理人员可以按照国际通行的信用“5C”标准原则，即品德(Character)、能力(Capacity)、资本(Capital)、担保(Collateral)和环境(Condition)，从客户的公司状况、信贷需求、还贷能力、担保的可接受性以及目前客户与银行的关系等方面集中了解客户相关情况，获取客户的相关信息。

26. 担保的可接受性可从其押品种类、权属、价值、(　　)等方面考察。

A. 适用性　B. 重置难易程度　C. 变现难易程度　D. 购买难易程度

【解析】担保的可接受性，包括保证人的经济实力及担保能力，或押品种类、权属、价值、变现难易程度等。

27. 对于(　　)，银行确立信贷意向后，除提供一般资料外，借款人还应出具进口方银行开立的信用证。

A. 出口贷款　B. 出口打包贷款　C. 进口打包贷款　D. 外贸打包贷款

22C　23A　24C　25B　26C　27B

【解析】根据信贷业务类型不同，借款人申请贷款还需要提供一些其他材料，其中，如为出口打包贷款，银行确立贷款意向后，应出具进口方银行开立的信用证。

28. 信贷意向阶段，如信贷业务申请人为(　　)，银行对其提供财务报表可不做严格要求，但应及时获取申请人重要的财务数据。

A. 国有企业　　B. 新成立项目法人

C. 外商投资企业　　D. 集体所有制企业

【解析】信贷意向阶段，银行对于借款人提供的资料应注意(包括但不限于)：对企业提交的经审计和未审计的财务报表应区别对待，对企业财务状况的分析应以经审计的财务报表为主，其他财务资料为辅；如信贷业务申请人为新成立项目法人，对提供财务报表可不做严格要求，但应及时获取申请人重要的财务数据。

29. 贷前调查时，调查人员应当利用科学、实用的调查方法，通过(　　)的调查手段，分析银行可承受的风险。

A. 定性模型　　B. 定量模型

C. 定性与定量相结合　　D. 数据结合推理

【解析】在进行贷前调查的过程中，有大量信息可供调查人员选择。调查人员应当运用科学、实用的调查方法，通过定性与定量相结合的调查手段，收集、核实、提炼相关信息，分析银行所面对及可承受的风险，为信贷决策提供重要依据。

30. 进行现场调研过程中，调查人员在实地考察时必须(　　)。

A. 视察客户存货　　B. 查阅客户财务资料

C. 亲自参观客户的生产经营场所　　D. 参观客户办公条件

【解析】实地考察时，调查人员应到客户的生产经营场所，现场察看公司的厂房、库存、用水量、用电量、设备或生产流水线。

31. (　　)是信贷发放后能否如期履约的关键。

A. 贷前调查　　B. 贷款审核　　C. 贷款发放　　D. 贷款担保

【解析】贷前调查是指银行受理借款人申请后，对借款人的信用状况以及信贷业务的合法性、安全性、盈利性等情况进行调查，核实抵(质)押物、保证人情况的过程。贷前调查是银行信贷经营最重要的一环，是信贷决策的重要依据，也是信贷发放后能否如期履约的关键。

32. 信贷合规性调查中，被审查人除借款人外，还可能有(　　)。

A. 关联方　　B. 债权人　　C. 债务人　　D. 担保人

【解析】信贷的合规性调查是指银行对借款人和担保人的主体资格、信贷用途及相关手续等合乎法律和监管要求的情况进行调查、认定。

33. 信贷合规性调查中，对借款人的借款目的进行调查是为了防范(　　)。

A. 经营风险　　B. 个别风险　　C. 信贷欺诈风险　　D. 投资风险

【解析】信贷合规性调查中，信贷调查人员应对借款人的借款目的进行调查，防范信贷

28B　29C　30C　31A　32D　33C

欺诈风险。

34. (   )综合反映了商业银行经营管理的水平。

A. 信贷安全性　B. 信贷发放额　C. 存款吸收额　D. 信贷效益性

【解析】信贷的效益性调查是指银行对信贷业务以及客户综合贡献等盈利情况的调查。信贷效益性是商业银行信贷经营管理活动的主要动力。信贷的盈利水平是商业银行经营管理水平的综合反映，同时也受外部环境众多因素的影响。

35. 应包含项目合法性要件取得情况的贷前调查报告为(   )。

A. 商业银行固定资产贷款贷前调查报告

B. 商业银行流动资金贷款贷前调查报告

C. 担保贷款贷前调查报告

D. 抵押贷款贷前调查报告

【解析】固定资产贷款贷前调查报告内容除需满足贷前调查报告内容一般要求外，还需包括有关用款项目的以下内容：①项目合法性要件取得情况；②投资估算与资金筹措安排情况；③项目建设必要性及技术情况；④项目配套条件落实情况；⑤项目效益情况；⑥项目风险分析。

36. 下列属于流动资金贷款贷前调查报告内容的是(   )。

A. 结算方式　B. 项目效益情况　C. 项目风险分析　D. 项目建设必要性

【解析】流动资金贷款贷前调查报告除需满足贷前调查报告内容一般要求外，还包括借款人流动资金需求分析与测算的内容，主要包括分析借款人经营规模及运作模式、季节性、结算方式、融资结构及市场变化等因素对借款人流动资金需求量的影响。BCD三项属于固定资产贷款贷前调查报告的内容。

37. 银行确立贷款意向后，为确信申请人或担保人具有该笔信贷或担保业务完备的授权，应(   )。

A. 再次向公司确认

B. 索要借款授权书

C. 索要借款人董事会决议书

D. 应认真查阅申请人或担保人公司章程的具体规定

【解析】贷款意向调查注意事项包括：①对企业提交的经审计和未审计的财务报表应区别对待，对企业财务状况的分析应以经审计的财务报表为主，其他财务资料为辅。②如信贷业务申请人为新成立项目法人，对提供财务报表可不做严格要求，但应及时获取申请人重要的财务数据。③应认真查阅申请人或担保人公司章程的具体规定，以确信申请人或担保人具有该笔信贷或担保业务完备的授权。④借款人提供复印件需要加盖公章，信贷业务人员应对借款人提供的复印件与相应的文件正本进行核对，核对无误后，业务人员在复印件上签字确认。

38. 贷款贷前调查报告中，以下属于对借款人资信及银行的往来情况进行分析的内容是(   )。

34D　35A　36A　37D　38D

A. 近三年及当期主营业务利润率变化情况及原因

B. 应收账款金额、周转速度、数额较大或账龄较长的国内外应收账款情况

C. 亏损挂账、待处理流动资产损失、不合理资金占用及清收等情况

D. 在本行信用等级、授信限额、借款额及额度占用情况

【解析】借款人资信及与银行往来情况主要包括借款人在银行开户的情况，在本行信用等级、授信限额、借款额及额度占用情况；其他银行和非银行机构的融资情况，中国人民银行企业征信系统反映的贷款情况、担保情况及信用记录情况；借款人的或有负债情况；借款人已经提供的抵（质）押担保情况。ABC 三项属于借款人财务状况。

二、多选题（下列选项中有两项或两项以上符合题目要求）

1. 按照银行业监管部门《流动资金贷款管理暂行办法》，流动资金贷款申请应具备的条件有（　　）。［2021 年 6 月真题］

A. 借款用途明确、合法

B. 借款人有合法的还款来源

C. 借款人生产经营合法、合规

D. 借款人具有持续经营能力

E. 借款人信用状况良好

【解析】《流动资金贷款管理暂行办法》规定，流动资金贷款申请应具备以下条件：①借款人依法设立；②借款用途明确、合法；③借款人生产经营合法、合规；④借款人具有持续经营能力，有合法的还款来源；⑤借款人信用状况良好，无重大不良信用记录；⑥贷款人要求的其他条件。

2. 贷前调查主要是对（　　）进行调查。［2020 年 10 月真题］

A. 信贷安全性　B. 信贷复杂性　C. 信贷效益性　D. 信贷合规性

E. 信贷公益性

【解析】贷前调查的主要对象就是借款人、保证人、抵（质）押人及抵（质）押物等。调查人员在开展贷前调查工作时，应围绕这些具体对象从以下方面入手进行全面调查：①信贷合规性调查；②信贷安全性调查；③信贷效益性调查。

3. 信贷客户经理需安排面谈等方式进行前期调查，面谈中需要了解的信息包括（　　）。［2018 年 6 月真题］

A. 客户的信贷需求状况

B. 客户的还贷能力

C. 客户的公司状况

D. 担保的可接受性

E. 客户与银行关系

【解析】面谈中需要了解的主要信息包括：①客户的公司状况，包括历史沿革、股东背景与控股股东情况、资本构成、组织架构、管理团队及行业经历、主营产品及所在行业情况、经营现状等；②客户的信贷需求状况，包括信贷业务目的、用途、金额、期限、利率或费率、条件等；③客户的还贷能力，包括主营业务状况、经济效益、现金流量及构成、还款资金来源等；④担保的可接受性，包括保证人的经济实力及担保能力，或押品种类、权属、价值、变现难易程度等；⑤客户与银行关系，包括客户与本行及其他商业银行的业务往来状况、信用履约记录等。

1ABCDE　2ACD　3ABCDE

4. 贷前调查的主要对象包括(　　)。[2017 年 10 月真题]

A. 保证人　　B. 借款人行业主管部门

C. 抵(质)押人　　D. 抵(质)押物

E. 借款人

【解析】贷前调查的主要对象是借款人、保证人、抵(质)押人及抵(质)押物等。

5. 国际通行的信用“5C”标准原则包括(　　)。[2017 年 10 月真题]

A. 担保　　B. 环境　　C. 竞争　　D. 能力

E. 资本

【解析】受理人员可以按照国际通行的信用“5C”标准原则，即品德、能力、资本、担保和环境，从客户的公司状况、信贷需求、还贷能力、担保的可接受性以及目前客户与银行的关系等方面集中了解客户相关情况，获取客户的相关信息。

6. 在商业银行贷前调查中，信贷合法合规性调查主要包括(　　)。[2016 年 6 月真题]

A. 认定借款人、担保人合法主体资格

B. 对借款人、保证人及其法定代表人的品行、业绩、能力和信誉的调查

C. 对押品及其价值评估情况进行调查

D. 对抵质押物品或权利的合法性、有效性进行认定

E. 对信贷用途合法合规性进行认定

【解析】BC 两项属于信贷安全性调查的内容。

7. 贷前调查的内容有(　　)。[2015 年 10 月真题]

A. 信贷合规性调查　　B. 信贷效益性调查

C. 信贷风险性调查　　D. 信贷安全性调查

E. 信贷盈利性调查

【解析】贷前调查的内容有：①信贷合规性调查，信贷的合规性调查是指银行对借款人和担保人的主体资格、信贷用途及相关手续等合乎法律和监管要求的情况进行调查、认定；②信贷安全性调查，信贷安全性调查是指银行对借款人的经营管理、市场竞争力、财务效益，以及担保措施等各类情况进行的综合分析调查，可以有效判断借款人及信贷业务风险；③信贷效益性调查，信贷的效益性调查是指银行对信贷业务以及客户综合贡献等盈利情况的调查。

8. 申请固定资产贷款的客户应向银行提供(　　)等。[2015 年 10 月真题]

A. 借款人近三年和最近一期的财务报表

B. 项目可行性研究报告、立项(审批、核准或备案)批复，用地、规划、环评等行政许可文件

C. 符合国家有关投资项目资本金制度规定的证明文件

D. 商品采购合同

E. 其他配套条件落实的证明文件

【解析】D 项为申请流动资金贷款需提交的材料。

4ACDE　5ABDE　6ADE　7ABD　8ABCE

9. 商业银行贷款安全性调查的主要内容包括(　　)。[2014年6月真题]

A. 对借款人提供的财务报表的真实性进行审查

B. 对押品及其价值评估情况进行调查

C. 对借款人对外股本权益性投资情况进行调查

D. 对借款人在他行借款的利率进行调查

E. 对借款人生产计划的制定情况进行认定

【解析】除ABC三项外，商业银行贷款安全性调查的内容还包括：①对借款人、保证人及其法定代表人的品行、业绩、能力和信誉进行调查；②考察借款人、保证人是否已建立良好的公司治理机制；③对借款人过去三年的经营效益情况进行调查；④对过往信贷业务履约情况进行调查；⑤对于申请外汇贷款的客户，调查人员要调查认定借款人、保证人承受汇率、利率风险的能力，还要注意汇率变化对抵(质)押担保额的影响程度。

10. 前期调查的目的主要在于确定(　　)。[2009年6月真题]

A. 是否进行信贷营销

B. 是否能够受理该笔信贷业务

C. 是否提高贷款利率

D. 是否进行后续信贷业务洽谈

E. 是否正式开始贷前调查工作

【解析】前期调查的主要目的在于确定是否应该受理该笔信贷业务，是否投入更多的时间和精力进行后续的信贷业务洽谈，以及是否需要正式开始贷前调查工作。

11. 在受理固定资产贷款过程中，银行应取得的项目合法性要件包括(　　)。

A. 规划批复

B. 立项手续

C. 环评批复

D. 资源条件的落实情况

E. 土地利用合法性文件

【解析】项目合法性要件主要包括立项手续、土地利用合法性文件、规划批复、环评批复等合法性要件。D项属于项目配套条件落实情况。

12. 下列关于信贷资料审查的表述正确的有(　　)。

A. 借款人提供复印件时应在复印件需要加盖公章，信贷业务人员应对借款人提供的复印件与相应的文件正本进行核对，核实无误后，在复印件上签字确认

B. 如信贷业务申请人为新成立项目法人，对提供财务报表可不做严格要求

C. 应认真查阅申请人或担保人公司章程的具体规定，以确信申请人或担保人具有该笔信贷或担保业务完备的授权

D. 对企业提供的经审计和未审计的财务报表应平等对待

E. 如信贷业务申请人为新成立项目法人，要及时获取申请人重要的财务数据

【解析】D项，对企业提交的经审计和未审计的财务报表应区别对待，对企业财务状况的分析应以经审计的财务报表为主，其他财务资料为辅。

13. 贷款人受理的固定资产贷款申请应具备的条件包括(　　)。

A. 借款人依法经工商行政管理机关或主管机关核准登记

B. 借款人信用状况良好，无重大不良记录

9ABC　10BDE　11ABCE　12ABCE　13ABCDE

C. 借款用途及还款来源明确、合法

D. 国家对拟投资项目有投资主体资格和经营资质要求的，符合其要求

E. 项目符合国家的产业、土地、环保等相关政策

【解析】贷款人受理的固定资产贷款申请应具备以下条件：①借款人依法经工商行政管理机关或主管机关核准登记；②借款人信用状况良好，无重大不良记录；③借款人为新设项目法人的，其控股股东应有良好的信用状况，无重大不良记录；④国家对拟投资项目有投资主体资格和经营资质要求的，符合其要求；⑤借款用途及还款来源明确、合法；⑥项目符合国家的产业、土地、环保等相关政策，并按规定履行了固定资产投资项目的合法管理程序；⑦符合国家有关投资项目资本金制度的规定；⑧贷款人要求的其他条件。

14. 公司信贷中，初次面谈的工作提纲应包括（　　）。

A. 客户总体情况　　B. 客户信贷需求

C. 可承受偿还期限　　D. 可承受偿还利率

E. 拟向客户推介的信贷产品

【解析】初次面谈前，受理人员应当做好充分准备，通过相关渠道，如银行信息管理系统，对客户情况进行初步查询，拟定详细的面谈工作提纲。提纲内容应包括客户总体情况、客户信贷需求、拟向客户推介的信贷产品等。

15. 初次面谈时，客户的还贷能力主要从（　　）方面考察。

A. 股东构成　　B. 现金流量构成

C. 经济效益　　D. 还款资金来源

E. 主营业务状况

【解析】初次面谈时，调查人员对客户还贷能力的了解主要从其主营业务状况、经济效益、现金流量及构成、还款资金来源等。

16. 现场调研通常包括（　　）。

A. 走访行业协会　　B. 现场会谈

C. 实地考察　　D. 走访工商局

E. 查询官方资料

【解析】由于现场调研可获得对企业最直观、真实的了解，因此现场调研成为贷前调查最常用、最重要的一种方法。开展现场调研工作通常包括现场会谈和实地考察两种形式。

17. 搜寻调查可借助的媒介物有（　　）。

A. 书籍、期刊　　B. 互联网资料

C. 官方记录　　D. 中介机构

E. 银行自身网络

【解析】非现场调查包括搜寻调查、委托调查和其他方法。搜寻调查是指通过各种媒介物搜寻有价值的资料开展调查，这些媒介物包括有助于贷前调查的书籍、期刊、互联

14ABE　15BCDE　16BC　17ABC

网资料、官方记录等，如可通过企查查、天眼查等外部信息系统及银行内部系统等查询相关信息。DE 两项属于委托调查可借助的媒介物。

18. 根据信贷安全性调查的要求，良好的公司治理机制包括（　　）。

A. 激励约束机制　　B. 长远的发展战略

C. 保守的会计原则　　D. 健全负责的董事会

E. 科学有效的目标责任制

【解析】进行信贷安全性调查，要考察借款人、保证人是否已建立良好的公司治理机制，主要包括是否具有清晰的发展战略，科学的决策系统、执行系统和监督系统，审慎的会计原则，科学有效的目标责任制及与之相适应的激励约束机制，健全的人才培养机制和健全负责的董事会。

19. 以下关于项目融资业务风险评价的说法正确的有（　　）。

A. 以偿债能力分析为核心

B. 充分考虑政策变化、市场波动等不确定因素对项目的影响

C. 充分识别和评估融资项目中存在的筹备期风险和建设期风险

D. 重点从项目技术可行性、财务可行性和还款来源可靠性等方面评估项目风险

E. 根据项目预测现金流和投资回收期等因素，合理确定贷款期限和还款计划

【解析】C 项，贷款人从事项目融资业务，应当充分识别和评估融资项目中存在的建设期风险和经营期风险，包括政策风险、筹资风险、完工风险、产品市场风险、超支风险、原材料风险、营运风险、汇率风险、环保风险和其他相关风险。

20. 下列关于借款人的分类，按企业性质划分的是（　　）。

A. 国有企业　　B. 事业单位

C. 集体所有制企业　　D. 私营企业

E. 微型企业

【解析】E 项属于按照规模划分的借款人类型。

三、判断题（请对下列各题的描述做出判断，正确的用 A 表示，错误的用 B 表示）

1. 商业银行信贷业务人员只需对那些向银行提出信贷业务需求的客户安排面谈，并根据面谈情况决定是否正式受理。（　　）[2017 年 10 月真题]

【解析】无论是商业银行主动营销的客户还是向商业银行提出信贷业务需求的客户，信贷业务受理人员都应尽可能通过安排面谈等方式进行前期调查。前期调查的主要目的在于确定是否应该受理该笔信贷业务，是否投入更多的时间和精力进行后续的信贷业务洽谈，以及是否需要正式开始贷前调查工作。

2. 作为风险防范的第一道关口，在信贷业务的收益与安全性的权衡上，公司信贷业务人员应坚持将贷款的收益放在第一位，对收益较差的项目在受理阶段须持谨慎态度。（　　）[2016 年 11 月真题]

【解析】作为风险防范的第一道关口，在信贷业务的收益与安全性的权衡上，业务人员应坚持将信贷安全性放在第一位，对安全性较差的项目在受理阶段须持谨慎态度。

18ADE　19ABDE　20ABCD　▎　1B　2B

3. 根据《流动资金贷款管理暂行办法》的规定，流动资金贷款借款人应信用状况良好，无重大不良信用记录；借款人应具有持续经营能力，可以没有可靠的还款来源。(　　)［2015 年 10 月真题］

【解析】根据《流动资金贷款管理暂行办法》的规定，流动资金贷款申请应具备以下条件：①借款人依法设立；②借款用途明确、合法；③借款人生产经营合法、合规；④借款人具有持续经营能力，有合法的还款来源；⑤借款人信用状况良好，无重大不良信用记录；⑥贷款人要求的其他条件。

4. 信贷的安全性是指银行应当尽量避免各种不确定因素对其信贷资产质量等方面的负面影响，保证银行稳健经营和发展。(　　)［2015 年 5 月真题］

【解析】贷前调查主要是对信贷业务合法合规性、安全性和效益性等方面进行调查。其中，信贷安全性调查是指银行对借款人的经营管理、市场竞争力、财务效益，以及担保措施等各类情况进行的综合分析调查，可以有效判断借款人及信贷业务风险。银行应当尽量规避各种不确定因素对其信贷资产质量等方面的负面影响，努力确保信贷资产安全，保证银行稳健经营和发展。

5. 企业法人和事业法人只有经过工商部门的年检并办理年检手续才能够申请办理贷款业务。(　　)［2014 年 6 月真题］

【解析】借款人的主体资格要求包括：①企业法人依法办理工商登记，取得市场监督管理机构颁发的营业执照；②事业法人依照《事业单位登记管理暂行条例》的规定办理登记备案；③特殊行业须持有相关机关颁发的营业或经营许可证。

6. 搜寻调查是贷前调查中最常用、最重要的一种方法，因为搜寻调查的信息最具权威性、可行性和全面性。(　　)［2014 年 6 月真题］

【解析】由于现场调研可获得对企业最直观、真实的了解，因此现场调研成为贷前调查最常用、最重要的一种方法，同时也是在一般情况下必须采用的方法。搜寻调查属于非现场调查。

7. 信贷的效益性是指信贷业务以及客户综合贡献等盈利情况，是商业银行经营管理活动的主要动力。(　　)

【解析】信贷的效益性调查是指银行对信贷业务以及客户综合贡献等盈利情况的调查。信贷效益性是商业银行信贷经营管理活动的主要动力。信贷的盈利水平是商业银行经营管理水平的综合反映，同时也受外部环境众多因素的影响。

8. 贷款意向书与贷款承诺常见于短期贷款中。(　　)

【解析】贷款意向书和贷款承诺都是贷款程序中不同阶段的成果，常见于中长期贷款。

9. 银行流动资金贷前调查报告中，应包含数额较大或账龄较短的国内外应收账款情况。(　　)

【解析】银行流动资金贷前调查报告中，应包含数额较大或账龄较长的国内外应收账款情况。

3B　4A　5B　6B　7A　8B　9B

10. 商业银行对客户调查和客户资料的验证应以实地调查为主，间接调查为辅。（　　）

【解析】商业银行对客户调查和客户资料的验证应以实地调查为主，间接调查为辅，对客户提供的身份证明、授信主体资格、财务状况等资料的合法性、真实性和有效性进行认真核实，并将核实过程和结果以书面形式记载。

10A

第三章 借款需求分析

一、单选题(下列选项中只有一项最符合题目的要求)

1. 某公司 2021 年销售净收入为 2.8 亿元，年初应收账款为 0.12 亿元，年末应收账款为 0.16 亿元，则其应收账款周转次数为(　　)。[2023 年 10 月真题]

A. 25　　B. 20　　C. 17.5　　D. 23.3

【解析】应收账款周转次数 = 销售收入/平均应收账款余额，故该公司应收账款周转次数 = 2.8/[(0.12 + 0.16)/2] = 20(次)。

2. 某公司总折旧固定资产为 5 亿元，累计折旧 4 亿元，按照行业一般情况，在其他条件不变的前提下，根据该公司固定资产使用率，下列选项表述正确的是(　　)。[2023 年 10 月真题]

A. 投资和借款需求很快将会上升，具体由行业技术变化比率决定

B. 投资和借款需求很快将会下降，具体由行业技术变化比率决定

C. 无法判断

D. 投资和借款需求将保持不变，具体由行业技术变化比率决定

【解析】固定资产使用率 = 累计折旧/总折旧固定资产 ×100%，该比率粗略地反映了固定资产的折旧程度。如果一个企业的固定资产使用率大于 60% 或 70%，就意味着投资和借款需求很快将会上升，具体由行业技术变化比率决定。根据公式，该公司固定资产使用率 = 4/5 ×100% = 80%。

3. 假设一家公司的财务信息如下：

上年度销售收入	1000 万元	营运资金周转次数	5 次
上年度销售利润率	9%	借款人自有资金	50 万元
预计销售收入年增长率	10%	现有流动资金贷款	100 万元
其他渠道提供的营运资金	50 万元		

该企业合理的新增流动资金贷款额度为(　　)万元。[2023 年 10 月真题]

A. 50.2　　B. 0　　C. 20　　D. 0.2

【解析】营运资金量 = 上年度销售收入 ×(1 - 上年度销售利润率)×(1 + 预计销售收入年增长率)/营运资金周转次数，故该企业营运资金量 = 1000 ×(1 - 9%)×(1 + 10%)/5 = 200.2(万元)。新增流动资金贷款额度 = 营运资金量 - 借款人自有资金 - 现有流动资金贷款 - 其他渠道提供的营运资金，故该企业合理的新增流动资金贷款额度 = 200.2 - 50 - 100 - 50 = 0.2(万元)。

4. 支付利息将使现金流量表中(　　)。[2023 年 10 月真题]

A. 筹资活动现金净流量增加　　B. 经营活动现金净流量增加

C. 经营活动现金流出量增加　　D. 筹资活动现金流出量增加

1B　2A　3D　4D

【解析】从现金流量表角度看，企业的资金用途大致可以分为三个方面：一是经营活动方面的资金支出，如购买原材料、支付员工工资、支付各项税费等；二是投资活动方面的资金支出，如购建固定资产、无形资产，股权与债权投资，兼并收购等；三是筹资活动方面的资金支出，如偿还到期债务、分配股利、支付利息等。

5. 商业银行分析企业借款需求所用的基础财务报表包括资产负债表、利润表和(　　)。[2023 年 10 月真题]

A. 库存表　　B. 盘货表　　C. 损益表　　D. 现金流量表

【解析】无论是现金流量表、资产负债表还是利润表，都可以用作企业借款需求分析的基础，通过这些财务报表的分析，银行可以了解企业借款的原因。

6. 对于季节性生产借款人，可按每年的连续生产时段作为计算周期估算流动资金需求，贷款期限应根据(　　)合理确定。[2023 年 10 月真题]

A. 开票周期　　B. 签约周期　　C. 发货周期　　D. 回款周期

【解析】测算流动资金贷款需求量时，需要考虑的其他因素包括：①各银行业金融机构应根据实际情况和未来发展情况(如借款人所属行业、规模、发展阶段、谈判地位等)分别合理预测借款人应收账款、存货和应付账款的周转天数，并可考虑一定的保险系数；②对集团关联客户，可采用合并报表估算流动资金贷款额度，原则上纳入合并报表范围内的成员企业流动资金贷款总和不能超过估算值；③对小企业融资、订单融资、预付租金或者临时大额债项融资等情况，可在交易真实性的基础上，在确保有效控制用途和回款情况下，根据实际交易需求确定流动资金额度；④对季节性生产借款人，可按每年的连续生产时段作为计算周期估算流动资金需求，贷款期限应根据回款周期合理确定。

7. 根据下列信息(单位：万元)，该公司在不提高财务杠杆的情况下，可以达到(　　)的年销售增长率。(答案保留整数)[2022 年 7 月真题]

总资产	10000	销售收入	16000
总负债	6000	净利润	800
所有者权益	4000	股息分红	300

A. 18%　　B. 14%　　C. 20%　　D. 25%

【解析】根据以上信息可得：ROE = 净利润 ÷ 所有者权益 = 800 ÷ 4000 = 0.2，红利支付率 = 股息分红 ÷ 净利润 = 300 ÷ 800 = 0.375，RR = 1 − 红利支付率 = 1 − 0.375 = 0.625，则可持续增长率(SGR) = (ROE × RR)/(1 − ROE × RR) = (0.2 × 0.625) ÷ (1 − 0.2 × 0.625) = 14%。

8. 如果某企业的固定资产使用率______，就意味着投资和借款需求很快将会上升，具体由______决定。(　　)[2022 年 7 月真题]

A. 小于 20% 或 30%；行业技术变化比率

B. 小于 20% 或 30%；设备使用年限

C. 大于 60% 或 70%；设备使用年限

5D　6D　7B　8D

D. 大于 60% 或 70%；行业技术变化比率

【解析】固定资产使用率对理解企业资本支出的管理计划是非常有意义的。如果一个企业的固定资产使用率大于 60% 或 70%，这就意味着投资和借款需求很快将会上升，具体由行业技术变化比率决定。

9. 在企业的财务分析中。资本回报率 ROE 可以分解为：净利润率、总资产周转率、财务杠杆率三个组成因子，下列各项计算公式中表达正确的是（　　）。［2022 年 7 月真题］

A. 净利润率 = 净利润/销售成本；总资产周转率 = 销售收入/总资产；财务杠杆率 = 总资产/所有者权益

B. 净利润率 = 净利润/销售收入；总资产周转率 = 销售成本/总资产；财务杠杆率 = 总负债/所有者权益

C. 净利润率 = 净利润/销售收入；总资产周转率 = 销售收入/总资产；财务杠杆率 = 总资产/所有者权益

D. 净利润率 = 净利润/销售收入；总资产周转率 = 销售成本/总资产；财务杠杆率 = 总资产/所有者权益

【解析】ROE 可以分解为以下三个组成因子：①净利润率，即净利润与销售收入的比率；②总资产周转率，即销售收入与总资产的比率；③杠杆率，即总资产与所有者权益的比率或 1 + 负债/所有者权益。

10. 下列因素中与资金周转周期变动所引起的借款需求最不相关的是（　　）。［2021 年 6 月真题］

A. 应收账款周转天数　　B. 存货周转天数

C. 应付账款周转天数　　D. 现金周转天数

【解析】资金周转周期是指公司出售库存及收到出售这项库存应收账款所需的时间。资金周转周期延长引起的借款需求与应收账款周转天数、存货周转天数和应付账款周转天数有关。资金周转周期的延长表明借款需求可能与其中的一个或几个因素有关。

11. 通常来讲，企业销售收入是______增长模式，固定资产增长模式是______发展，这一点对于区分长期销售收入增长引起的借款需求和固定资产扩张引起的借款需求很重要。（　　）［2021 年 6 月真题］

A. 线性；阶梯形　　B. 非线性；几何形

C. 线性；几何形　　D. 非线性；线性

【解析】销售收入呈线性增长，而固定资产增长模式通常呈阶梯形发展，每隔几年才需要一次较大的资本支出。

12. 一笔 8 年期的公司贷款，商业银行允许展期的最长期限是（　　）年。［2021 年 6 月真题］

A. 1　　B. 8　　C. 3　　D. 4

【解析】短期贷款展期期限累计不得超过原贷款期限；中期贷款展期期限累计不得超过原贷款期限的一半；长期贷款展期期限累计不得超过 3 年。

9C　10D　11A　12C

13. 农产品收购季节到来之际，某企业向银行申请贷款用于农产品收购，这是由(　　)。[2020 年 10 月真题]

A. 长期销售增长引起的借款需求

B. 负债和分红变化引起的借款需求

C. 季节性存货引起的借款需求

D. 资产变化引起的借款需求

【解析】总体来看，借款需求的主要影响因素包括：①季节性销售增长；②长期销售增长；③资产运营效率下降；④固定资产重置及扩张；⑤长期投资；⑥商业信用的减少及改变；⑦债务重构；⑧利润率下降。

14. 一般情况，企业的应收账款______、存货______，以及应付账款的______将形成企业的借款需求。(　　)[2020 年 10 月真题]

A. 增加、增加、减少　　B. 增加、增加、增加

C. 增加、减少、增加　　D. 减少、减少、减少

【解析】借款需求指的是企业为什么会出现资金短缺并需要借款。通常，应收账款、存货的增加，以及应付账款的减少将形成企业的借款需求。

15. 企业销售长期保持稳定增长，其固定资产通常会呈“(　　)”。[2020 年 10 月真题]

A. 半圆状　　B. 阶梯状　　C. 离散状　　D. 直线状

【解析】企业可以通过多种渠道获得资金满足运营资本投资需求，其中留存收益是支撑销售长期增长的重要资金来源。即使长期销售增长保持稳定不变，企业固定资产增长也应该遵循阶梯式发展模式。

16. 当季节性资产需求超过季节性负债时，超出的部分需要通过(　　)来补充，这部分融资称作营运资本投资。[2020 年 10 月真题]

A. 预付账款　　B. 内部融资　　C. 存货　　D. 应收账款

【解析】通常情况下，季节性商业负债增加并不能完全满足季节性资产增长所产生的资金需求。在销售高峰期，应收账款和存货增长的幅度往往要高于应付账款和应计费用增长的幅度。当季节性资产数量超过季节性商业负债时，超出的部分需要通过企业内部融资或者银行贷款来补充。

17. 在利润率、资产使用效率、分红政策都不变的情况下，增加财务杠杆将使可持续增长率(　　)。[2020 年 10 月真题]

A. 视财务杠杆规模而定　　B. 不变

C. 降低　　D. 提高

【解析】可持续增长率是企业在没有增加财务杠杆的情况下可以实现的长期销售增长率。一个企业的可持续增长率取决于以下四个变量：①利润率：利润率越高，销售增长越快；②留存利润：用于分红的利润越少，销售增长越快；③资产使用效率：效率越高，销售增长越快；④财务杠杆：财务杠杆越高，销售增长越快。

18. 根据下表计算，财务指标结果正确的是(　　)。[2019 年 6 月真题]

13C　14A　15B　16B　17D　18C

单位：万元

总资产	11200	销售收入	16200
总负债	6000	净利润	884
所有者权益	5200	股息分红	412

A. 留存比率为0.99　　B. 资本回报率为0.47

C. 资本回报率为0.17　　D. 留存比率为0.33

【解析】资本回报率 = 净利润/所有者权益 = 884/5200 = 0.17；红利支付率 = 股息分红/净利润 = 412/884 = 0.47；留存比率 = 1 - 红利支付率 = 1 - 0.47 = 0.53。

19. 在估计可持续增长率时，通常假设内部融资资金的主要来源是(　　)。[2018年10月真题]

A. 净资本　　B. 留存收益　　C. 增发股票　　D. 增发债券

【解析】内部融资的资金来源是净资本、留存收益和增发股票。一般情况下，企业不能任意发行股票，因此，在估计可持续增长率时通常假设内部融资的资金来源主要是留存收益。

20. ______和______的下降可能成为长期融资和短期融资需求的借款原因。(　　)[2018年10月真题]

A. 存货周转率；固定资产折旧率　　B. 固定资产使用效率；存货周转率

C. 应收账款周转率；存货周转率　　D. 应收账款周转率；固定资产使用效率

【解析】应收账款和存货周转率的下降可能成为长期融资和短期融资需求的借款原因。短期的应收账款和存货周转率下降所引起的现金需求(即潜在的借款原因)是短期的；长期的应收账款和存货周转率下降所引起的现金需求是长期的。固定资产生产效率的下降会引起长期融资。

21. 根据《流动资金贷款管理暂行办法》中对营运资金周转次数的测算方法，假设一个借款人存货周转天数为30天，应收账款周转天数为25天，预收账款周转天数为20天，预付账款周转天数为15天，则该借款人预付账款周转次数为(　　)次(一年按360天计算)。[2018年10月真题]

A. 15　　B. 25　　C. 30　　D. 24

【解析】借款人营运资金量影响因素主要包括现金、存货、应收账款、应付账款、预收账款、预付账款等。营运资金周转次数 = 360/(存货周转天数 + 应收账款周转天数 - 应付账款周转天数 + 预付账款周转天数 - 预收账款周转天数)、周转天数 = 360/周转次数。该借款人预付账款周转次数 = 360/预付账款周转天数 = 360/15 = 24(次)。

22. 除电子票据外，票据贴现的贴现期限最长不得超过______，贴现期限为从贴现______起到票据到期日止。(　　)[2018年6月真题]

A. 6个月；次日　　B. 6个月；当日　　C. 1年；当日　　D. 1年；次日

【解析】纸质票据贴现的期限最长不得超过6个月，贴现期限为从贴现之日起到票据到期日止。

19B　20C　21D　22B

23. 下列选项中，不属于借款需求主要影响因素的是(　　)。[2018 年 6 月真题]

A. 资产效率下降　　　　B. 股权结构变动

C. 固定资产重置及扩张　　　　D. 债务重构

【解析】总体来看，借款需求的主要影响因素包括：①季节性销售增长；②长期销售增长；③资产运营效率下降；④固定资产重置及扩张；⑤长期投资；⑥商业信用的减少及改变；⑦债务重构；⑧利润率下降。

24. 在销售高峰期，存货和应收账款等资产如果发生季节性增加，季节性资产数量增加的融资渠道不包括(　　)。[2016 年 11 月真题]

A. 银行贷款　　B. 应付账款　　C. 内部融资　　D. 应收账款

【解析】季节性资产增加的三个主要融资渠道包括：①季节性商业负债增加，包括应付账款和应计费用；②内部融资，来自企业内部的现金和有价证券；③银行贷款。

25. 从某家企业的利润表可知，其第一年销售成本比率为 54.2%，第二年销售成本比率增加，实际销售成本为 85 万元，销售收入为 150 万元，则由于销售成本比率增加使企业现金流减少(　　)。[2016 年 11 月真题]

A. 3.7 万元　　B. 50 万元　　C. 30.8 万元　　D. 15 万元

【解析】如果第二年保持第一年的销售成本比率 54.2%，那么第二年的销售成本应当是 150×54.2% =81.3(万元)，但销售成本比率的增加使得实际销售成本达到了 85 万元。因此，销售成本比率增加消耗掉 3.7 万元(=85 −81.3)的现金。

26. 参考《流动资金贷款管理暂行办法》中对营运资金量的测算方法，假设一个借款人 2015 年销售收入为 200 万，销售利润率为 10%，预计销售收入年增长率为 20%，营运资金周转次数为 12，则 2016 年该借款人的营运资金量为(　　)。[2016 年 6 月真题]

A. 20 万　　B. 200 万　　C. 18 万　　D. 16.67 万

【解析】营运资金量 = 上年度销售收入 ×(1 − 上年度销售利润率)×(1 + 预计销售收入年增长率)/营运资金周转次数 = 200 ×(1 −10%)×(1 +20%)/12 =18(万)。

27. 对于季节性经营特征比较明显的借款人，银行贷款的还款来源主要是季节性(　　)所释放的现金。[2015 年 10 月真题]

A. 负债减少　　B. 资产增加　　C. 负债增加　　D. 资产减少

【解析】具有季节性销售特点的企业，其银行贷款的还款来源主要是季节性资产减少所释放出的现金。

28. 下列关于借款需求期限的说法中，正确的是(　　)。[2015 年 10 月真题]

A. 与固定资产重置相关的借款需求一定是长期的

B. 与债务重构相关的借款需求一定是长期的

C. 与流动资产相关的借款需求一定是短期的

D. 与流动资产周转效率降低相关的借款需求一定是短期的

【解析】B 项，企业用长期融资来取代短期融资进行债务重构，一般是为了平衡融资结构；C 项，一些与流动资产和营运资金有关的融资需求也可能与长期融资需求相关；

23B　24D　25A　26C　27D　28A

D 项，企业流动资产周转效率的下降，即应收账款和存货周转率的下降可能导致长期融资需求，也可能导致短期融资需求。

29. 假设 A 公司的所有者权益为 5580 万元，净利润 610 万元，股息分红 413 万元，A 公司的可持续增长率为（　　）。[2015 年 5 月真题]

A. 13.5%　　B. 9.6%　　C. 2.6%　　D. 3.7%

【解析】资本回报率（ROE）= 净利润/所有者权益；红利支付率 = 股息分红/净利润；留存比率（RR）= 1 − 红利支付率。则可持续增长率为：

$$SGR = \frac{ROE \times RR}{1 - ROE \times RR} = \frac{\frac{610}{5580} \times \left(1 - \frac{413}{610}\right)}{1 - \frac{610}{5580} \times \left(1 - \frac{413}{610}\right)} = 3.7\%$$

30. 某啤酒生产企业 2013 年销售收入净额为 6000 万元，年初应收账款余额为 300 万元，年末应收账款余额为 500 万元，每年按 360 天计算，则该公司的应收账款周转天数为（　　）天。[2015 年 5 月真题]

A. 17　　B. 24　　C. 15　　D. 22

【解析】应收账款周转次数 = 销售收入/平均应收账款余额，周转天数 = 360/周转次数。将题中数据代入，可得：平均应收账款余额 =（500 + 300）/2 = 400（万元），应收账款周转天数 = 360/（6000/400）= 24（天）。

31. 应收账款和存货周转率的变化（　　）。[2015 年 5 月真题]

A. 只导致短期融资需求变化
B. 只导致长期融资需求变化
C. 既可能导致短期融资需求变化，又可能导致长期融资需求变化
D. 既不可能导致短期融资需求变化，又不可能导致长期融资需求变化

【解析】企业流动资产周转效率的下降，即应收账款和存货周转率的下降可能导致长期融资需求，也可能导致短期融资需求，银行在发放贷款时必须有效识别借款需求的本质，从而保证贷款期限与企业的借款需求相互匹配。

32. 借款人因购买商品或服务获得的商业信用减少而导致的借款需求，属于（　　）。[2014 年 6 月真题]

A. 负债变化引起的需求　　B. 销售变化引起的需求
C. 其他变化引起的需求　　D. 资产变化引起的需求

【解析】借款需求的主要影响因素中，季节性销售增长、长期销售增长、流动资产周转率下降可能导致流动资产增加；商业信用的减少及改变、债务重构可能导致流动负债结构变化；固定资产重置及扩张、长期投资可能导致长期资产的增加。从利润表来看，利润率的下降可能对企业的收入支出产生影响，进而影响到企业的借款需求。

33. 由于对核心资产的大量投资，经营现金流在短期内是不足以完全偿还外部融资的，对于这部分融资需求，实际是一种（　　）。[2014 年 6 月真题]

29D　30B　31C　32A　33D

A. 非预期性支出　B. 季节性融资　C. 短期融资需求　D. 长期融资需求

【解析】由于对核心资产的大量投资，经营现金流在短期内是不足以完全偿还外部融资的。因此，对于这部分融资需求，表面上看是一种短期融资需求，实际上则是一种长期资金占用。

34. 决定企业持续增长率的四个变量中，(　　)越高越好。[2013年6月真题]

A. 红利支付率和财务杠杆　B. 红利支付率和资产使用效率

C. 利润率和资产使用效率　D. 利润率和红利支付率

【解析】一个企业的可持续增长率取决于以下四个变量：①利润率，利润率越高，销售增长越快；②留存利润，用于分红的利润越少，销售增长越快；③资产使用效率，效率越高，销售增长越快；④财务杠杆，财务杠杆越高，销售增长越快。

35. 某企业向银行申请短期季节性融资，银行经借款需求分析，发现该企业比以往季节性融资时所持现金少很多，原因是该企业新近购买了一台长期设备，此时银行应向企业提供(　　)。[2009年6月真题]

A. 短期贷款　B. 长期贷款

C. 固定资产贷款　D. 长、短期贷款相结合的贷款

【解析】题中该企业资金真正短缺的部分主要是用于购买新设备的那部分，因而其除了短期季节性融资需求外，还需要长期的设备融资，相应地，银行应当使用短期贷款和长期贷款相结合的方式来满足该企业贷款的不同需求。

36. 借款需求分析中，通过了解借款企业在资本运作过程中导致(　　)的关键因素和事件，银行能够更有效地评估风险。

A. 盈利　B. 资金短缺　C. 现金流入　D. 现金流出

【解析】借款需求分析中，通过了解借款企业在资金运作过程中导致资金短缺的关键因素和事件，银行能够更有效地评估风险，更合理地确定贷款期限，并为企业提供融资结构方面的建议。

37. 季节性资产增加中，应付账款、应计费用属于(　　)融资渠道。

A. 季节性负债　B. 季节性资产　C. 内部融资　D. 银行贷款

【解析】季节性资产增加的三个主要融资渠道包括：①季节性商业负债增加，包括应付账款和应计费用；②内部融资，来自企业内部的现金和有价证券；③银行贷款。

38. 银行在接到一笔新的贷款业务时，最需要重点关注的指标是(　　)。

A. 可持续增长率　B. 借款人规模　C. 利润率　D. 周转率

【解析】银行接到一笔新的贷款业务时，可持续增长率是需要重点关注的。当资产净值无法维持企业的增长时，如企业股东不增资，企业必然会寻求增加负债，加大财务杠杆。

39. (　　)被认为是企业的无成本融资来源。

A. 应收账款　B. 应付账款　C. 股权融资　D. 债权融资

34C　35D　36B　37A　38A　39B

【解析】应付账款被认为是企业的无成本融资来源，因为企业在应付账款到期之前可以占用这部分资金购买商品和服务等。因此，当企业出现现金短缺时，通常会向供应商请求延期支付货款。

40. 测算固定资产贷款需求量时，计算资本金基数的总投资是(　　)。

A. 项目的固定资产贷款投资

B. 项目的铺底流动资金

C. 项目的固定资产贷款投资与铺底流动资金之和

D. 项目的固定资产贷款投资与铺底流动资金的差额

【解析】固定资产贷款需求量应基于固定资产项目总投资与自有资金的差额确定，该部分差额一般通过借入资金进行满足。计算资本金基数的总投资是指项目的固定资产投资与铺底流动资金之和。

41. 测算固定资产贷款需求量时，基本预备费一般按(　　)测算。

A. 固定资产投资中工程费用

B. 固定资产投资中工程费用和其他费用之和

C. 固定资产投资中工程费用和其他费用之和的10%

D. 固定资产投资中工程费用和其他费用之和的10%，并按10%物价指数调整

【解析】基本预备费是指为弥补项目规划中不可预见、漏项及施工期可能由于灾祸而延误所必须预留的费用。基本预备费一般按固定资产投资中工程费用和其他费用之和的10%测算。

42. 测算固定资产贷款需求量时，当年借款的建设期利息(　　)。

A. 按年中支用考虑，计算半年利息　　B. 按年中支用考虑，计算全年利息

C. 按年末支用考虑，计算半年利息　　D. 按年末支用考虑，计算全年利息

【解析】当年借款按年中支用考虑，计算半年利息；当年还款按年末偿还考虑，计算全年利息。

二、多选题(下列选项中有两项或两项以上符合题目要求)

1. 商业银行核定流动资金贷款额度时，主要考虑的因素包括(　　)。[2023年10月真题]

A. 各银行根据实际和未来情况分别合理预测借款人应收账款、存货和应付账款的周转天数

B. 对于临时大额债项融资情况，可在交易真实、用途和回款可控的情况下，根据实际交易需求确定流动资金额度

C. 对国家产业政策支持的项目，可适当加大项目贷款额度

D. 对季节性生产借款人，可将每年的连续生产时段作为计算周期估算流动资金需求，贷款期限应根据回款周期合理确定

E. 对集团客户，采用合并报表估算流动资金贷款额度

【解析】各银行业金融机构应根据实际情况和未来发展情况(如借款人所属行业、规模、发展阶段、谈判地位等)分别合理预测借款人应收账款、存货和应付账款等的周转天数，

40C　41C　42A　｜　1ABDE

并可考虑一定的保险系数。对集团关联客户，可采用合并报表估算流动资金贷款额度，原则上纳入合并报表范围内的成员企业流动资金贷款总和不能超过估算值。对小企业融资、订单融资、预付租金或者临时大额债项融资等情况，可在交易真实性的基础上，在确保有效控制用途和回款情况下，根据实际交易需求确定流动资金额度。对季节性生产借款人，可按每年的连续生产时段作为计算周期估算流动资金需求，贷款期限应根据回款周期合理确定。

2. 下列属于借款人营运资金量影响因素的有(　　)。[2023 年 10 月真题]

A. 预收账款　　B. 存货　　C. 应收账款　　D. 预付账款

E. 现金

【解析】借款人营运资金量影响因素主要包括现金、存货、应收账款、应付账款、预收账款、预付账款等。在调查基础上，预测各项资金周转时间变化，合理估算借款人营运资金量。在实际测算中，借款人营运资金需求可参考如下公式：营运资金量 = 上年度销售收入 ×(1 - 上年度销售利润率) ×(1 + 预计销售收入年增长率)/营运资金周转次数。

3. 商业银行对固定资产建设项目的工程费用按用途划分包括(　　)。[2022 年 7 月真题]

A. 建筑工程费　　B. 设备购置费　　C. 预备费　　D. 融资利息

E. 安装工程费

【解析】工程费用，按照用途划分，可分为设备购置费、建筑工程费、安装工程费。工程建设其他费用，主要指应进入固定资产投资，但又不宜进入固定资产的一些费用，包括递延资产和无形资产两大类。

4. 以下既可能是公司短期融资需求因素，同时也可能是公司长期融资需求因素的有(　　)。[2021 年 6 月真题]

A. 季节性营运资本投资　　B. 应收账款和存货周转率的下降

C. 对外股权投资增加　　D. 额外的或非预期性支出

E. 固定资产使用效率的下降

【解析】短期资金需求要通过短期融资来实现，长期资金需求要通过长期融资来实现。但实际中，一些与流动资产和营运资金有关的融资需求也可能与长期融资需求相关。A 项，季节性融资一般是短期的。B 项，短期的应收账款和存货周转率下降所引起的现金需求(即潜在的借款原因)是短期的，长期的应收账款和存货周转率下降所引起的现金需求是长期的。C 项，股权投资是长期的战略投资。D 项，非预期性支出导致的借款需求可能是长期的，也可能是短期的。银行要分析公司为什么会没有足够的现金储备来满足这部分支出。银行在受理该类贷款时，应当根据公司未来的现金积累能力和偿债能力决定贷款的期限。E 项，固定资产使用效率下降，如果管理层为了提高生产率而决定重置或改进部分固定资产，那么就需要从公司的内部和外部进行融资，并且由于这种支出属于资本性支出，因此是长期融资。

5. 下列关于并购融资的表述，正确的有(　　)。[2021 年 6 月真题]

A. 银行在受理公司的股权收购贷款申请后，应当调查公司是否有这样的投资计划或战

2ABCDE　3ABE　4BD　5ACDE

略安排

B. 如果相关法律制度不健全，放贷后银行对交易的控制权较大，不需要谨慎发放用于公司并购的贷款

C. 并购融资在美国20世纪80年代非常普遍，而且大多是与杠杆收购相关的高杠杆交易

D. 银行可以通过与公司管理层的沟通来判断并购是否是公司的真正借款原因

E. 如果银行向一个处于并购过程中的公司提供贷款，一定要特别关注借款公司是否会将银行贷款用于并购活动

【解析】B项，如果相关法律制度不健全，放贷后银行对交易控制权较小，自身利益保护不足，则要谨慎发放用于股权收购和公司并购的贷款。因为一旦借款公司借款后没有将资金投资在事先约定的项目上，而是用于购买其他公司的股权，对银行来说将产生很大的风险。

6. 下列财务指标计算公式中，正确的有（　　）。[2021年6月真题]

A. 留存比率=1÷红利支付率　　B. 财务杠杆=净资产÷负债

C. 净利润率=净利润÷销售收入　　D. 资产使用效率=销售收入÷净资产

E. ROE=销售利润率×资产使用效率×财务杠杆

【解析】A项，留存比率（RR）=1－红利支付率；B项，财务杠杆=总资产÷所有者权益；D项，资产使用效率=销售收入÷总资产。

7. 商业银行对借款人日常生产经营所需的新增流动资金贷款额度估算，主要考虑的因素包括（　　）。[2020年10月真题]

A. 资本溢价　　B. 其他渠道提供的运营资金

C. 营运资金量　　D. 现有流动资金贷款

E. 借款人自有资金

【解析】将估算出的借款人营运资金需求量扣除借款人自有资金、现有流动资金贷款以及其他融资，即可估算出新增流动资金贷款额度。新增流动资金贷款额度=营运资金量－借款人自有资金－现有流动资金贷款－其他渠道提供的营运资金。

8. 通常情况下，引起公司流动资产增加的原因有（　　）。[2020年10月真题]

A. 流动资产效率上升　　B. 持续的销售增长

C. 流动资产效率降低　　D. 季节性销售增长

E. 递延资产减少

【解析】从资产负债表看，季节性销售增长、长期销售增长、流动资产周转率下降可能导致流动资产增加；商业信用的减少及改变、债务重构可能导致流动负债结构变化；固定资产重置及扩张、长期投资可能导致长期资产的增加。从利润表来看，利润率的下降可能对企业的收入支出产生影响，进而影响企业的借款需求。

9. 资本回报率可以分解为（　　）组成因子。[2020年10月真题]

A. 净利润　　B. 财务杠杆　　C. 销售毛利率　　D. 资产使用效率

6CE　7BCDE　8BCD　9BDE

E. 利润率

【解析】在财务分析中，资本回报率可以分解为利润率、资产使用效率和财务杠杆。

10. 关于资产负债表结构，下列表述正确的有(　　)。[2018 年 10 月真题]

A. 季节性资金需要一般由短期负债提供

B. 与流动资产有关的融资需求与长期融资需求无关

C. 资产 = 负债 + 所有者权益

D. 企业大量的核心流动资产和固定资产投资需求超出净经营现金流，必然需要额外的融资

E. 对核心资产的大量投资，经营现金流在短期内不足以完全偿还外部融资

【解析】B 项，长期资金需求要通过长期融资实现，但在商业银行信贷实践中，一些与流动资产和营运资金有关的融资需求也可能与长期融资需求相关。

11. 通过对现金流的预测以及月度或季度的营运资本投资、销售和现金水平等的分析，银行可以获得的信息有(　　)。[2017 年 10 月真题]

A. 评估营运资本投资需求的时间和金额

B. 企业是否具有季节性销售模式

C. 决定合适的季节性贷款结构及偿还时间表

D. 企业下一期的营业利润

E. 季节性销售模式是否足以使企业产生季节性借款需求

【解析】通过对现金流的预测以及月度或季度的营运资本投资、销售和现金水平等的分析，银行可以获得 ABCE 四项所述的信息。

12. 下列关于可持续增长率的假设条件，表述正确的有(　　)。[2017 年 10 月真题]

A. 企业通过增发股票、增加负债等方式补充外部融资来源

B. 企业的财务杠杆不变

C. 企业的销售净利率将维持当前水平，并且可以涵盖负债的利息

D. 企业保持持续稳定增长的红利发放政策

E. 企业的存货周转率保持同比例增长

【解析】可持续增长率的假设条件如下：①企业的资产使用效率将维持当前水平；②企业的销售净利率将维持当前水平，并且可以涵盖负债的利息；③企业保持持续不变的红利发放政策；④企业的财务杠杆不变；⑤企业未增发股票，增加负债是其唯一的外部融资来源。

13. “固定资产使用率”指标存在的不足包括(　　)。[2016 年 6 月真题]

A. 为了提高生产力，企业可能在设备完全折旧之前就重置资产

B. 折旧并不意味着报废，就企业而言，使用完全折旧但未报废的机械设备是很正常的

C. 未能反映固定资产的折旧程度

D. 固定资产基础可能相对较新，但个别资产可能仍需重置

E. 固定资产使用价值会因折旧会计政策的变化和经营租赁的使用而被错误理解

10ACDE　11ABCE　12BC　13ABDE

【解析】C项，“固定资产使用率”粗略地反映了固定资产的折旧程度，但也存在一些不足之处。

14. 从资产负债表来看，可能导致流动资产增加的因素包括(　　)。[2015年10月真题]

A. 固定资产重置　　B. 季节性销售增长

C. 长期投资　　D. 长期销售增长

E. 商业信用减少

【解析】从资产负债表看，季节性销售增长、长期销售增长、流动资产周转率下降可能导致流动资产增加；商业信用的减少及改变、债务重构可能导致流动负债的结构变化；固定资产重置及扩张、长期投资可能导致长期资产的增加。

15. 下列选项中，可能导致企业借款需求增加的有(　　)。[2012年6月真题]

A. 利润率由正转负　　B. 季节性销售增长

C. 资产效率的提高　　D. 固定资产扩张

E. 商业信用减少

【解析】总体来看，借款需求的主要影响因素包括季节性销售增长、长期销售增长、资产营运效率下降、固定资产重置及扩张、长期投资、商业信用的减少及改变、债务重构、利润率下降等。

16. 假设一家公司的财务信息如下：

单位：万元

总资产	21678	销售收入	29962
总负债	11946	净利润	1572
所有者权益	9732	股息分红	608

依据上述信息，下列指标计算中正确的有(　　)。(注：计算精确到个位。)[2010年5月真题]

A. 公司的资本回报率为16%　　B. 公司的利润留存比率为61%

C. 公司的可持续增长率为11%　　D. 公司的资产负债率为55%

E. 公司的红利支付率为59%

【解析】本题中，该公司的资本回报率＝(净利润/所有者权益)×100%＝(1572/9732)×100%＝16%；红利支付率＝(股息分红/净利润)×100%＝(608/1572)×100%＝39%；利润留存比率＝1－红利支付率＝1－39%＝61%；可持续增长率＝资本回报率×利润留存比率/(1－资本回报率×利润留存比率)＝16%×61%/(1－16%×61%)＝11%；资产负债率＝(负债总额/资产总额)×100%＝(11946/21678)×100%＝55%。

17. 借款需求分析对银行的意义在于(　　)。[2009年6月真题]

A. 帮助银行有效地评估风险

B. 帮助银行确定合理的贷款结构与贷款利率

C. 为企业提供融资结构方面的合理建议

14BD　15ABDE　16ABCD　17ABC

D. 确定贷款总供给量

E. 帮助银行增加盈利

【解析】借款需求与还款能力和风险评估紧密相连，是决定贷款金额、期限、品种等要素的重要因素。通过了解借款企业在资金运作过程中导致资金短缺的关键因素和事件，银行能够更有效地评估风险，更合理地确定贷款期限，并帮助企业提供融资结构方面的建议。同时，银行为了作出合理的贷款决策，通常需要对借款企业的借款需求进行分析。

18. 银行判断企业长期销售收入增长是否会产生借款需求的方法有(　　)。[2009 年 6 月真题]

A. 判断其持续销售增长率是否足够高

B. 判断利润增长率

C. 判断成本节约率

D. 判断其资产效率是否相对稳定，且销售收入是否保持稳定、快速增长，且经营现金流是否不足以满足营运资本投资和资本支出增长

E. 判断其短期内的持续销售增长率是否有变化

【解析】银行判断企业长期销售收入增长是否产生借款需求的方法一般有以下几种：①快速简单的方法是判断持续的销售增长率是否足够高；②更为准确的方法是确定是否存在以下三种情况：销售收入保持稳定、快速的增长；经营现金流不足以满足营运资本投资和资本支出的增长；资产效率相对稳定，表明资产增长是由销售收入增加而不是效率的下降引起的。

19. 可能导致企业借款需求产生的原因主要有(　　)。

A. 季节性销售增长

B. 长期销售收入增长

C. 资产效率下降

D. 商业信用的减少和改变

E. 利润率下降

【解析】企业在日常经营过程中，可能导致借款需求产生的原因主要有季节性销售增长、长期销售收入增长、资产效率下降、商业信用的减少和改变、利润率下降等。

20. 下列关于“固定资产使用率”的表述，正确的有(　　)。

A. 该比率中固定资产价值代表了一个企业整个固定资产基础

B. 为了提高生产力，企业可能在设备完全折旧之前就重置资产

C. 就企业而言，使用完全折旧但未报废的机械设备是禁止发生的

D. 固定资产使用价值，会因折旧会计政策的变化和经营租赁的使用而被错误理解

E. 该比率的计算公式为：$固定资产使用率=\frac{累计折旧}{总折旧固定资产}\times 100\%$

【解析】C 项，折旧并不意味着报废，因为折旧仅仅是一种会计学上的概念，它使随时间消耗的资产成本与预期生产的产品和服务相匹配。就企业而言，使用完全折旧但未报废的机械设备是很正常的。

18AD　19ABCDE　20ABDE

21. 企业进行营运资本投资的资金来源主要有(　　)。

A. 季节性负债增加　　B. 内部融资

C. 银行短期贷款　　D. 增发股票

E. 商业信用

【解析】企业一般会尽可能用内部资金来满足营运资本投资，如果内部融资无法满足全部融资需求，企业就会向银行申请短期贷款。

22. 企业若想仅通过内部融资维持高速销售增长，需满足的条件为(　　)。

A. 股权结构合理

B. 利润水平足够高

C. 留存收益足以满足销售增长的资金需要

D. 销售增长很大

E. 留存收益保持稳定

【解析】如果一个企业能够通过内部融资维持高速的销售增长，这意味着企业的利润水平足够高，并且留存收益足以满足销售增长的资金需要。

23. 对于固定资产重置引起的融资需求，除了借款企业自己提出明确的融资需求外，银行还可以通过评估(　　)来预测。

A. 企业的经营周期　　B. 资本投资周期

C. 设备的购置成本　　D. 设备目前状况

E. 影响非流动资产周转的因素

【解析】拟进行固定资产重置的借款企业在向银行申请贷款时，通常会提出明确的融资需求，同时银行也能通过评估以下几方面来达到预测需求的目的：①企业的经营周期、资本投资周期、设备的使用年限和目前状况；②影响固定资产重置的技术变化率。

24. 企业的应付账款周转天数下降时，(　　)。

A. 企业经营的风险降低　　B. 企业的商业信用减少

C. 银行受理企业的贷款申请风险较小　　D. 企业可能产生借款需求

E. 企业需要额外的现金及时支付供货商

【解析】AC 两项，对于无法按时支付应付账款的企业，供货商会削减供货或停止供货，企业的经营风险加大，银行应关注借款人按期偿付应付账款情况。

25. 一般来讲，影响流动资金需求的关键因素为(　　)。

A. 存货　　B. 现金

C. 借款人所属行业　　D. 借款人经营规模

E. 应收账款和应付账款

【解析】流动资金贷款需求量应基于借款人日常生产经营所需营运资金与现有流动资金的差额(即流动资金缺口)确定。一般来讲，影响流动资金需求的关键因素为存货(原材料、半成品、产成品)、现金、应收账款和应付账款。同时，还会受到借款人所属行业、经营规模、发展阶段、谈判地位等重要因素的影响。

21BC　22BC　23ABD　24BDE　25ABE

26. 关于测算流动资金融资需求需要考虑的因素，下列说法正确的有(　　)。

A. 只要是小企业融资、订单融资、预付租金或者临时大额债项融资等情况，就可以根据实际交易需求确定流动资金额度

B. 应合理预测借款人应收账款、存货和应付账款的周转天数

C. 对集团关联客户，可采用合并报表估算流动资金贷款额度

D. 纳入合并报表范围内的成员企业流动资金贷款总和可以超过估算值

E. 对季节性生产借款人，可按每年的连续生产时段作为计算周期估算流动资金需求

【解析】A 项，对小企业融资、订单融资、预付租金或者临时大额债项融资等情况，可在交易真实性的基础上，确保有效控制用途和回款情况下，根据实际交易需求确定流动资金额度；D 项，对集团关联客户，可采用合并报表估算流动资金贷款额度，原则上纳入合并报表范围内的成员企业流动资金贷款总和不能超过估算值。

三、判断题(请对下列各题的描述做出判断，正确的用 A 表示，错误的用 B 表示)

1. 企业产生借款需求的原因可能是由于长期性资本支出以及季节性存货和应收账款减少等导致的现金短缺。(　　)［2023 年 10 月真题］

【解析】借款需求与借款目的是两个紧密联系，但又相互区别的概念。借款需求指的是企业为什么会出现资金短缺并需要借款。借款需求产生的原因可能是由于长期性资本支出以及季节性存货和应收账款增加等导致的现金短缺。

2. 固定资产项目融资需求量应基于固定资产项目总投资与自有资金的差额确定，自有资金包括资本金和资本溢价，资本溢价是指在资本筹集过程中，投资者缴付的出资额低于项目资本金的差额部分。(　　)［2021 年 6 月真题］

【解析】固定资产贷款需求量应基于固定资产项目总投资与自有资金的差额确定，该部分差额一般通过借入资金进行满足。自有资金是指投资者缴付的出资额，包括资本金和资本溢价。资本溢价是指在资金筹集过程中，投资者缴付的出资额超出项目资本金的差额部分，如汇兑率折算差额等。

3. 核心流动资产指的是资产负债表上始终存在的那一部分流动资产，这部分资产应该由短期融资来实现。(　　)［2018 年 6 月真题］

【解析】核心流动资产指的是在资产负债表上始终存在的那一部分流动资产。这部分资产应当由长期融资来实现。当一个企业的季节性销售收入和长期性销售收入同时增长时，流动资产的增长体现为核心流动资产和季节性流动资产的共同增长。

4. 企业为补充营运资本投资资金需求而发生的银行贷款一般为长期贷款。(　　)

【解析】企业一般会尽可能用内部资金来满足营运资本投资，如果内部融资无法满足全部融资需求，企业就会向银行申请短期贷款。

5. 通常，应收账款、存货和应付账款的增加将导致企业的借款需求。(　　)

【解析】通常，应收账款、存货的增加，以及应付账款的减少将形成企业的借款需求。

6. 对于与固定资产扩张有关的借款需求，银行必须与借款企业管理层进行详细的讨论，进

26BCE　▌　1B　2B　3B　4B　5B　6A

而评估固定资产扩张可否成为合理的借款原因。( )

【解析】与固定资产扩张相关的借款需求，其关键信息主要来源于企业管理层。因而，银行必须与企业管理层进行详细的讨论，了解企业的资本投资计划，进而评估固定资产扩张是否可以成为合理的借款原因。

四、综合题

1. 某公司财务数据如下表所示：(单位：万元)(一年按360天计算。)

	2023年	2022年	2021年
货币资金	100	40	40
应收账款		620	580
预付账款	200	160	120
存货		860	820
流动资产合计		1680	1560
固定资产		1520	1440
总资产		3200	3000
应付账款		660	600
其他流动资产	240	220	180
一年内到期长期借款		500	460
流动负债合计		1380	1240
长期(借款)负债		820	800
股东权益		1000	960
营业收入		6000	5000
营业成本		4200	3440
销售费用		1020	936
管理费用		480	408
财务(利息)费用		60	56
利润总额		240	160
净利润		180	120

请根据上述资料，回答下列问题。[2023年10月真题]

(1)该公司2022年应收账款周转天数为____天。(填空题)

【解析】该公司2022年应收账款周转次数 = 销售收入/平均应收账款余额 = 6000/[(620 + 580)/2] = 10(次)，应收账款周转天数 = 计算期天数/应收账款周转次数 = 360/10 = 36(天)。

(2)该公司2022年营运资金周转次数为______次。(四舍五入，答案保留2位小数)(填空题)

【解析】营运资金周转次数 = 360/(存货周转天数 + 应收账款周转天数 - 应付账款周转天数 + 预付账款周转天数 - 预收账款周转天数)，周转天数 = 360/周转次数。该公司2022

1(1)36 (2)5.45

年存货周转次数 = 销售成本/平均存货余额 = 4200/[(860 + 820)/2] = 5(次)，应收账款周转次数 = 销售收入/平均应收账款余额 = 6000/[(620 + 580)/2] = 10(次)，应付账款周转次数 = 销售成本/平均应付账款余额 = 4200/[(660 + 600)/2] = 6.67(次)，预付账款周转次数 = 销售成本/平均预付账款余额 = 4200/[(160 + 120)/2] = 30(次)。该公司2022年营运资金周转次数 = 360/(360/5 + 360/10 - 360/6.67 + 360/30) = 5.45(次)。

(3)如2023年延续2022年收入增长速度，营运资金需求量为______万元。(四舍五入，答案保留整数)(填空题)

【解析】营运资金量 = 上年度销售收入 ×(1 - 上年度销售利润率) ×(1 + 预计销售收入年增长率)/营运资金周转次数，销售利润率 = 利润总额/销售收入净额 ×100%。如2023年延续2022年收入增长速度，该公司预计销售收入年增长率 = (6000 - 5000)/5000 × 100% = 20%，上年度销售利润率 = 240/6000 × 100% = 4%，营运资金需求量 = 6000 × (1 - 4%) × (1 + 20%)/5.45 = 1268(万元)。

2. 某公司2014年、2015年的年销售收入分别为2000万元、2400万元，应收账款平均余额分别为180万元、210万元。公司预计2016年销售收入将达到3000万元，应收账款平均余额将达到350万元。

请根据上述资料，回答下列问题。

(1)如果不考虑其他因素，该公司2016年需通过其他融资渠道补充资金(　　)万元。(单项选择题)

A. 80　　B. 82　　C. 88　　D. 89

【解析】根据题中资料，公司2015年应收账款周转天数为：(210/2400) × 365 = 31.9(天)，2016年应收账款周转天数为：(350/3000) × 365 = 42.6(天)，那么假设2016年需要补充资金X万元，则有：(X/3000) × 365 = 42.6 - 31.9，得X = 88(万元)。

(2)如果应收账款周转天数的延长属于长期性变化，该公司从2015年末到2016年末应收账款增加了100万元，则此时该公司适合(　　)。(单项选择题)

A. 流动资金贷款　　B. 短期贷款　　C. 中长期贷款　　D. 担保贷款

【解析】由(1)题可知，实际应收账款增加额(100万元)的88%是由于应收账款周转天数的延长引起的，此时如果公司借款100万元来弥补这部分现金需求，由于应收账款周转天数延长属于长期性变化，在公司只有短期贷款的情况下很有可能出现还款困难，因而此时公司适合中长期贷款。

3. H公司是一家中型生产企业，公司2016年、2017年销货成本分别为3000万元、3500万元，存货平均余额分别为1000万元、1300万元。

请根据上述资料，回答下列问题。

(1)不考虑其他因素时，该公司2017年需补充资金(　　)万元。(单项选择题)

A. 133.3　　B. 136.2　　C. 140.5　　D. 144.8

【解析】根据题意，公司2016年存货周转天数为：(1000/3000) × 365 = 121.7(天)，2017年存货周转天数为：(1300/3500) × 365 = 135.6(天)，假设2017年初需要补充资

---

(3)1268　2(1)C　(2)C　3(1)A

金 X 万元，则有：(X/3500)×365 =135.6 -121.7，得 X =133.3(万元)。

(2)若 H 公司 2016 年、2017 年应付账款余额分别为 400 万元、600 万元，则该公司 2017 年(　　)万元。(单项选择题)

A. 需补充资金 133 万元　　B. 可释放资金 133 万元

C. 需补充资金 142 万元　　D. 可释放资金 142 万元

【解析】根据题中资料，H 公司 2016 年应付账款的周转天数为：(400/3000)×365 =48.7(天)，2017 年应付账款的周转天数为：(600/3500)×365 =62.6(天)，62.6 >48.7，因此该公司可释放资金，假设可释放资金为 X 万元，则有：(X/3500)×365 =62.6 -48.7，得 X =133(万元)。

4. 以下是 G 公司近两年的利润数据：

利润表

	2015 年(万元)	2016 年(万元)	增长率(%)	2016 年同比 2015 年的数值	备注
销售收入	500	600	20.0	600	
销售成本	300	375	25.0	360	=60% ×600
经营费用	150	200	33.3	180	=30% ×600
经营利润	50	25	-50.0	60	

共同比利润表

	2015 年(%)	2016 年(%)	增长率(%)	2016 年同比 2015 年的数值(%)
销售收入	100.0	100.0	100.0	
销售成本	60.0	62.5	2.5	60.0
经营费用	30.0	33.3	3.3	30.0
经营利润	10.0	4.2	-5.8	10.0

请根据上述资料，回答下列问题。

(1)G 公司由于销售成本比率增加而增加的现金流需求为(　　)万元。(单项选择题)

A. 15　　B. 60　　C. 75　　D. 360

【解析】如果 G 公司 2016 年销售成本比率仍未增加，即仍维持 2015 年占销售收入 60% 的水平，公司 2016 年的销售成本应为：600 ×60% =360(万元)，而实际上其 2016 年的销售成本为 375 万元，因而 G 公司由于销售成本比率增加而增加的现金流需求为：375 -360 =15(万元)。

(2)G 公司由于经营成本比率增加而增加的现金流需求为(　　)万元。(单项选择题)

A. 20　　B. 25　　C. 30　　D. 180

【解析】如果 G 公司 2016 年经营成本比率仍未增加，仍维持 2015 年 30% 的水平，公司 2016 年的经营成本就应为：600 ×30% =180(万元)，而实际上 G 公司 2016 年的经营成本为 200 万元，所以其由于经营成本比率增加而增加的现金流需求为：200 -180 =20(万元)。

(2)B　4(1)A　(2)A

(3)如果G公司2016年的费用支出率与2015年保持不变，公司2016年的经营利润应该是(　　)万元。(不考虑其他因素影响)(单项选择题)

A. 39.2　　B. 60　　C. 75　　D. 640

【解析】G公司2016年实际的经营利润为25万元，则不考虑其他因素时，如果G公司2016年的费用支出率与2015年保持不变，其2016年的经营利润应当为：25 + 15 + 20 = 60(万元)。

(3)B

第四章 贷款环境风险分析

一、单选题(下列选项中只有一项最符合题目的要求)

1. 关于国别风险准备金，下列选项表述不正确的是(   )。[2023 年 10 月真题]

   A. 国别风险准备金计提应基于国别风险分类

   B. 国别风险准备金是商业银行为吸收国别风险导致的潜在损失计提的准备金

   C. 国别风险准备金计提应考虑风险转移和风险缓释因素

   D. 对于全部国别风险资产必须按照同一比例计提国别风险准备金

   【解析】按照《银行业金融机构国别风险管理办法》的要求，银行应当按国别风险分类情况，在考虑风险转移和风险缓释因素后，参照以下标准对国别风险评级为中等、较高及高风险级别的国别风险暴露计提国别风险准备金：中等国别风险不低于 5%；较高国别风险不低于 15%；高国别风险不低于 40%。国别风险准备金纳入股东权益中的一般准备项下。

2. 关于国际授信业务中防范国别风险的具体做法，下列选项表述错误的是(   )。[2023 年 10 月真题]

   A. 对境外债务人尽职调查，应确保债务人有足够的外币资产或收入来源履行其外币债务

   B. 对于境外授信业务，重点在客户偿债能力，无需核查资金实际用途

   C. 国际授信与国内授信应遵循同样的“了解你的客户”的原则

   D. 对境外债务人的押品，应审慎评估其押品的合法性及其可被强制执行的法律效力

   【解析】根据《银行业金融机构国别风险管理办法》第十五条，银行业金融机构应当确保国际授信与国内授信适用同等原则，包括：严格遵循"了解你的客户”原则，对境外债务人进行充分的尽职调查，确保债务人有足够的资产或收入来源履行其债务；认真核实债务人身份及最终所有权，避免风险过度集中；尽职核查资金实际用途，防止贷款挪用；审慎评估境外抵质押品的合法性及其可被强制执行的法律效力；建立完善的授后管理制度。

3. 关于国别风险准备金计提标准，下列选项表述错误的是(   )。[2023 年 10 月真题]

   A. “低国别风险”不低于 1%　　B. “较高国别风险”不低于 15%

   C. “中等国别风险”不低于 5%　　D. “高国别风险”不低于 40%

   【解析】按照《银行业金融机构国别风险管理办法》的要求，银行应当按国别风险分类情况，在考虑风险转移和风险缓释因素后，参照以下标准对国别风险评级为中等、较高及高风险级别的国别风险暴露计提国别风险准备金：中等国别风险不低于 5%；较高国别风险不低于 15%；高国别风险不低于 40%。国别风险准备金纳入股东权益中的一般准备项下。

4. 玻璃瓶的价格受到来自金属行业和塑料行业的冲击，这一现象代表(   )。[2022 年 7

1D　2B　3A　4B

月真题]

A. 行业内竞争风险　　　　　　　　　　B. 替代品潜在威胁

C. 成本结构风险　　　　　　　　　　　D. 高杠杆经营风险

【解析】替代品的潜在威胁对行业的销售和利润的影响也在波特五力模型分析方法里有所反映。替代品指的是来自其他行业以不同的方式满足与目标行业现有产品大致相同的顾客需求的产品。这些产品或者服务对需求和价格的影响越大，目标行业风险就越高。当新兴技术创造出替代品后，来自其他行业中的替代品的竞争不仅会影响价格，还会影响消费者偏好。当消费者购买来自另一行业的替代产品或者服务的"品牌转换成本"越低，替代品对这个行业未来利润的威胁就越大，行业风险也就越大。例如，玻璃瓶的价格受到金属行业和塑料行业的很大冲击。

5. 产品需求稳定，不受经济周期影响的行业称为(　　)行业。[2022 年 7 月真题]

A. 反周期性　　B. 防御性　　C. 增长性　　D. 周期性

【解析】防御性行业指需求稳定，不受经济环境影响的行业，如医药、粮食、食品、交通、公路、公用事业等行业。

6. 下列区域经济发展水平指标中，最能反映一个地区居民购买力指标的是(　　)。[2022 年 7 月真题]

A. 地区人均社会商品零售总额　　　　B. 地区人均 GNP

C. 地区人均财政收入　　　　　　　　D. 地区人均 GDP

【解析】通常评价区域经济发展水平指标有以下几种：①地区生产总值(GRDP)(或地区人均生产总值水平)，反映区域总体经济水平和实力；②地区生产总值增长率，反映区域经济发展的态势和前景；③地方财政收入(或可支配财力)及人均水平，反映地方政府财政实力和财政支出的能力；④固定资产投资总量，反映区域经济活跃程度和未来增长的前景；⑤实际利用外资总额，反映一个地区对外开放程度、投资环境和投资吸引力情况；⑥进出口贸易总量，反映一个地区经济的外向型程度和在国际化分工中的竞争实力；⑦人均社会商品零售总额，反映一个地区居民购买力和物质文化生活水平；⑧第三产业经济增加值占比，反映一个地区经济结构转型和优化的程度，一般来说，该指标越高，说明地区服务业对经济贡献程度越大。

7. 下列关于行业风险分析的表述，正确的是(　　)。[2021 年 6 月真题]

A. 经营杠杆较低的行业，产业平均成本随产销量的增加迅速下降

B. 处于启动阶段的行业代表着最高的风险

C. 市场成长越缓慢，竞争程度越小

D. 如果盈亏平衡点较高，很大的销售下滑才可能会导致一定的利润下滑

【解析】A 项，经营杠杆较高的行业，产品平均成本随着产销量的增加迅速下降。C 项，市场成长越缓慢，竞争程度越大。D 项，如果盈亏平衡点较高，很小的销售下滑便有可能会导致较大的利润下滑。

8. 信贷资产相对不良率是用于评价目标区域银行分支机构信贷资产质量水平在银行系统中

5B　6A　7B　8C

所处的相对位置，该指标大于(　　)时，说明目标区域分支机构信贷风险高于同区域银行一般水平。[2020 年 10 月真题]

A. 3　　B. 2　　C. 1　　D. 0

【解析】相对不良率反映目标区域银行分支机构信贷资产质量水平在银行系统中所处的相对位置。指标越高，银行内部区域风险越高。该指标大于 1 时，说明目标区域分支机构信贷风险高于同区域银行一般水平。

9. 替代品的威胁会影响现有企业的竞争战略。下列属于替代品威胁的情况是(　　)。[2020 年 10 月真题]

A. 竞争者企业采用降价等手段促销

B. 来自于其他行业和海外市场的替代产品越来越多

C. 市场趋于成熟，产品需求增长缓慢

D. 买方行业由大量相对来说规模较小的企业所组成

【解析】替代品指的是来自其他行业以不同的方式满足与目标行业现有产品大致相同的顾客需求的产品。这些产品或者服务对需求和价格的影响越大，目标行业风险就越高。当新兴技术创造出替代品后，来自于其他行业中的替代品的竞争不仅会影响价格，还会影响到消费者偏好。当消费者购买来自于另一行业的替代产品或者服务的“品牌转换成本”越低，替代品对这个行业未来利润的威胁就越大，行业风险也就越大。例如，玻璃瓶的价格受到金属行业和塑料行业的很大冲击。

10. 奢侈消费品业、机械设备制造业及其他需求的收入弹性较高的行业，属于(　　)。[2020 年 10 月真题]

A. 新兴行业　　B. 防御性行业　　C. 成长性行业　　D. 周期性行业

【解析】周期性行业指与经济周期敏感度高的行业，包括消费类周期性行业如汽车、房地产、家装、奢侈品等行业，以及工业类周期性行业如钢铁、水泥、煤炭、工程机械、造船等行业。

11. (　　)用于评价当年新生成的不良贷款与年初余额比值情况。该指标越高，分支机构潜在风险越大。该指标动态反映了信贷资产质量变化趋势。[2018 年 10 月真题]

A. 信贷余额扩张系数　　B. 不良贷款生成率

C. 到期贷款现金回收率　　D. 信贷资产相对不良率

【解析】不良贷款生成率指标通过当年新生成不良贷款与年初贷款余额比值，反映分支机构信贷资产质量变化趋势。该指标越高，分支机构信贷资产质量恶化速度就越快，潜在风险越高。

12. 行业风险的产生受到经济周期、产业发展周期、产业链位置、产业组织结构等多种因素的影响，以下不正确的是(　　)。[2017 年 10 月真题]

A. 下游产业的收缩或衰退会严重影响上游产业的发展

B. 经济周期对国民经济的各个行业都会产生影响

C. 一个行业的进入壁垒越高，内部竞争也就越强

9B　10D　11B　12C

D. 新兴产业的发展期收益高，但风险大

【解析】进入壁垒的高低是影响该行业市场垄断和竞争关系的一个重要因素，在进入壁垒较高的行业，面临新进入者的竞争风险较小，它们维持现有高利润的机会就越大。

13. 处于(　　)阶段的资金主要来自企业所有者或者风险投资者，而不应该是来自商业银行。[2016年11月真题]

A. 启动　　B. 成熟　　C. 衰退　　D. 成长

【解析】处在启动阶段的行业一般是指刚刚形成的行业，或者是由于科学技术、消费者需求、产品成本或者其他方面的变化而使一些产品或者服务成为潜在的商业机会。这一阶段的资金应当主要来自企业所有者或者风险投资者，而不应该是来自商业银行。

14. 经营杠杆是衡量(　　)相对于销售量变化敏感度的指标。[2015年10月真题]

A. 营运资本　　B. 存货　　C. 营业利润　　D. 销售费用

【解析】经营杠杆是营业利润相对于销售量变化敏感度的指示剂。经营杠杆越大，销售量对营业利润的影响就越大。

15. 2009年10月，希腊政府债务问题浮出水面，2009年12月，全球三大国际评级机构之一惠誉评级公司将希腊信贷评级由A－下调至BBB＋，前景展望为负面。2011年10月27日，希腊主权债务减记50%，这使一些持有大量希腊国债的欧洲银行蒙受了巨大损失，这种风险为(　　)。[2014年11月真题]

A. 操作风险　　B. 区域风险　　C. 汇率风险　　D. 国别风险

【解析】国别风险是指由于某一国家或地区经济、政治、社会变化及事件，导致该国家或地区借款人或债务人没有能力或者拒绝偿付银行业金融机构债务，或使银行业金融机构遭受其他损失的风险。

16. 其他条件相同时，下列各行业中进入壁垒较高的是(　　)。[2013年6月真题]

A. 各公司的绝对成本水平相当的行业　　B. 顾客无转换成本的行业

C. 存在规模经济的行业　　D. 产品高度同质化的行业

【解析】进入壁垒是指行业内既存企业对于潜在企业和刚刚进入这个行业的新企业所具有的某种优势。换言之，是指想进入或者刚刚进入这个行业的企业与既存企业竞争时可能遇到的种种不利因素。

17. A银行2007年以购买国债的方式向冰岛政府贷款1000万欧元，2年后到期。到2009年，冰岛在全球经济危机中面临“国家破产”，无法按时归还A银行本息，此种风险属于(　　)。

A. 清算风险　　B. 利率风险　　C. 流动性风险　　D. 主权风险

【解析】主权风险指外国政府没有能力或者拒绝偿付其直接或间接外币债务的可能性。A银行向冰岛政府贷款，后因冰岛面临“国家破产”而无法收回贷款，属于主权风险。

18. (　　)是对区域信贷风险状况的直接反映。

A. 分支机构经济发展水平　　B. 分支机构信贷资产质量

13A　14C　15D　16C　17D　18B

C. 分支机构信贷资产盈利性　　　　　　　D. 分支机构信贷资产流动性

【解析】分支机构信贷资产质量是对区域信贷风险状况的直接反映，它是衡量内部风险最重要的指标。信贷资产质量好，则表明该区域信贷风险低。

19. 银行信贷专员小王在运用相关指标对 B 区域风险状况进行分析时，发现该区域的信贷资产相对不良率小于 1、不良率变幅为负，如果小王仅以上述信息判断，该区域风险(　　)。

A. 较大，不适合发展信贷业务

B. 较小，可发展信贷业务

C. 根据这两项指标判断，信贷资产质量较差，导致区域风险较大

D. 根据第一项指标判断，信贷资产质量较差，区域风险较大；以第二项判断，信贷区域风险较小

【解析】信贷资产相对不良率小于 1 时，说明目标区域分支机构信贷风险低于同区域银行一般水平，因而区域风险相对较低；不良率变幅为负时，说明资产质量上升，区域风险下降。综合起来，以上两个指标都表明该区域的风险较小，因而可发展信贷业务。

20. 2009 年下半年，受全球经济危机影响，我国汽车行业、机械行业等钢铁下游行业走弱，从而导致我国钢铁行业库存积压、资金流转不畅，无法按时偿还银行贷款，银行面临的此种风险属于______中的______。(　　)

A. 行业风险；产业关联度风险　　　　B. 区域风险；流动性风险

C. 国别风险；经济风险　　　　　　　D. 个别风险；经营风险

【解析】钢铁行业无法按时归还银行贷款是因其下游行业走弱，使得钢铁行业存货积压、资金流转不畅，此种风险为产业关联度风险，属于行业风险的一种。行业风险还包括周期性风险、成长性风险、市场集中度风险、行业壁垒风险、宏观政策风险等各个方面的风险因素。

21. M 公司为新成立并在深交所中小板上市的高科技公司，目前公司利润增长很快，但非常不稳定，同时公司进行大量广告宣传，导致公司营业费用激增，如银行对该公司授信，可能面临(　　)。

A. 周期性风险　　　　　　　　　　　B. 市场集中度风险

C. 行业壁垒风险　　　　　　　　　　D. 成长性风险

【解析】M 公司为新成立的高科技公司，正处于产业生命周期的成长阶段，因而银行对其授信可能面临成长性风险。在成长阶段，公司经营很不稳定，收入、利润往往大幅波动，很容易因经营失败或资不抵债而破产。

22. 下列关于行业风险外部因素分析中行业成熟度的说法，错误的是(　　)。

A. 国际上通用的衡量模型主要有三阶段模型与四阶段模型

B. 四阶段模型将行业的发展分为启动阶段、成长阶段、成熟阶段、衰退阶段

C. 处在启动阶段行业的企业虽然风险很大，但收益也很大，因而适合贷款授信

D. 处在成长阶段的行业通常年增长率会超过 20%

19B　20A　21D　22C

【解析】C项，处在启动阶段行业的企业因为销售量低而成本相对很高，利润通常为负值。

23. 目前我国家电行业产品成熟，产品差异化很小，产品质量与技术提升的空间都非常有限，由于产品的同质化使得消费者可选择的空间扩大，从而导致各家电厂家竞争激烈，大打“价格战”，则根据行业成熟度四阶段模型判断，该行业处于(　　)。

A. 启动阶段　B. 成长阶段　C. 成熟阶段　D. 衰退阶段

【解析】处在成熟阶段的行业增长较为稳定，成熟期的产品和服务已经非常标准化，行业中的价格竞争非常激烈，新产品的出现速度也非常缓慢。题中描述的特征符合四阶段模型中成熟阶段的特征。

二、多选题(下列选项中有两项或两项以上符合题目要求)

1. 下列行业中，属于周期性行业的有(　　)行业。[2023年10月真题]

A. 有色金属　B. 供气　C. 煤炭　D. 供水

E. 食品

【解析】周期性行业是指与经济周期敏感度高的行业，包括消费类周期性行业如汽车、房地产、家装、奢侈品等行业，以及工业类周期性行业如钢铁、水泥、煤炭、工程机械、造船等行业。

2. 关于交易对手的国别风险识别，商业银行应当(　　)。[2021年6月真题]

A. 对涉及敏感国家或地区的业务及交易保持高度警惕

B. 严格遵守反洗钱和反恐融资法律法规

C. 及时录入、更新有关制裁名单和可疑交易客户等信息

D. 对交易对手进行尽职调查

E. 及时查询包括联合国制裁决议在内的与本机构经营相关的国际事件信息

【解析】在国别风险管理中，银行业金融机构在进行交易对手尽职调查时，应当严格遵守反洗钱和反恐融资法律法规，严格执行联合国安理会的有关决议，对涉及敏感国家或地区的业务及交易保持高度警惕，及时查询包括联合国制裁决议在内的与本机构经营相关的国际事件信息，建立和完善相应的管理信息系统，及时录入、更新有关制裁名单和可疑交易客户等信息，防止个别组织或个人利用本机构从事支持恐怖主义、洗钱或其他非法活动。

3. 商业银行在进行国别风险分析时，一般采取层次分析方法，将国别风险细化为主要几个风险范畴，每个风险范畴又包含若干子范畴或指标。下列风险范畴中，(　　)经常被列到对一个国家或地区的国别风险分析中。[2021年6月真题]

A. 政治外交环境　B. 经济金融环境　C. 企业人才环境　D. 制度运营环境

E. 社会安全环境

【解析】按照《银行业金融机构国别风险管理办法》要求，银行业金融机构应当建立与国别风险暴露规模和复杂程度相适应的国别风险评估体系，对已经开展和计划开展业务的国家或地区定期、逐一进行风险评估。国别风险评估因素主要包括以下方面：①政治外

23C　|　1AC　2ABCDE　3ABDE

交环境；②经济金融环境；③制度运营环境；④社会安全环境。

4. 下列关于企业“经营杠杆”的表述，正确的有（　　）。[2019 年 6 月真题]

A. 保持较高的销售量和维持市场占有率是经营杠杆较高的行业成功的关键

B. 固定成本占总成本的比例越大，经营杠杆越高

C. 通常情况下，高经营杠杆代表着高风险

D. 经营杠杆越高，销售量对营业利润的影响就越大

E. 在经济增长、销售上升时，低经营杠杆行业的增长速度要比高经营杠杆行业的增长速度缓慢

【解析】AC 两项，通常情况下，高经营杠杆代表着较高风险。这些行业需要获得更高的销售量来维持利润，而且利润相对于销量非常敏感。因此，保证较高的销售量和维持市场占有率便成了高经营杠杆行业中企业成功的关键。BE 两项，如果一个行业固定成本占总成本的较大比例，则这个行业的经营杠杆较高。低经营杠杆行业的变动成本占较高比例，在经济恶化或者销售量降低的情况下，这些行业可以通过减少变动成本，以保证盈利水平。但是在经济增长、销售上升时，低经营杠杆行业盈利的增长速度要比高杠杆行业的增长速度缓慢得多。D 项，经营杠杆是营业利润相对于销售量变化敏感度的指示剂。经营杠杆越大，销售量对营业利润的影响就越大。

5. 行业发展的成长阶段，行业销售、利润和经营活动现金净流量有下列（　　）特点。[2018 年 6 月真题]

A. 销售：由于价格比较高，销售量很小

B. 利润：由于销售量很低而成本相对很高，利润为负

C. 销售：由于价格下降的同时产品质量却提高了，销售量大增

D. 利润：由于销售大幅提高、规模经济的效应和生产效率的提升，利润转变为正值

E. 经营活动现金净流量通常为负

【解析】处在成长阶段的行业通常年增长率会超过 20%。销售、利润和现金流有以下特点：①销售：产品价格下降的同时，产品质量得到了明显提高，销售大幅增长；②利润：由于销售大幅提高、规模经济的效应和生产效率的提升，利润转变成正值；③现金流：销售快速增长，现金需求增加，因此这一阶段的现金流通常仍然为负，主要依靠筹资现金流入满足投资及经营现金需求。

6. 行业内竞争程度的大小受很多因素影响，下列分析正确的有（　　）。[2017 年 10 月真题]

A. 行业分散，竞争激烈；行业集中，竞争程度较低

B. 退出市场的成本越低，竞争程度越大

C. 低经营杠杆增加竞争

D. 竞争程度一般在动荡期会增加；在经济周期达到低点时，竞争程度达到最大

E. 产品差异越小，竞争程度越大；市场成长缓慢，竞争程度越大

【解析】竞争程度的大小受很多因素影响。B 项，退出市场的成本越高，竞争程度越大；C 项，高经营杠杆增加竞争。

4ABCDE　5CDE　6ADE

7. 在区域风险分析时，评价信贷资产质量的指标主要有(　　)。[2016 年 6 月真题]

A. 不良贷款率　　B. 信贷余额扩张系数

C. 相对不良率　　D. 不良率变幅

E. 利息实收率

【解析】分支机构信贷资产质量是对区域信贷风险状况的直接反映，它是衡量内部风险最重要的指标。信贷资产质量好，则表明该区域信贷风险低。评价信贷资产质量主要有以下指标：①不良贷款率；②相对不良率；③不良率变幅；④信贷余额扩张系数；⑤不良贷款生成率；⑥不良贷款剪刀差；⑦到期贷款现金回收率；⑧贷款利息实收率及其当地水平比例。

8. 行业发展的启动阶段，行业销售、利润和现金流的特征有(　　)。[2015 年 5 月真题]

A. 销售：由于价格比较高，销售量很小

B. 利润：由于销售量很低而成本相对很高，利润为负

C. 销售：由于价格比较高，销售量很大

D. 利润：由于销售量很高而成本相对很低，利润为正

E. 现金流为负

【解析】启动阶段行业的销售、利润和现金流有以下特点：①在销售方面，由于价格比较高，消费者接受程度较低，需求有限，销售量很小；②在利润方面，因为销售量低而成本相对很高，利润通常为负值；③在现金流方面，低销售、高投资和快速的资本成长需求造成现金流也为负值(其中经营及投资活动现金流量净额为负、筹资活动现金流量净额为正)。

9. 关于行业成熟度，下列表述正确的有(　　)。[2014 年 6 月真题]

A. 对银行而言，处于成长阶段的行业代表了最低的风险

B. 在衰退阶段的行业中，企业现金流维持在正值的时间跨度一般短于利润为正值的时间跨度

C. 在成熟阶段的行业中，企业做好成本控制是关键

D. 在成长阶段的行业中，企业扩大产能是关键

E. 对银行而言，处于衰退阶段的行业代表了最高的风险

【解析】AE 两项，处在启动阶段的行业代表着最高的风险，成长阶段的企业代表中等程度的风险，成熟期的行业代表着最低的风险，处在衰退期的行业代表相对较高的风险；B 项，衰退阶段经营活动产生的现金流量净额在较长时间内保持正值，但是慢慢减小，现金流维持在正值的时间跨度一般长于利润的时间跨度；筹资活动现金流量净额通常为负。

10. 下列关于信贷资产质量指标的说法，正确的有(　　)。[2014 年 6 月真题]

A. 不良贷款生成率反映目标区域信贷资产质量变化趋势

B. 不良贷款率从静态上反映了目标区域信贷资产整体质量

C. 利息实收率用于衡量目标区域信贷资产的收益实现情况

D. 相对不良率大于 1 时，说明目标区域信贷风险低于银行一般水平

7ABCDE　8ABE　9CD　10ABCE

E. 信贷余额扩张系数小于0时，目标区域信贷增长相对较慢

【解析】D项，信贷资产相对不良率反映目标区域银行分支机构信贷资产质量水平在银行系统中所处的相对位置，指标越高，银行内部区域风险越高。该指标大于1时，说明目标区域分支机构信贷风险高于同区域银行一般水平。

11. 国别风险的类型包括(　　)。

A. 转移风险　　B. 主权风险　　C. 传染风险　　D. 货币风险

E. 宏观经济风险

【解析】除ABCDE五项外，国别风险的类型还包括政治风险和间接国别风险。

三、判断题(请对下列各题的描述做出判断，正确的用A表示，错误的用B表示)

1. 转移风险是指由于汇率不利变动或货币贬值，导致债务人持有的本国货币或现金流不足以支付其外币债务的风险。(　　)[2023年10月真题]

【解析】货币风险指由于汇率不利变动或货币贬值，导致债务人持有的本国货币或现金流不足以支付其外币债务的风险。转移风险指借款人或债务人由于本国外汇储备不足或外汇管制等原因，无法获得所需外汇偿还其境外债务的风险。

2. 国别风险就是国家主权风险。(　　)[2018年10月真题]

【解析】国别风险是指由于某一国家或地区经济、政治、社会变化及事件，导致该国家或地区借款人或债务人没有能力或者拒绝偿付银行业金融机构债务，或使银行业金融机构在该国家或地区的商业存在遭受损失，或使银行业金融机构遭受其他损失的风险。国别风险主要类型包括：①转移风险；②主权风险；③传染风险；④货币风险；⑤宏观经济风险；⑥政治风险；⑦间接国别风险。

3. 在经济周期达到低点时，企业之间的竞争程度达到最大。在营运杠杆较低的行业，这一情况更为严重。(　　)[2010年5月真题]

【解析】在经济周期达到谷底时，企业之间的竞争程度达到最大。在营运杠杆较高的行业，这一情况更为严重。

4. 信贷余额扩张系数通常考察因区域信贷投放速度过快而产生扩张性风险，因此该指标越低越好。(　　)[2009年6月真题]

【解析】信贷余额扩张系数反映分支机构信贷规模变动对自身风险的影响。指标小于零时，分支机构信贷规模处于萎缩状态；指标过大则说明该分支机构信贷增长速度过快。扩张系数过大或过小都可能导致风险上升。该指标通常考察因分支机构信贷投放速度过快而产生的扩张性风险。

11ABCDE　|　1B　2B　3B　4B

第五章　客户分析与信用评级

一、单选题(下列选项中只有一项最符合题目的要求)

1. 下列选项中，不影响企业现金流量的是(　　)。[2023 年 10 月真题]

A. 以固定资产对外投资　　B. 吸收权益性投资收到现金

C. 支付融资租赁费用　　D. 分得现金股利

【解析】企业发生的经济业务，若只是涉及现金各项目之间的变动或非现金项目之间的增减变动，不会影响现金流量。A 项，以固定资产对外投资活动不涉及现金及现金等价物，不影响企业的现金流量；BD 两项，吸收权益性投资收到现金、分得现金股利影响投资活动的现金流量；C 项，支付融资租赁费用影响筹资活动的现金流量。

2. 某企业 2021 年末总资产 1 亿元、流动资产 5000 万元，其中货币资金 1000 万元，应收账款 2000 万元，预付账款 500 万元，存货 1500 万元；长期负债 1000 万元，所有者权益 5000 万元。该企业速动比为(　　)。[2023 年 10 月真题]

A. 0.75　　B. 0.875　　C. 1.125　　D. 1.25

【解析】速动比率是借款人速动资产与流动负债的比率。所有者权益 = 总资产 - 总负债，速动资产 = 流动资产 - 存货 - 预付账款 - 待摊费用。该企业 2021 年末总负债 = 10000 - 5000 = 5000，速动比率 = 速动资产/流动负债 = (5000 - 1500 - 500)/(5000 - 1000) = 0.75。

3. (　　)是商业银行对客户偿债能力和偿债意愿的计量和评价。[2023 年 10 月真题]

A. 客户评级　　B. 审计评价　　C. 征信报告　　D. 债项评级

【解析】客户评级是商业银行对客户偿债能力和偿债意愿的综合计量和科学评价，反映的是客户违约风险的大小。

4. 通常情况下，(　　)不属于客户评级定量指标。[2023 年 10 月真题]

A. 现金比率　　B. 总资产　　C. 行业特征　　D. 营业收入

【解析】客户评级定量指标一般分为财务类的定量分析指标和非财务类的定量分析指标。财务类的分析指标一般是围绕经过审计的或者能经得起检验的财务报表数据进行，包括资产负债表、利润表和现金流量表。例如，描述企业规模实力类指标(如总资产、营业收入、净利润等)、描述企业资产与负债结构类指标(如资产负债率、资本与付息债务比率、权益比率等)、描述企业流动性与偿债能力类指标(如现金比率、速动比率、现金债务总额比、利息保障倍数等)等。C 项，行业特征属于定性指标。

5. 销售渠道是连接厂商与终端客户的桥梁纽带，销售渠道可以分为直接销售和间接销售，下列选项中是直接销售优点的是(　　)。[2023 年 10 月真题]

A. 贴近市场　　B. 应收账款较多　　C. 资金投入少　　D. 需要铺设销售网络

【解析】销售渠道有两种：一是直接销售，即厂商将产品直接销售给终端客户，其好处是

1A　2A　3A　4C　5A

贴近市场，应收账款少，缺点是需要铺设销售网络，资金投入较大；二是间接销售，即厂商将产品通过中间渠道销售给终端客户，其好处是无须自找客源，资金投入少，缺点是应收账款较多。

6. 关于商业银行公司客户部分信用等级和对应估算的区间违约概率中值之间呈现的关系，下列选项中，比较合理的是(　　)。[2023 年 10 月真题]

A.

AAA	AA1	AA2	A1	A2	A3	BB1	BB2	BB	B1
0.05%	1.05%	3.20%	1.30%	4.50%	2.07%	2.42%	5.10%	20%	50%

B.

AAA	AA1	AA2	A1	A2	A3	BB1	BB2	BB	B1
0.05%	1.05%	1.20%	1.30%	1.50%	2.07%	3.42%	5.10%	20%	50%

C.

AAA	AA1	AA2	A1	A2	A3	BB1	BB2	BB	B1
1.03%	1.05%	5.20%	1.30%	4.50%	10.07%	20.42%	30.10%	40%	100%

D.

AAA	AA1	AA2	A1	A2	A3	BB1	BB2	BB	B1
0.05%	1.00%	1.00%	1.30%	1.50%	3.00%	3.50%	4.00%	4.50%	5.00%

【**解析**】客户评级是商业银行对客户偿债能力和偿债意愿的综合计量和科学评价，反映的是客户违约风险的大小。一般来说，级别越高的等级，表示这一等级的客户信用风险越低。不同信用等级违约风险大小，并不是线性的关系，一般是呈现指数性质的关系。

7. 某企业在保证生产成本不高于同业的基础上，生产出了比同业质量更好、外观更新颖的产品，从而获取了更大的利润，根据波特的竞争力模型，该企业成功执行了下述(　　)战略。[2023 年 10 月真题]

A. 成本领先　　B. 差异化　　C. 集中化　　D. 分散化

【**解析**】根据迈克尔·波特的理论，竞争战略可分为三种：成本领先战略、差异化战略和集中化战略。成本领先战略是指企业通过降低成本提供较低价格的产品或服务，扩大市场占有率，赢得市场竞争优势。差异化战略是指企业通过技术、设计、创新等手段提供领先竞争对手或独具特色的产品或服务，以此吸引消费者，抢占市场份额，提高业务利润率。集中化战略是指企业主攻某一细分市场，建立并巩固优势。

8. 某企业 2022 年销售收入 1.6 亿元，销售成本 1 亿元，如该公司当年销售利润率欲达到 25%，三项费用合计应控制在不超过(　　)万元。[2023 年 10 月真题]

A. 2000　　B. 4000　　C. 1000　　D. 3000

【**解析**】销售利润率 = 利润总额/销售收入净额 ×100%，故该企业 2022 年利润总额 = 1.6 ×25% =0.4(亿元)。利润总额 = 销售收入净额 − 销售成本 − 期间费用，三项费用是指企业在会计年度内发生的期间费用，则该企业三项费用合计 = (1.6 − 1 − 0.4) = 0.2(亿元) = 2000(万元)。

9. 财务分析中，营运能力指标不包括(　　)。[2023 年 10 月真题]

A. 固定资产周转率　　B. 存货周转率

C. 资产负债率　　D. 资产周转率

6B　7B　8A　9C

【解析】营运能力指标包括周转率和周转天数两类，两者之间存在一定关系，可相互转换。具体指标主要包括总资产周转率、固定资产周转率、应收账款周转率、存货周转率，以及相对应的总资产周转天数、固定资产周转天数、应收账款周转天数、存货周转天数等。C 项，资产负债率属于盈利能力指标。

10. 资产负债表不能提供的信息是(　　)。[2023 年 10 月真题]

A. 经营成果　　B. 资产结构　　C. 负债水平　　D. 资金来源状况

【解析】资产负债表是反映借款人在某一特定日期财务状况的财务报表。资产、负债和所有者权益是资产负债表的基本内容。A 项，利润表又称损益表，它是通过列示借款人在一定时期内取得的收入，所发生的费用支出和所获得的利润来反映借款人一定时期内经营成果的报表。

11. 以下关于违约损失率(Loss Given Default，简称 LGD)影响因素的分析正确的是(　　)。[2023 年 10 月真题]

A. 清偿优先性强的债项 LGD 一般低于清偿优先性靠后的债项

B. 债项类型影响 LGD 大小，项目贷款的 LGD 一般高于流动资金贷款

C. 有形资产较少的行业客户的 LGD 往往比有形资产密集型行业客户的 LGD 低

D. 债项对应的抵质押品变现能力越强，对应的 LGD 越高

【解析】B 项，债项类型是影响 LGD 大小的重要因素，项目贷款的 LGD 一般低于流动资金贷款；C 项，有形资产较少的行业(如服务业)的 LGD 往往比有形资产密集型行业(如公用事业部门)的 LGD 高。D 项，债项对应的抵质押品法律地位清晰、产权控制力和变现能力越强、价值越高、品质越好，对应的 LGD 越低。

12. 某公司 2019 年初固定资产净值为 2300 万元，年末固定资产净值为 3400 万元，其当年销售收入净额为 8730 万元，则 A 公司固定资产周转率为(　　)。[2022 年 7 月真题]

A. 3.06　　B. 4.41　　C. 2.59　　D. 5.21

【解析】固定资产平均净值 = (年初固定资产净值 + 年末固定资产净值)/2 = (2300 + 3400)/2 = 2850(万元)，固定资产周转率 = 销售收入净额/固定资产平均净值 = 8730/2850 = 3.06。

13. 下列公式中，不正确的是(　　)。[2022 年 7 月真题]

A. 营运资本 = 长期资产 − 长期负债

B. 销售毛利率 = 销售毛利/销售收入净额 × 100%

C. 现金流量比率 = 经营活动现金流量净额/流动负债 × 100%

D. 利息保障倍数 = 经营活动现金流量净额/利息费用

【解析】与流动比率相关的一个概念是营运资本，营运资本是流动资产与流动负债之差，即营运资本 = 流动资产 − 流动负债。

14. 商业银行对企业信用分析的 5Cs 系统不包括(　　)。[2022 年 7 月真题]

A. 资本(Capital)　　B. 持续(Continue)

C. 品德(Character)　　D. 还款能力(Capacity)

10A　11A　12A　13A　14B

【解析】5Cs 系统主要包括以下几个方面：①品德(Character)，是对借款人声誉的衡量；②资本(Capital)，是指借款人的财务杠杆状况及资本金情况；③还款能力(Capacity)，一方面是借款人未来现金流量的变动趋势及波动性，另一方面是借款人的管理水平；④抵押(Collateral)，借款人应提供一定的、合适的抵押品以减少或避免商业银行贷款损失，特别是在中长期贷款中，如果没有担保品作为抵押，商业银行通常不予放款；⑤经营环境(Condition)，主要包括商业周期所处阶段、借款人所在行业状况、利率水平等因素。

15. 根据《商业银行资本管理办法》要求，商业银行债务人评级应最少具备______个非违约级别，______个违约级别。(　　)[2022 年 7 月真题]

A. 7，1　　B. 9，2　　C. 10，2　　D. 5，1

【解析】商业银行债务人评级应最少具备 7 个非违约级别、1 个违约级别，并保证较高级别的风险小于较低级别的风险。根据资产组合的特点和风险管理需要，商业银行可以设定多于本办法规定的债务人级别，但应保持风险级别间排序的一致性和稳定性。

16. 某企业 2018 年存货周转天数为 15 天，应收账款周转天数为 20 天，应付账款周转天数为 14 天，若不考虑其他因素，该企业的现金循环周期是(　　)天。[2022 年 7 月真题]

A. 6　　B. 29　　C. 19　　D. 21

【解析】现金循环周期是企业从付出现金购买原材料到最终销售收回应收账款的时间，其计算公式为：现金循环周期 = 存货周转天数 + 应收账款周转天数 - 应付账款周转天数，故该企业的现金循环周期 = 15 + 20 - 14 = 21(天)。

17. 付款条件受市场供求因素的影响，一般情况下，如果货品供不应求，供货商一般要求买方(　　)。[2022 年 7 月真题]

A. 赊销或商业承兑汇票　　B. 商业承兑汇票或银行承兑汇票

C. 预付货款或现货交易　　D. 银行承兑汇票或赊销

【解析】付款条件主要取决于市场供求和商业信用两个因素。如果货品供不应求或者买方资信不高，供货商大多要求预付货款或现货交易；反之，供货商则可接受银行承兑汇票甚至商业承兑汇票。因此，付款条件不仅影响客户的财务费用和资金周转，而且关系到买卖双方的交易地位。

18. 某企业有现金类资产 500 万元，非流动资产 1000 万元，流动负债 400 万元，非流动负债 500 万元，则该企业的现金比率是(　　)。[2022 年 7 月真题]

A. 250%　　B. 50%　　C. 125%　　D. 60%

【解析】现金比率是客户现金类资产与流动负债的比率。它是衡量借款人短期偿债能力的一项参考指标。该企业的现金比率 = 500/400 × 100% = 125%。

19. (　　)是企业通过技术、设计、创新等手段提供领先竞争对手或服务特色的产品或服务，以此吸引消费者。[2022 年 7 月真题]

A. 服务领先战略　　B. 差异化战略　　C. 集中化战略　　D. 成本领先战略

【解析】根据迈克尔·波特的理论，竞争战略可分为三种：成本领先战略、差异化战略

15A　16D　17C　18C　19B

和集中化战略。成本领先战略是指企业通过降低成本提供较低价格的产品或服务，扩大市场占有率，赢得市场竞争优势。差异化战略是指企业通过技术、设计、创新等手段提供领先竞争对手或独具特色的产品或服务，以此吸引消费者，抢占市场份额，提高业务利润率。集中化战略是指企业主攻某一细分市场，建立并巩固优势。

20. 违约损失率的测算在《巴塞尔新资本协议》内部评级初级法和高级法中有所不同，以下属于内部评级高级法的内容的是(　　)。[2022年7月真题]

A. 对于无担保或者抵押的债项，优先级债务的违约损失率为45%

B. 违约损失率需根据监管当局规定的方法和参数进行测算

C. 对于无担保或者抵押的债项，非优先级债务的违约损失率为75%

D. 银行自主确定各敞口对应的违约损失率

【解析】违约损失率的测算在《巴塞尔新资本协议》内部评级初级法和高级法中有所不同。在内部评级初级法中，违约损失率须根据监管当局规定的方法和参数进行测算，对于无担保的债项，按照优先级债务和非优先级债务分别规定违约损失率；对于有担保的债项，按抵押品的数量和种类，通过计算不同抵押品的折扣比例得到对应的违约损失率。在内部评级高级法中，根据银行内部充分的风险和损失数据以及监管当局确认有效的信息来源，银行自主确定各敞口对应的违约损失率。这就要求银行能根据更广泛的风险特征来区分和量化违约损失率。使用违约损失率高级方法的银行需要向监管者证明，其有能力实现违约损失率评估的完整性和可信性。

21. 商业银行信贷人员需要对客户法人治理结构进行评价。评价内容包括控制股东行为、激励约束机制、董事会结构和运作过程，以及财务报表与信息披露的透明度四个方面。下列选项中，属于对董事会结构和运作过程进行评价的关键要素的是(　　)。[2021年6月真题]

A. 是否被注册会计师出示了非标准保留意见

B. 控股股东和该客户之间是否存在不当关联交易

C. 董事长和总经理的薪酬结构和形式

D. 董事会的业绩评价制度和方式

【解析】对董事会结构和运作过程进行评价的关键要素有：①董事会的结构，独立董事是如何产生的，是否具有独立性和必备的专业知识。②董事会是否随时有权质询决策执行情况及采取的形式。③董事会的业绩评价制度和方式。A项属于对财务报表与信息披露的透明度的评价要素。B项属于对控股股东行为的评价要素。C项属于对激励约束机制的评价要素。

22. 下列选项中，不属于波特五力模型的是(　　)。[2021年6月真题]

A. 供应商议价能力　　B. 替代产品或服务的威胁

C. 产品研发能力　　D. 潜在竞争者进入的威胁

【解析】迈克尔·波特教授认为可以从五个方面来描述行业竞争态势：行业内现有竞争者的竞争力、供应商的议价能力、购买者的议价能力、替代产品或服务的威胁、潜在竞争者进入的威胁。

20D　21D　22C

23. 关于公司信用等级和信用风险高低之间的关系，下列选项表述正确的是(　　)。[2021年6月真题]

A. 线性递减关系　B. 线性递增关系　C. 反向指数关系　D. 没有任何关系

【解析】一般来说，级别越高的等级，表示这一等级的客户信用风险越低，而级别越低的，表示这一等级的客户信用风险越高。不同信用等级违约风险大小，并不是线性的关系，一般是呈现指数性质的关系。

24. 下列关于客户评级与债项评级的表述，不正确的是(　　)。[2021年6月真题]

A. 在某一时点，同一债务人的不同交易可能会有不同的债项评级

B. 债项评级是针对每笔债务本身的特点预测其可能的损失率

C. 客户评级主要针对客户每笔具体债项进行评级

D. 在某一时点，同一债务人只能有一个客户评级

【解析】客户评级是商业银行对客户偿债能力和偿债意愿的综合计量和科学评价，反映的是客户违约风险的大小。C项，债项评级主要针对客户每笔具体债项进行评级。

25. 某公司2020年利润总额为1580万元，销售成本为1200万元，销售费用为2390万元，管理费用为981万元，财务费用为1050万元，B公司的成本费用利润率为(　　)。[2021年6月真题]

A. 35.74%　B. 39.21%　C. 28.11%　D. 44.01%

【解析】成本费用利润率是借款人利润总额与当期成本费用总额的比率。其计算公式为：成本费用利润率＝(利润总额/成本费用总额)×100%，成本费用总额＝销售成本＋销售费用＋管理费用＋财务费用。因此B公司的成本费用利润率＝[1580/(1200＋2390＋981＋1050)]×100%＝28.11%。

26. 客户信用评级方法中的专家分析法是依据(　　)。[2021年6月真题]

A. 董事会高层的意见　B. 外部评级机构的意见

C. 精确的数理模型　D. 信贷专家自身的专业知识

【解析】专家系统是依赖高级信贷人员和信贷专家自身的专业知识、技能和丰富经验，运用各种专业性分析工具，在分析评价各种关键要素的基础上依据主观判断来综合评定信用风险的分析系统。

27. (　　)不会带来现金的流入。[2021年6月真题]

A. 出售固定资产　B. 增值税销项税款和出口退税

C. 分配现金股利　D. 取得短期与长期贷款

【解析】偿还借款本金、分配现金股利会带来现金的流出。A项属于投资活动带来的现金流入；B项属于经营活动带来的现金流入；D项属于筹资活动带来的现金流入。

28. 某企业的货币资金150万元，交易性金融资产30万元，应收票据50万元，存货30万元，预付账款10万元，待摊费用10万元，持有至到期长期投资50万元，无形资产100万元。流动负债为100万元，则营运资金为(　　)万元。[2021年6月真题]

A. 230　B. 330　C. 180　D. 160

23C　24C　25C　26D　27C　28C

【解析】营运资本是流动资产与流动负债之差。流动资产是指一年内或在一个营业周期内变现或者耗用的资产。它包括货币资金、交易性金融资产、应收票据、应收账款、预付账款、存货、其他应收款等项目。本题中，营运资金 = 货币资金 + 交易性金融资产 + 应收票据 + 存货 + 预付账款 + 待摊费用 - 流动负债 = 150 + 30 + 50 + 30 + 10 + 10 - 100 = 180（万元）。

29. 从资产负债表的合理结构来看，长期资产应由______和______支持，短期资产则由______支持。（　　）[2021 年 6 月真题]

A. 长期负债；流动资产；短期资金　　B. 长期投资；所有者权益；短期投资
C. 长期投资；短期资金；所有者权益　　D. 长期资金；所有者权益；短期资金

【解析】从资产负债表的合理结构来看，长期资产应由长期资金和所有者权益支持，短期资产则由短期资金支持。对短期资产不全由短期资金支持、长期资产也不全由长期资金支持的情况，如果处理不善，就会出现问题。

30. 商业银行对借款人生产阶段进行分析时，（　　）是借款人核心竞争力的主要内容。[2020 年 10 月真题]

A. 环保情况　　B. 技术水平　　C. 人员素质　　D. 负债水平

【解析】客户技术水平是其核心竞争力的主要内容。产品的升级需要技术来支持，产品的质量需要技术来提升，产品的差异性也需要技术来保障。信贷人员可以从研发能力、内外研发机构协作能力、科研成果三个方面分析客户的技术水平。

31. （　　）占压了资金，存在收账风险。[2020 年 10 月真题]

A. 预收货款　　B. 赊账销售　　C. 现款交易　　D. 易货交易

【解析】收款条件主要包括三种：预收货款、现货交易和赊账销售。显然，赊账销售对厂商不利的方面主要是占压了资金，存在收账风险，但有利的方面是可以扩大销量。

32. 某企业 2019 年期初流动资产 500 万元，期末流动资产 700 万元，主营业务收入净额 600 万元，则该企业的流动资产周转率是（　　）。[2020 年 10 月真题]

A. 50%　　B. 100%　　C. 120%　　D. 150%

【解析】流动资产周转率 = 主营业务收入净额/流动资产平均净值 ×100%，流动资产平均净值 =（期初流动资产 + 期末流动资产）/2。根据题意，流动资产平均净值 =（500 + 700）/2 = 600 万元，流动资产周转率 = 600/600 ×100% = 100%。

33. 企业财务报表科目中所有者权益不包括（　　）。[2020 年 10 月真题]

A. 盈余公积金　　B. 资本公积金　　C. 预收账款　　D. 未分配利润

【解析】所有者权益代表投资者对净资产的所有权。净资产是借款人全部资产减去全部负债的净额。它由两部分组成：一部分是投资者投入的资本金；另一部分是在生产经营过程中形成的资本公积金、盈余公积金和未分配利润。

34. 总资产周转率和存货周转天数均属于（　　）。[2020 年 10 月真题]

A. 杠杆能力指标　B. 偿债能力指标　C. 营运能力指标　D. 盈利能力指标

29D　30B　31B　32B　33C　34C

【解析】营运能力指标通过计算资产的周转速度来反映管理部门控制和运用资产的能力，进而估算经营过程中所需的资金量。营运能力指标包括周转率和周转天数两类，两者之间存在一定关系，可相互转换。具体指标主要包括总资产周转率、固定资产周转率、应收账款周转率、存货周转率，以及相对应的总资产周转天数、固定资产周转天数、应收账款周转天数、存货周转天数等。

35. 某企业的流动资产是500万元，非流动资产是1000万元，流动负债是300万元，非流动负债是900万元，则该企业的营运资本是(　　)万元。[2020年10月真题]

A. 200　B. 300　C. 500　D. 100

【解析】营运资本是流动资产与流动负债之差，故该企业的营运资本 = 500 - 300 = 200(万元)。

36. 某企业2020年利润总额是500万元，净利润为300万元，利息费用为100万元，则该企业的利息保障倍数是(　　)。[2020年10月真题]

A. 6　B. 5　C. 4　D. 1

【解析】利息保障倍数 = 息税前利润/利息费用，息税前利润 = 利润总额 + 财务费用，故该企业的利息保障倍数 = (500 + 100)/100 = 6。

37. 假设一家公司的财务信息如下表所示(单位：万元)。该公司第一年和第二年存货周转天数分别为(　　)天，一年按365天计算。[2020年10月真题]

	第一年	第二年
销售收入	1800	2000
商品销售成本	1050	1250
平均存货	260	415

A. 52.72；121.18　B. 52.72；75.74

C. 90.38；121.18　D. 90.38；75.74

【解析】存货周转天数 = 计算期天数/存货周转率 = 存货平均余额 × 计算期天数/销货成本，故该公司第一年存货周转天数 = 260 × 365/1050 = 90.38(天)，第二年存货周转天数 = 415 × 365/1250 = 121.18(天)。

38. 进行银行信贷客户内部评级的评价主体是______，评价目标是______，评价结果是______。(　　)[2020年10月真题]

A. 商业银行，客户违约风险，信用等级

B. 商业银行，偿债意愿，违约概率

C. 专业评级机构，偿债意愿，违约概率

D. 专业评级机构，客户违约风险，信用等级

【解析】内部评级是指商业银行依据内部收集的信息和自身的评价标准，对本行客户及其所开展业务风险进行的评价。客户评级是商业银行对客户偿债能力和偿债意愿的综合计量和科学评价，反映的是客户违约风险的大小。通过统计计量模型可以计算得到

35A　36A　37C　38A

每个客户的违约概率，客观地度量客户的信用风险程度。

39. 客户评级能够量化不同信用等级客户的(　　)。[2020 年 10 月真题]

A. 违约风险暴露　B. 违约概率　C. 违约损失率　D. 违约频率

【解析】客户评级的量化基于对违约概率的估计，债项评级的量化则可以是违约损失率(LGD)，也可以是预期损失(EL)。

40. 内部评级高级法下债项评级的核心内容是开发(　　)模型。[2020 年 10 月真题]

A. EL　B. PD　C. LGD　D. FAD

【解析】LGD 模型开发是债项评级的核心内容，而 LGD 模型开发一直是银行业风险计量的一项难题，主要原因是 LGD 本身具有高度的不确定性，建模所需数据的收集难度较大，对 LGD 的可能影响因素比较复杂。

41. 某电力生产企业 2013 年末资产负债表主要科目情况如下：

单位：元

现金	1000	短期借款	60000
应收账款	3000	应付账款	5000
存货	6000	长期借款	50000
固定资产	130000		
在建工程	20000	实收资本	45000

从其资产负债表分析，该电力生产企业最有可能存在的问题是(　　)。[2019 年 6 月真题]

A. 营运资金不合理，长期借款过多

B. 资产结构不合理，短期资产比重过高

C. 资金结构不合理，资金使用和筹措期限错配

D. 资产负债结构不合理，所有者权益不足

【解析】由题意知：流动资产 = 现金 + 应收账款 + 存货 = 1(万元)；非流动资产 = 固定资产 + 在建工程 = 15(万元)；流动负债 = 短期借款 + 应付账款 = 6.5(万元)；长期负债 = 长期借款 = 5(万元)；所有者权益 = 4.5(万元)。从上述计算过程可以看出该企业资金结构不合理，资金使用和筹措期限错配。借款人长期负债与所有者权益之和小于其长期资金需求，即以部分短期负债支持了部分长期资产，那么一旦面临短期债务偿还压力，势必会影响正常的经营活动，进而影响其偿债能力。

42. 某公司年初流动比率为 2.2，速动比率为 1.0；年末流动比率为 2.5，速动比率为 0.8。在其他条件不变的情况下，下列各项中可以解释年初与年末差异的是(　　)。[2019 年 6 月真题]

A. 存货增加，现金小幅减少　B. 应收账款的收回速度加快

C. 相对于现金销售，赊销增加　D. 应付账款增加

【解析】流动比率 = 流动资产/流动负债；速动比率 = 速动资产/流动负债；速动资产 =

39B　40C　41C　42A

流动资产－存货－预付账款－待摊费用。当存货增加，现金小幅减少时就会导致流动比率提高，速动比率降低。B 项，企业收回应收账款，会使应收账款减少，货币资金相应增加，因而不会改变流动比率和速动比率；C 项，赊销增加会使应收账款增加，因而会提高流动比率和速动比率；D 项，应付账款增加会使流动负债增加，导致流动比率和速动比率都减小。

43. 某生产企业 2017 年末的速动比率为 1.2，该企业流动资产包括存货、待摊费用、货币资金、交易性金融资产和应收账款五个部分，其中应收账款占整个企业流动负债的比例为 40%，该公司的现金比率为(　　)。[2019 年 6 月真题]

A. 20%　　B. 50%　　C. 80%　　D. 70%

【解析】现金比率的计算公式为：现金比率＝现金类资产/流动负债，其中现金类资产是速动资产扣除应收账款后的余额，又知速动比率＝速动资产/流动负债。因此，现金比率＝(速动资产－应收账款)/流动负债＝速动资产/流动负债－应收账款/流动负债＝速动比率－应收账款/流动负债＝1.2－40%＝80%。

44. 某公司 2017 年有关资料如下：

(1)年初和年末总资产均为 1500 万元，流动负债为 300 万元，长期负债为 300 万；

(2)年销售收入为 2000 万元，息税前利润为 300 万元，年利息费用为 50 万元，公司适用的企业所得税税率为 20%，该公司 2017 年资产收益率为(　　)。[2018 年 10 月真题]

A. 16.7%　　B. 16%　　C. 13.33%　　D. 20%

【解析】根据公式，可得：资产收益率＝净利润/资产平均总额×100%＝(300－50)×(1－20%)÷1500×100%＝13.33%。

45. 具有竞争力的产品能为企业赢得市场和利润，(　　)不是企业产品竞争力主要影响因素。[2018 年 10 月真题]

A. 市场占有率　　B. 质量稳定　　C. 售价合理　　D. 性能先进

【解析】企业产品的竞争力取决于产品品牌等多种因素，但主要还是取决于产品自身的性价比，那些性能先进、质量稳定、售价合理的产品往往在市场上具有较强的竞争力，为企业赢得市场和利润。当企业的产品定价不再具有竞争力或质量出现不稳定状况时，其经营也会随之出现问题。

46. 下列资产依照流动性由高至低顺序排列，正确的是(　　)。[2018 年 6 月真题]

A. 应收账款、货币资金、存货、固定资产

B. 货币资金、应收账款、存货、固定资产

C. 存货、货币资金、应收账款、固定资产

D. 货币资金、存货、应收账款、固定资产

【解析】流动资产是指一年内或在一个营业周期内变现或者耗用的资产。它包括货币资金、交易性金融资产、应收票据、应收账款、预付账款、存货、其他应收款等项目。非流动资产是指借款人在一年内不能变现的那部分资产，包括长期股权投资、固定资产、无形资产、商誉、长期待摊费用、递延所得税资产和其他非流动性资产等。

43C　44C　45A　46B

47. 分析企业资产结构是否合理，通常是与(　　)的比例进行比较。[2018 年 6 月真题]

A. 同收入规模企业　　B. 同行业的企业

C. 同负债规模企业　　D. 同资产规模企业

【解析】由于借款人行业和资产转换周期的长短不同，所以其资产结构也不同。因此，在分析资产负债表时，一定要注意借款人的资产结构是否合理，是否与同行业的比例大致相同。

48. 下列选项中，不属于公司收款条件类型的是(　　)。[2018 年 6 月真题]

A. 预付货款　　B. 赊账销售　　C. 预收货款　　D. 现货交易

【解析】公司收款条件主要取决于市场供求和厂商品牌两个因素，收款条件主要包括三种：预收货款、现货交易和赊账销售。

49. 某公司 2015 年有关资料如下：

(1)年末总资产为 1500 万元，流动负债为 300 万元，长期负债为 300 万元；

(2)年销售收入为 2000 万元，息税前利润为 300 万元，年利息费用为 50 万元，公司使用的企业所得税税率为 20%。

则该公司 2015 年销售净利润率为(　　)。[2018 年 6 月真题]

A. 10%　　B. 12%　　C. 12.5%　　D. 15%

【解析】净利润率是指客户净利润与销售收入净额之间的比率。其计算公式为：净利润率 = 净利润/销售收入净额 ×100%，其中，净利润 = 息税前利润 - 利息费用 - 所得税。因此，该公司 2015 年销售净利润率 = [300 - 50 - (300 - 50) × 20%]/2000 × 100% = 10%。

50. (　　)通过计算资产的周转速度来反映公司控制和运用资产的能力，进而估算经营过程中所需的资金量。[2018 年 6 月真题]

A. 杠杆比率　　B. 盈利能力指标　　C. 偿债能力指标　　D. 营运能力指标

【解析】营运能力指标是通过计算资产的周转速度来反映管理部门控制和运用资产的能力，进而估算经营过程中所需的资金量。营运能力指标包括周转率和周转天数两类，两者之间存在一定关系，可相互转换。

51. 关于资产负债表的分析，下列说法错误的是(　　)。[2018 年 6 月真题]

A. 借款人的资金结构应与固定资产周转率相适应

B. 在分析资产负债表时，一定要注意借款人的资产结构是否合理，是否与同行业的比例大致相同

C. 合理的资金结构不仅要从总额上满足经营活动需要，并且资金的搭配也要适当

D. 客户的长期资金是由所有者权益和长期负债构成的

【解析】A 项，借款人的资金结构应与资产转换周期相适应。借款人合理的资金结构指资金不仅要从总额上可以满足经营活动的需要，适应资产转换周期，并且资金的搭配即短期负债、长期负债及所有者权益三者的比例也要适当，这样才能以最小的资金成本取得最大的收益。

47B　48A　49A　50D　51A

52. 如果流动比率大于1，则下列结论一定成立的是(　　)。[2018年6月真题]

A. 现金比率大于1　　B. 速动比率大于1

C. 短期偿债能力绝对有保障　　D. 营运资本大于零

【解析】流动比率=流动资产/流动负债。A项，现金比率=现金类资产/流动负债，现金类资产是速动资产(流动资产扣除存货等项目的余额)扣除应收账款后的余额，在数值上现金比率小于流动比率；B项，速动比率=速动资产/流动负债，在数值上速动比率小于流动比率；C项，从理论上讲，只要流动比率大于1，客户便具有偿还短期债务的能力，但由于有些流动资产是不能及时足额变现的，按照稳健性原则，对此比率的要求会高一些，与客户的经营周期长短有关；D项，营运资本是指流动资产与流动负债的差额，流动比率大于1时，营运资本大于零。

53. 某银行信贷审查人员在对一家借款企业进行财务分析时，发现该企业近3年来的流动资金占总资产比例没有太大变化，但速动资产比例在逐年减少，而存货和其他应收款占比逐年增加，反映出企业营运资金有所沉淀，资金使用效率逐步恶化，该信贷审查人员在对企业进行财务分析时，主要运用了(　　)。[2018年6月真题]

A. 结构比较法和趋势分析法　　B. 因素分析法和比较分析法

C. 结构比较法和比率分析法　　D. 比较分析法和趋势分析法

【解析】结构比较是以财务报表中的某一总体指标为基础，计算其中各构成项目占总体指标的百分比，然后比较不同客户的比率差异或同一客户不同时期各项目所占百分比的增减变动趋势。如果比较对象是本企业往期财务指标，即是纵向比较分析或趋势分析，这种分析方法可以揭示客户财务状况的变化趋势，找出其变化原因，判断这种变化趋势对客户发展的影响，以预测客户未来的发展前景。

54. 流动比率越高，表明借款人短期偿债能力越______，债权人遭受损失的风险越______。(　　)[2018年6月真题]

A. 强；小　　B. 弱；大　　C. 弱；小　　D. 强；大

【解析】一般情况下，流动比率越高，反映借款人短期偿债能力越强，债权人的权益越有保证。流动比率高，不仅反映借款人拥有的营运资金高，可用以抵偿短期债务，而且表明借款人可以变现的资产数额大，债权人遭受损失的风险小。

55. 企业存货因毁损而盈亏，将会(　　)。[2018年6月真题]

A. 增加营运资金　　B. 降低速动比率

C. 同时降低流动比率和速动比率　　D. 降低流动比率

【解析】流动比率是流动资产与流动负债的比率。速动比率是借款人速动资产与流动负债的比率。其中，速动资产=流动资产-存货-预付账款-待摊费用。因此，存货毁损会降低流动比率，但并不会影响速动比率。

56. 关于流动比率和速动比率的对比说明，错误的是(　　)。[2018年6月真题]

A. 一般来说，流动比率和速动比率越高，说明短期偿债能力越强

B. 速动比率直接反映企业的短期偿债能力，它是对流动比率的补充

52D　53A　54A　55D　56C

C. 一般认为流动比率应在1:1以上，速动比率应在2:1以上

D. 不同行业经营情况不同，其流动比率和速动比率的正常标准会有所不同

【解析】从理论上讲，只要流动比率大于1，客户便具有偿还短期债务的能力。但由于有些流动资产是不能及时足额变现的，按照稳健性原则，对此比率的要求会高一些，与客户的经营周期长短有关。根据经验，一般认为速动比率为1较为合适。如果速动比率低，说明借款人的短期偿债能力存在问题；速动比率过高，则又说明借款人拥有过多的速动资产，可能失去一些有利的投资或获利机会。

57. 在银行做贷款决策时，需要使用财务指标综合反映借款人的财务状况，以下属于盈利能力指标的是(　　)。[2018年6月真题]

A. 成本费用利润率　　B. 速动比率

C. 总资产周转率　　D. 利息保障倍数

【解析】盈利能力指标主要包括销售利润率、营业利润率、净利润率、成本费用利润率、资产收益率、净资产收益率等。BD两项属于偿债能力指标；C项属于营运能力指标。

58. 总资产周转率的计算公式为(　　)。[2017年10月真题]

A. 销售收入净额÷所有者权益×100%

B. 销售收入÷所有者权益×100%

C. 销售收入净额÷资产平均总额×100%

D. 销售收入÷资产平均总额×100%

【解析】总资产周转率是指客户销售收入净额与资产平均总额的比率。其计算公式为：总资产周转率=销售收入净额÷资产平均总额×100%，其中，资产平均总额=(期初余额+期末余额)÷2。

59. 某公司2016年流动资产为8300万元，存货为890万元，应收账款为100万元，预付账款为2100万元，待摊费用为1900万元。流动负债为1210万元。该公司的速动比率为(　　)。(保留两位小数)[2017年10月真题]

A. 1.32　　B. 2.74　　C. 1.36　　D. 2.82

【解析】速动比率是借款人速动资产与流动负债的比率。其计算公式为：速动比率=速动资产÷流动负债，其中，速动资产=流动资产-存货-预付账款-待摊费用。该题中速动比率=(8300-890-2100-1900)÷1210=2.82。

60. 假定其他因素不变，下列会引起企业总资产周转率指标下降的业务是(　　)。[2017年10月真题]

A. 用银行存款支付一年的电话费　　B. 应收账款账期拉长

C. 销售商品取得收入　　D. 用银行存款购入一台设备

【解析】总资产周转率是指客户销售收入净额与资产平均总额的比率。其计算公式为：总资产周转率=销售收入净额÷资产平均总额×100%，其中，资产平均总额=(期初余额+期末余额)÷2。总资产周转率可以用来分析客户全部资产的使用效率。该比值越高，说明客户利用其全部资产进行经营的效率越高，客户的盈利能力越强。应收账

57A　58C　59D　60B

款的账期拉长，则平均应收账款余额增加，从而平均资产总额增加，会导致总资产周转率下降。

61. 下列选项中，最不符合零售行业通常具备的财务特征的是(　　)。[2017 年 10 月真题]

A. 商业负债比重较大　　B. 应收账款的比重较大

C. 流动资产比重较大　　D. 经营现金流较充足

【解析】在实际工作中，应根据借款人的行业性质及其他因素进行综合评价。不同行业对速动比率会有不同要求，例如，零售业由于其销售收入大多为现金，一般没有应收账款，因此允许保持低于 1 的速动比率。

62. 股东背景在很大程度上决定着客户的经济性质、经营方向、管理方式及社会形象等，因此信贷人员需要对客户的股东背景给予关注。以下对各类股东背景的特征，表述错误的是(　　)。[2016 年 11 月真题]

A. 上市背景的客户通常管理较规范，并有集团经营优势，不会发生关联交易

B. 家庭背景的客户通常风险意识较强，经营上精打细算

C. 外资背景的客户通常管理较多资金、技术力量较强，但可能通过关联交易转移利润

D. 政府背景的客户通常具有政策资源上的优势，行业竞争性强，但管理效率不高

【解析】股东背景特别是控股股东的背景在很大程度上决定着客户的经济性质、经营方向、管理方式及社会形象等，商业银行应穿透识别其实际控制人，并了解其关联关系和股权结构情况。客户的股东背景有以下情况需要引起关注：①家庭背景；②外资背景；③政府背景；④上市背景。其中，上市背景的客户为上市公司、上市公司全资子公司、控股子公司或参股子公司，这类客户通常管理较规范，并有集团经营优势，但关联方关系复杂，关联交易较多。

63. 营运资本是借款人偿债资金保证的绝对量，其计算公式为(　　)。[2016 年 11 月真题]

A. 营运资本 = 长期资产 - 长期负债　　B. 营运资本 = 流动资产 + 流动负债

C. 营运资本 = 所有者权益　　D. 营运资本 = 流动资产 - 流动负债

【解析】营运资本是流动资产与流动负债之差，即：营运资本 = 流动资产 - 流动负债。由上述公式可见，营运资本可以为正值也可以为负值。正值时说明该借款人是用长期资金(所有者权益、非流动负债)支持部分流动资产，负值时说明该借款人是用流动负债支持部分非流动资产。

64. 在利润表结构分析中就是以(　　)为 100%，计算出各指标所占百分比的增减变动，分析对借款人利润总额的影响。[2016 年 11 月真题]

A. 产品销售费用　B. 产品销售利润　C. 产品销售成本　D. 产品销售收入净额

【解析】在利润表结构分析中就是以产品销售收入净额为 100%，计算产品销售成本、产品销售费用、产品销售利润等指标各占产品销售收入的百分比，计算出各指标所占百分比的增减变动，分析其对借款人利润总额的影响。

65. 以下说法不正确的是(　　)。[2016 年 6 月真题]

A. 对企业而言，速动比率越高越好，说明企业有极高的资产变现能力

61B　62A　63D　64D　65A

B. 在计算速动比率时，存货、预付账款、待摊费用不计入速动资产

C. 速动比率用于衡量企业流动资产中可以立即变现用于偿还流动负债的能力

D. 一般认为速动比率为100%比较合适

【解析】A项，一般来说，流动比率和速动比率越高，说明企业资产的变现能力越强，短期偿债能力亦越强；反之亦成立。但是，这两个比率并非越高越好。流动比率过高不仅表明借款人流动资产占用过多，影响资产的使用效率和盈利能力，也可能表明客户的应收账款过多或是存货过多。速动比率过高，则又说明借款人拥有过多的速动资产，可能失去一些有利的投资或获利机会。

66. 在通过供、产、销三个方面分析客户的经营状况时，下列哪一个指标不被考虑在内？(　　)［2016年11月真题］

A. 货品质量、价格和付款条件　　B. 经营业绩指标

C. 技术水平、设备状况和环保情况　　D. 目标客户和收款条件

【解析】供应阶段分析的指标有：①货品质量；②货品价格；③供货稳定性；④进货渠道；⑤付款条件。生产阶段分析的指标有：①技术水平；②设备状况；③环保情况。销售阶段分析的指标有：①目标客户；②销售渠道；③收款条件。B项，经营业绩指标属于产品竞争力和经营业绩分析。

67. 资产负债率和利息保障倍数均属于(　　)。［2016年6月真题］

A. 盈利比率　　B. 资产比率　　C. 杠杆比率　　D. 负债比率

【解析】杠杆比率主要通过比较资产、负债和所有者权益的关系来评价客户负债经营的能力。它包括资产负债率、产权比率、负债与有形净资产比率、利息保障倍数等，这些统称为杠杆比率。

68. 如果企业速动比率很小，下列结论正确的是(　　)。［2015年10月真题］

A. 企业短期偿债能力较弱　　B. 企业流动资产占用过多

C. 企业流动比率很小　　D. 企业资产流动性很强

【解析】速动比率是借款人速动资产与流动负债的比率。一般认为速动比率为1较为合适。如果速动比率低，说明借款人的短期偿债能力存在问题；速动比率过高，则又说明借款人拥有过多的速动资产，可能失去一些有利的投资或获利机会。

69. 下列关于企业资产结构分析的表述，错误的是(　　)。［2015年10月真题］

A. 企业资产结构与其资产转换周期相关

B. 企业资产结构与其所在行业有关

C. 资本密集型行业流动资产占比通常较高

D. 劳动力密集型行业流动资产占比通常较高

【解析】资产结构是指各项资产占总资产的比重。资产结构分析是指通过计算各项资产占总资产的比重，来分析判断借款人资产分配的合理性。由于借款人行业和资产转换周期的长短不同，所以其资产结构也不同。劳动力密集型行业的流动资产占比通常较高，资本密集型行业的流动资产占比通常较低。

66B　67C　68A　69C

70. 通常情况下，以下关于不同行业资金结构比例关系，说法正确的是(　　)。[2015 年 10 月真题]

A. 资本密集型行业流动负债水平一般比长期负债水平高

B. 零售业流动负债占负债总额的比率一般比制造业高

C. 劳动力密集型行业流动负债占负债总额的比率一般比资本密集型行业低

D. 制造业长期负债占负债总额的比率一般比批发行业低

【解析】不同行业的资金结构比例参考指标如下表所示。

行业 项目	生产、销售行业			服务行业	
	制造业(%)	批发业(%)	零售业(%)	资本密集型(%)	劳动力密集型(%)
流动负债	30~40	40~55	50~60	20~30	40~50
长期负债	15~25	15~20	10~20	20~30	0~10
所有者权益	30~50	30~40	25~35	35~50	35~50
合计	100	100	100	100	100

71. 相对而言，如果借款人的短期负债小于短期资产，则(　　)。[2015 年 10 月真题]

A. 短期偿债能力较弱

B. 长期偿债能力不受影响

C. 短期偿债能力较强

D. 长期偿债能力较弱

【解析】短期偿债能力是指客户以流动资产偿还短期债务即流动负债的能力，它反映客户偿付日常到期债务的能力。反映客户短期偿债能力的比率主要有：流动比率、速动比率和现金比率，其中流动比率是流动资产与流动负债的比率。从理论上讲，只要流动比率高于 1(即短期负债小于短期资产)，客户便具有偿还短期债务的能力。

72. 在分析影响借款人还款能力的非财务因素时，可以通过(　　)查阅借款人的不良记录，查看客户过去有无拖欠银行贷款等事项。[2015 年 10 月真题]

A. 国家金融监督管理总局客户风险统计系统

B. 中国人民银行企业征信系统

C. 中国银行业协会企业征信系统

D. 国家税务总局企业纳税信用等级查询系统

【解析】在分析影响借款人还款能力的因素时，还应分析借款人信誉这一重要的非财务因素。其中，借款人的不良记录可通过“中国人民银行企业征信系统”查阅，查看客户过去有无拖欠银行贷款等事项。

73. 下列有关项目清偿能力的表述，错误的是(　　)。[2015 年 5 月真题]

A. 项目的流动比率高，则其速动比率也一定很高

B. 分析项目还款能力时，除了进行还款指标计算外，还必须把项目的还款资金来源分析作为评估的重点

C. 项目的速动资产包括货币资金、短期投资、应收票据、应收账款、其他应收款项等

D. 流动比率反映了企业的短期偿债能力，一般情况下应与速动比率结合来综合分析项目的短期清偿能力

70B　71C　72B　73A

【解析】A 项，流动比率是流动资产与流动负债的比率。速动比率是借款人速动资产与流动负债的比率。速动资产是指易于立即变现、具有即时支付能力的流动资产。流动资产中存货的变现能力较慢，预付账款和待摊费用只能减少借款人未来的现金付出，并不能转变为现金，所以，应将这些项目扣除。如果流动资产中存货、预付账款和待摊费用的比例较大，即使项目的流动比率高，其速动比率也不一定很高。

74. 考察企业资产偿债能力时，易于立即变现、具有即时支付能力的指标是(　　)。[2015 年 5 月真题]

A. 速动比率　　B. 流动比率　　C. 营运资金比率　　D. 杠杆比率

【解析】速动比率是指速动资产与流动负债的比率，它用于衡量企业流动资产中可以立即变现用于偿还流动负债的能力。速动资产是指易于立即变现、具有即时支付能力的流动资产。

75. 现金流量中的现金不包括(　　)。[2015 年 5 月真题]

A. 活期存款　　B. 长期证券投资

C. 三个月以内的证券投资　　D. 库存现金

【解析】现金流量中的现金被广义化，既包括现金，又包括现金等价物。现金流量中的现金包括两部分：①现金，即企业库存现金以及可以随时用于支付的存款；②现金等价物，即企业持有的期限短、流动性强、易于转换为已知金额现金、价值变动风险很小的投资。

76. 以下关于客户财务分析说法，错误的是(　　)。[2015 年 5 月真题]

A. 盈利是借款人偿债资金的唯一来源，客户盈利水平越高、持久性越强，债权风险越小

B. 客户财务分析一般包含客户偿债能力、盈利能力和资金结构等方面的分析

C. 客户营运能力不仅反映其资产管理水平和资产配置组合能力，也影响其偿债能力和盈利能力

D. 所有者权益代表投资者对净资产的所有权，净资产是借款人全部资产减去全部负债的净额

【解析】盈利是借款人偿还债务的重要资金来源，但不是唯一来源。一般而言，借款人盈利能力越强，还本付息的资金来源越有保障，债权的风险越小。

77. 某企业的资产负债表如下：

（单位：万元）

银行存款	300	应付账款	500
存货	1000	短期借款	1500
应收账款	700	长期负债	1000
固定资产	3000	所有者权益	2000
资产	5000	负债及所有者权益	5000

74A　75B　76A　77D

该企业的速动比率为(　　)。[2015 年 5 月真题]

A. 1　　B. 1.33　　C. 0.33　　D. 0.5

【解析】速动比率是借款人速动资产与流动负债的比率。其计算公式为：速动比率 = 速动资产/流动负债，速动资产 = 流动资产 - 存货 - 预付账款 - 待摊费用。因此，该企业的速动比率 = (300 + 700)/(500 + 1500) = 0.5。

78. 以下不属于客户经营业绩分析的是(　　)。[2015 年 5 月真题]

A. 与行业比较的销售增长率　　B. 主营业务收入占销售收入总额比重

C. 市场占有率指标　　D. 资产周转率指标

【解析】经营业绩分析包括：①经营业绩指标，通常指与行业比较的销售增长率，高于行业平均的增长率说明客户经营业绩较好；②市场占有率指标，通常指客户产品的市场份额，所占市场份额较大说明客户在行业中的地位较高，其价格策略的调整对行业整体销售状况能产生影响；③主营业务指标，通常指主营业务收入占销售收入总额的比重，比重较大说明客户主营业务突出，经营方向明确。

79. 企业一定时期内的收入、成本费用、利润应列入(　　)。[2015 年 5 月真题]

A. 利润表　　B. 财务状况说明书

C. 现金流量表　　D. 资产负债表

【解析】利润表又称损益表，它是指通过列示借款人在一定时期内取得的收入，所发生的费用支出和所获得的利润来反映借款人一定时期内经营成果的报表。

80. 原材料供给不仅是企业资产循环的基础性环节，也是企业真实融资需求分析的重要方面。银行在对企业开展存货融资或预付款融资时，以下不属于对企业供应阶段分析内容的是(　　)。[2014 年 11 月真题]

A. 原材料价格　　B. 付款条件　　C. 目标客户　　D. 进货渠道

【解析】供应阶段的核心是进货，信贷人员应重点分析以下方面：①货品质量；②货品价格；③供货稳定性；④进货渠道；⑤付款条件。

81. 某企业 2013 年末流动比率为 2，年末流动负债为 8000 元，年末流动资产占总资产的比例为 40%，年初与年末资产总额相同，其中无形资产 4000 元，年末资产负债率为 50%。则该企业年末产权比率和负债与有形净资产比率分别应为(　　)。[2014 年 11 月真题]

A. 100%，80%　　B. 200%，80%　　C. 100%，125%　　D. 200%，125%

【解析】由公式：流动比率 = 流动资产/流动负债，可得：流动资产 = 流动负债 × 流动比率 = 8000 × 2 = 16000(元)，又已知流动资产占总资产的比例为 40%，故总资产 = 流动资产/40% = 16000/40% = 40000(元)。由公式：资产负债率 = 负债/总资产，可得：负债 = 总资产 × 资产负债率 = 40000 × 50% = 20000(元)，所有者权益 = 总资产 - 负债 = 40000 - 20000 = 20000(元)，有形净资产 = 所有者权益 - 无形资产 - 递延资产 = 20000 - 4000 - 0 = 16000(元)。因此，产权比率 = 负债/所有者权益 = (20000/20000) × 100% = 100%，负债与有形净资产比率 = 负债/有形净资产 = (20000/16000) × 100% = 125%。

78D　79A　80C　81C

82. 一家公司的净销售额为3000万元，现金费用(包括各项税收)为1400万元，折旧费用为500万元。若不考虑其他因素，则经营活动现金净流量等于(　　)万元。[2014年11月真题]

A. 1100　　B. 2100　　C. 1600　　D. 1200

【解析】经营活动现金流量的计算方法有直接法和间接法。直接法又称为“自上而下”法，即从营业收入出发，将利润表中的项目与资产负债表有关项目逐一对应，逐项调整为以现金为基础的项目。本题应注意提取折旧并没有引起现金支出，所以该公司经营活动现金净流量 = 3000 - 1400 = 1600(万元)。

83. 预收账款属于(　　)。[2014年11月真题]

A. 流动资产　　B. 非流动资产　　C. 长期负债　　D. 流动负债

【解析】流动负债是借款人在生产经营过程中应付给他人的资金，是借款人承担的应在一年或在一个营业周期内偿还的债务，包括短期借款、应付票据、应付账款、预收账款、应付工资、应交税费、应付利润、其他应付款等。

84. 以下关于现金流量的说法，正确的是(　　)。[2014年6月真题]

A. 已办理质押的活期存款不能用于还款，但可以计入现金中

B. 现金流量包括现金流入量、现金流出量和现金净流量

C. 现金流量包括现金及现金等价物之间的变动

D. 现金流量中的现金包括：库存现金、活期存款、其他货币性资金以及长期证券投资

【解析】现金流量包括现金流入量、现金流出量和现金净流量；现金净流量为现金流入量和现金流出量之差。A项，已办理质押的活期存款不能用于还款，因此应该从现金中剔除；C项，现金流量不讨论现金及现金等价物之间的变动，因为这不影响客户的偿债能力，属于现金管理；D项，现金流量中的现金指的是库存现金以及可以随时用于支付的存款。

85. 某企业的利息费用为200万元，税前利润为600万元，则该企业的利息保障倍数为(　　)。[2014年6月真题]

A. 0.33　　B. 4　　C. 0.25　　D. 3

【解析】利息保障倍数是指借款人息税前利润与利息费用的比率，用于衡量客户偿付负债利息能力。其计算公式为：利息保障倍数 = (利润总额 + 利息费用)/利息费用 = (600 + 200)/200 = 4。

86. 商业银行在对客户供应阶段分析中，错误的是(　　)。[2014年6月真题]

A. 进货渠道分析可以从四个方面着手：有无中间环节、供货地区的远近、运输方式的选择、进货资质的取得

B. 客户采购物品的质量主要取决于上游厂商的资质，知名供应商一般较为可靠

C. 付款条件反映了客户的市场地位，如果客户通过预付款或现货交易采购，说明其资信较高

D. 原材料价格除了受市场供求影响外，还取决于进货渠道、客户关系等多方面因素

82C　83D　84B　85B　86C

【解析】C项，付款条件主要取决于市场供求和商业信用两个因素。如果货品供不应求或者买方资信不高，供货商大多要求预付货款或现货交易；反之，供货商则可接受银行承兑汇票甚至商业承兑汇票。

87. 如果当期应收账款减少，即收回上一期的应收账款______本期产生的应收账款，销售所得现金就会______销售收入。(　　)［2014年6月真题］

A. 大于；小于　　B. 小于；大于　　C. 大于；大于　　D. 小于；小于

【解析】当期应收账款增加，销售所得现金就会小于销售收入。如果当期应收账款减少，即收回上一期的应收账款大于本期产生的应收账款，销售所得现金就会大于销售收入。

88. 商业银行对客户信用评级主要包括定性分析法和定量分析法，其中定性分析法主要指(　　)。［2014年6月真题］

A. 专家分析法　　B. 违约概率统计分析法

C. 信用风险分析法　　D. 逻辑回归分析法

【解析】定性分析法主要指专家分析法。专家分析法是商业银行在长期经营信贷业务、承担信用风险过程中逐步发展并完善起来的传统信用分析法。

89. 一个企业有6年的历史，其中前2年主要生产白酒，中间2年从事农副产品加工，后2年从事对外贸易，且股权完全发生变更，银行分析该客户的品质时，(　　)。［2014年6月真题］

A. 因主营业务和股权变更较大，应给予大力支持

B. 由于贸易行业利润丰厚，应当给予适当支持

C. 因主营业务和股权变更较大，应给予足够警觉

D. 由于该企业敢于创新突破，应给予大力支持

【解析】在分析贷款客户的品质时要注意客户经营范围特别是主营业务的演变，对于频繁改变经营业务的客户应当警觉。

90. 下列有关客户经营管理状况分析的表述，错误的是(　　)。［2013年11月真题］

A. 销售阶段的核心是市场　　B. 生产阶段的核心是技术

C. 供应阶段的核心是进货　　D. 市场阶段的核心是管理

【解析】信贷人员可以从客户的生产流程入手，通过供、产、销三个方面分析客户的经营状况，也可以通过客户竞争战略、产品竞争力及经营业绩指标进行分析。其中，供应阶段的核心是进货；生产阶段的核心是技术；销售阶段的核心是市场。

91. 下列财务比率中，属于效率比率指标的是(　　)。［2013年6月真题］

A. 销售利润率　　B. 资产负债率　　C. 营业利润率　　D. 总资产周转率

【解析】营运能力分析比率通常为利润表的流量指标(如销售收入、销货成本等)与资产负债表中的存量指标(如总资产、存货等)之比，其结果也可用周转次数进行表示，常用的比率主要有：总资产周转率、流动资产周转率、固定资产周转率、应收账款周转率、存货周转率等，这些统称为效率比率。AC两项属于盈利能力比率指标；B项属于偿债能力比率指标。

87C　88A　89C　90D　91D

92. 商业银行对客户销售阶段应重点调查的方面不包括(　　)。[2013 年 6 月真题]

A. 销售渠道　　B. 进货渠道　　C. 收款条件　　D. 目标客户

【解析】销售阶段的核心是市场，这包括销售给谁，怎样销售，以什么条件销售等内容。信贷人员应重点调查以下方面：①目标客户；②销售渠道，分直接销售和间接销售；③收款条件，主要包括预收货款、现货交易和赊账销售三种。

93. (　　)是企业经济实力的重要标志，也是企业承担信用风险的最终资源。[2013 年 6 月真题]

A. 经营环境　　B. 还款能力　　C. 资本金　　D. 品德

【解析】5Cs 系统中，资本是指借款人的财务杠杆状况及资本金情况。资本金是经济实力的重要标志，也是企业承担信用风险的最终资源。财务杠杆高就意味着资本金较少，债务负担和违约概率也较高。

94. 主营业务指标通常指主营业务收入占(　　)总额的比重。[2010 年 5 月真题]

A. 销售费用　　B. 资产　　C. 销售收入　　D. 负债

【解析】主营业务指标通常指主营业务收入占销售收入总额的比重，比重较大说明客户主营业务突出，经营方向明确；反之，则说明客户主营业务不够突出，经营方向不够明确。

95. 商业银行对客户生产阶段进行分析时，(　　)是客户核心竞争力的主要内容。[2010 年 5 月真题]

A. 环保情况　　B. 技术水平　　C. 人员素质　　D. 设备状况

【解析】客户技术水平是其核心竞争力的主要内容。产品的升级需要技术来支持，产品的质量需要技术来提升，产品的差异性也需要技术来保障。信贷人员可以从研发能力、内外研发机构协作能力、科研成果三个方面分析客户的技术水平。

96. 如果长期负债与所有者权益之和小于其长期资金需求，这表明借款人是(　　)。[2010 年 5 月真题]

A. 以部分短期负债支持了部分短期资产

B. 以部分短期负债支持了部分长期资产

C. 以部分长期负债支持了部分长期资产

D. 以部分长期负债支持了部分短期资产

【解析】如果借款人长期负债与所有者权益之和小于其长期资金需求，即以部分短期负债支持了部分长期资产，那么一旦面临短期债务偿还压力，势必会影响正常的经营活动，进而影响其偿债能力。

97. 关于对上市客户法人治理结构的分析，下列说法中正确的是(　　)。[2009 年 6 月真题]

A. 信贷人员应对其股权结构是否合理、是否存在关键人控制、信息披露的实际质量、是否存在家族决策等予以关注

B. 在股权结构中，主要关注流通股的比重过高或非流通股过于集中的问题

92B　93C　94C　95B　96B　97C

C. 要考察客户决策及运作是否以内部人和关键人为中心，内部人是否能够轻易操纵股东大会、董事会和监事会

D. 对信息披露，主要应关注披露形式是否达到要求

【解析】A 项，信贷人员无需关注家族决策，因为家族决策主要存在于民营客户中，上市客户一般无此问题；B 项，在股权结构分析中，应主要关注流通股的比重低、非流通股过于集中的问题，因为此时公司可能被大股东操控，通过大量异常关联交易侵害中小股东和债权人的利益；D 项，在信息披露质量考察中，应关注信息披露的实际质量。

98. 某地区拥有丰富的淡水资源，因而养鱼成为该区域的主业和农民致富的主要渠道。随着鱼产量增加，为解决乡亲们卖鱼难的问题，该地区政府筹资组建起一家股份制成品鱼供销公司，利用企业做风帆引领农民闯市场，则该企业成立的动机是基于(　　)。

A. 人力资源　　B. 客户资源　　C. 产品分工　　D. 产销分工

【解析】基于产销分工是指原客户产品的经销已形成较完善的网络后便成立新公司专门从事产品的销售和售后服务。该企业是地区政府为解决渔民卖鱼难的问题，而组建的一家专门从事鱼收购与销售的公司，因而企业成立的动机是基于产销分工。

99. 在客户品质基础分析中，关于对客户经营范围的分析，下列说法正确的是(　　)。

A. 要关注目前客户经营范围是否在注册范围内，经营特种业务是否取得“经营许可证”

B. 客户主营业务由原来侧重贸易转向实业属于产品转换型演变

C. 对于客户经营行业集中的，要特别引起警觉

D. 要注意客户经营的诸多业务之间是否具有独立性、主营业务是否突出

【解析】B 项，客户主营业务由原来侧重贸易转向实业，或由原来侧重实业转向贸易等，属于行业转换型演变；C 项，对于所经营的行业分散、主营业务不突出的客户应警觉；D 项，要注意客户经营的诸多业务之间是否存在关联性、主营业务是否突出。

100. 关于信贷人员对借款人信誉状况的分析，下列说法错误的是(　　)。

A. 可通过“中国人民银行企业征信系统”查询借款人的不良记录

B. 可根据借款人在经营中有无偷漏税，有无采用虚假报表、隐瞒事实等不正当手段骗取银行贷款，有无在购销过程中使用欺骗手段骗取顾客信任来考察客户的对外资信

C. 分析借款人的股东，尤其是大股东的素质、财产情况、持股情况等

D. 分析企业关联方

【解析】一般借款人信誉主要受借款人的高管层、股东(尤其是大股东)的素质和有关情况影响，与企业关联方关系不大。

101. 关于对客户生产经营管理状况的分析，下列说法错误的是(　　)。

A. 可从生产流程入手，通过供、产、销三个方面分析客户的经营状况

B. 可通过客户经营业绩指标进行分析

C. 供应阶段应重点分析货品质量和价格、供货稳定性、进货渠道、付款条件

98D　99A　100D　101D

D. 生产阶段的核心是生产，应重点对生产条件、效率进行分析

【解析】D 项，对于生产型企业，生产阶段的核心是技术，包括生产什么、怎样生产、以什么条件生产，信贷人员应重点调查以下方面内容：技术水平、设备状况、环保情况。

102. (　　)是控制客户产品成本的第一道关口。

A. 上游厂商资质　　B. 控制好进货价格

C. 把好生产技术关　　D. 控制好销售费用

【解析】原材料等物品的价格是客户的主要生产成本，进货价格的高低直接关系到客户产品价格的高低，把好进货价格关是控制客户产品成本的第一道关口。

103. 下列关于企业销售渠道的说法，正确的是(　　)。

A. 间接销售渠道将产品直接销售给终端客户

B. 直接销售渠道的优点是贴近市场，缺点是资金投入大

C. 间接销售渠道的优点是无需自找客源，缺点是需铺设销售网络

D. 直接销售渠道应收账款较多

【解析】企业销售渠道包括直接销售与间接销售。其中，直接销售是指厂商将产品直接销售给终端客户，其好处是贴近市场，应收账款少，缺点是需铺设销售网络，资金投入较大；间接销售是厂商将产品通过中间渠道销售给终端客户，其好处是无须自找客源，资金投入少，缺点是应收账款较多。

104. 下列关于财务分析内容的说法，错误的是(　　)。

A. 分析客户盈利能力时，应着重对盈利时间进行分析

B. 客户营运能力越强，资产周转速度越快，盈利能力越强

C. 所有者权益在资金来源中比重越大，客户偿债能力越强

D. 贷款决策中，还要使用盈利比率、效率比率、杠杆比率、偿债能力比率等指标综合反映借款人财务状况

【解析】A 项，盈利是借款人偿还债务的重要资金来源，客户盈利能力越高，还本付息的资金来源越有保障，债权的风险越小。因此，对借款人盈利水平、盈利持久性的分析和判断是贷款决策中财务分析的一项重要内容。客户何时盈利对偿债能力影响相对较弱，不作为盈利能力分析重点。

105. 某公司欲转让其拥有的某项固定资产，该资产原账面价值 1000 万元，经过重新评估，该项资产的价值为 1050 万元，假设无折旧，则(　　)。

A. 该公司的收入将增加 50 万元　　B. 该公司利润将增加 50 万元

C. 该公司资本公积金将增加 50 万元　　D. 该公司盈余公积金将增加 50 万元

【解析】资本公积金包括股本溢价、法定财产重估和接受捐赠的资产价值等。该公司资产重估发生的 50 万元的增值属于法定财产重估增值，应计入资本公积金。

106. 下列关于资金结构的理解，正确的是(　　)。

A. 资金结构是指所有者权益占总资产的比例

102B　103B　104A　105C　106B

B. 客户资金来源结构直接影响其偿债能力，尤其是长期偿债能力

C. 客户的资金结构可不与资产转换周期相适应

D. 客户借入资金属于长期资金

【解析】A 项，资金结构是指借款人的全部资金中负债和所有者权益所占的比重及相互关系，不仅仅指所有者权益占总资产的比例；C 项，客户的资金结构应与资产转换周期相适应；D 项，客户借入资金主要包括流动负债与长期负债，其中流动负债属于短期资金，长期负债属于长期资金。

107. 为应对经营风险，企业应(　　)。

A. 使流动资产在整个资金来源中占有足够比重，至少能应付资产变现需求

B. 使应收账款在整个资产中只占很小比重，最多仅限于所有者权益数额

C. 使所有者权益在整个资金来源中占有足够比重，至少能弥补资产变现时可能发生的损失

D. 使长期资产在整个资金来源中占有足够比重，至少能弥补资产变现时的损失

【解析】如果借款人的所有者权益在整个资金来源中所占比重过小，不能完全弥补其资产损失，那么债权人所投入的资金就会受到损害。由此可见，借款人的资金来源中，所有者权益的数额至少应能弥补其资产变现时可能发生的损失。

108. 下列指标中，直接关系到客户未来偿还债务的能力和水平的有(　　)。

A. 毛利润率　　B. 营业利润率

C. 成本费用利润率　　D. 净利润率

【解析】净利润率反映每元销售收入净额所取得的净利润。由于这个比率直接关系到客户未来偿还债务的能力和水平，更受银行重视。

109. 某企业2015年资产负债表中应收账款平均余额为0万元，年初应收票据余额50万元，未向银行办理贴现手续，到年末应收票据余额70万元，其中20万元已向银行办理贴现手续，年末计提坏账准备30万元，若该企业2015年赊销收入净额为60万元，计算期按180天算，企业的应收账款回收期为(　　)天。

A. 60　　B. 105　　C. 150　　D. 180

【解析】计算应收账款周转率时，应收账款数额应包括资产负债表中的“应收账款”与“应收票据”等全部数额，但如果应收票据已向银行办理了贴现手续，这些应收票据就不应包括在应收账款平均余额之内。另外，应收账款余额应是扣除坏账准备后的净额。本题中应收账款平均余额为：$(50+70-20-30)/2=35$(万元)，应收账款回收期为：$180\times35/60=105$(天)。

110. 银行客户信用评级中要参考的一个重要文件是(　　)。

A.《国际货币金融法》　　B.《巴塞尔新资本协议》

C.《国际银行法》　　D.《国际货币基金协定》

【解析】《巴塞尔新资本协议》在信用风险方面提出了一整套更加规范的内部信用评级体系的标准和规则，这些基本的标准和规则经过反复的总结和提炼，逐步成为衡量世

107C　108D　109B　110B

界各国商业银行内部信用评级体系质量高低的重要标准。

111. 对模型表现进行监测时，监测人员对模型评级推翻率的统计会更加关注(　　)。

A. 评级发起人员对模型评级结果的推翻

B. 评级人员对模型评级结果的推翻

C. 评级认定人员对评级发起人员评级建议的否决

D. 评级发起人员对评级认定人员评级建议的否决

【解析】评级推翻主要指评级人员对模型评级结果的推翻和评级认定人员对评级发起人员评级建议的否决。在对模型表现进行监测时，监测人员对模型评级推翻率的统计会更加关注前者。

112. 关于债项评级，下列说法错误的是(　　)。

A. 债项评级是指商业银行根据不同债务工具的特点，对其债项层面的偿还能力进行风险计量和评价

B. 在第二维度债项评级中，同一客户商业银行内部只能有一个客户评级

C. 在第一维度客户评级中，同一客户商业银行内部只能有一个客户评级

D. 债项评级的核心内容是 LGD 模型开发

【解析】在第一维度客户评级中，对于同一客户，无论是作为债务人还是保证人，无论有多少债项，在商业银行内部只能有一个客户评级。在第二维度债项评级中，商业银行应对每个客户名下的每笔债项进行独立的债项评级。

113. 下列不属于风险缓释的形式的是(　　)。

A. 抵押　　B. 质押　　C. 保证　　D. 融资

【解析】风险缓释是指为提高债务偿还的可能性，降低银行资金损失的风险，银行在发放债务时要求债务人提供抵押或者保证，以保障债权实现的法律行为。风险缓释的形式很多，如抵押、质押、保证等。

114. 影响违约损失率的公司因素主要是借款企业的(　　)。

A. 偿债能力　　B. 盈利能力　　C. 资产负债结构　　D. 资金结构

【解析】影响 LGD 的公司因素主要是借款企业的资产负债结构。该结构一方面反映在企业的融资杠杆率，即总资产和总负债的比率，另一方面反映在企业融资结构下清偿优先性。同时，企业规模和企业负债的大小对 LGD 也是有影响的。

115. LGD 模型开发一直是银行业风险计量的一项难题，其原因不包括(　　)。

A. LGD 本身具有高度的不确定性　　B. 建模所需数据的收集难度较大

C. 对 LGD 的可能影响因素比较复杂　　D. LGD 对企业具有高度依赖性

【解析】LGD 模型开发是债项评级的核心内容，而 LGD 模型开发一直是银行业风险计量的一项难题，主要原因是 LGD 本身具有高度的不确定性，建模所需数据的收集难度较大，对 LGD 的可能影响因素比较复杂。

116. 债项评级工作流程中，不属于贷前程序的是(　　)。

111B　112B　113D　114C　115D　116D

A. 评级发起　　B. 评级认定　　C. 评级推翻　　D. 评级更新

【解析】债项评级工作程序分为评级发起、评级认定、评级推翻和评级更新。其中，评级发起、认定和推翻属于贷前程序，评级更新属于贷后程序。

117. 债项等级的定期更新由债项评级系统按一定时间频率自动进行，一般按(　　)进行。

A. 年　　B. 季　　C. 月　　D. 日

【解析】贷后债项评级工作主要是评级更新，评级更新分为定期评级更新和不定期评级更新。债项等级的定期更新由债项评级系统按一定时间频率自动进行，一般按月进行。

118. 下列关于5Cs系统的相关内容，说法错误的是(　　)。

A. 品德是对借款人声誉的衡量

B. 资本是指借款人的财务杠杆状况及资本金情况

C. 在中长期贷款中，没有担保品作为抵押，商业银行予以放款

D. 经营环境主要包括商业周期所处阶段、借款人所在行业状况、利率水平等因素

【解析】借款人应提供一定的、合适的抵押品以减少或避免商业银行贷款损失，特别是在中长期贷款中，如果没有担保品作为抵押，商业银行通常不予放款。

119. 下列关于产权比率和权益乘数，说法错误的是(　　)。

A. 权益乘数 = 负债总额/股东权益总额

B. 产权比率和权益乘数是资产负债率的另外两种表现形式

C. 产权比率表明每1元所有者权益相对于负债的金额，权益乘数表明每1元所有者权益相对于资产的金额

D. 产权比率和权益乘数是两种常用的财务杠杆率

【解析】权益乘数 = 资产总额/股东权益总额。

二、多选题(下列选项中有两项或两项以上符合题目要求)

1. 净资产是借款人全部资产减去全部负债的净额，下列选项中，属于净资产的构成部分的有(　　)。[2023年10月真题]

A. 盈余公积金　　B. 存货净额

C. 投资者投入的资本金　　D. 资本公积金

E. 未分配利润

【解析】净资产是借款人全部资产减去全部负债的净额。它由两部分组成：一部分是投资者投入的资本金；另一部分是在生产经营过程中形成的资本公积金、盈余公积金和未分配利润。

2. 根据《商业银行授信工作尽职指引》规定，在客户信用等级和客户评价报告的有效期内，对发生影响客户资信的重大事项，商业银行应重新进行授信分析评价，主要包括(　　)。[2023年10月真题]

A. 利率变化　　B. 国际金融形势

C. 外部政策变动　　D. 客户涉及重大诉讼

117C　118C　119A　▍　1ACDE　2CDE

E. 客户的担保超过所设定的担保警戒线

【解析】在客户信用等级和客户评价报告的有效期内，对发生影响客户资信的重大事项，商业银行应重新进行授信分析评价。重大事项包括：①外部政策变动；②客户组织结构、股权或主要领导人发生变动；③客户的担保超过所设定的担保警戒线；④客户财务收支能力发生重大变化；⑤客户涉及重大诉讼；⑥客户在其他银行交叉违约的历史记录。

3. 一般来说，下列选项中，属于债项评级指标的有(　　)。[2023 年 10 月真题]

A. 宏观经济周期　　B. 行业因素

C. 风险缓释　　D. 债项的特征和交易结构

E. 企业的特征

【解析】债项评级需要考虑的因素包括债项因素、风险缓释因素、企业因素、行业因素和宏观经济周期因素。

4. 一般来说，资产负债率越高，(　　)。[2023 年 10 月真题]

A. 债权人的风险程度越大　　B. 借款人债务负担越重

C. 借款人资产规模越大　　D. 借款人偿还债务的能力越弱

E. 债权人的保障程度越低

【解析】资产负债率又称负债比率，是客户负债总额与资产总额的比率。它说明客户总资产中债权人提供资金所占的比重，以及客户资产对债权人权益的保障程度。对银行来讲，借款人负债比率越低越好。因为负债比率越低，说明客户投资者提供的无须还本付息的资金越多，客户的债务负担越轻，债权的保障程度就高，风险也就越小；反之，负债比率越高，说明负债在总资产中的比重越大，则表明借款人债务负担越重。

5. 在客户经营管理分析中，对供应阶段分析评价的内容有(　　)。[2023 年 10 月真题]

A. 收款方式　　B. 销售渠道　　C. 货品质量　　D. 货品价格

E. 供货稳定性

【解析】供应阶段的核心是进货，信贷人员应重点分析以下几个方面：①货品质量；②货品价格；③供货稳定性；④进货渠道；⑤付款条件。AB 两项，收款条件、销售渠道属于对销售阶段分析评价的内容。

6. 巴塞尔新协议下的客户信用评级体系应具备(　　)。[2023 年 10 月真题]

A. 能够有效区分违约客户

B. 能够准确量化客户违约风险

C. 不同信用等级客户的违约风险随信用等级下降呈加速上升趋势

D. 整个信用评级体系的结果具有稳定性

E. 各信用等级的估计违约概率与实际违约频率之间的误差控制在允许范围内

【解析】《巴塞尔新资本协议》要求银行必须建立一套完整的客户信用评级体系。这套科学的信用评级体系应至少具备三大效能：①能够有效区分违约客户，即不同信用等级的客户违约风险随信用等级的下降而呈加速上升的趋势，且评级结果之间不能出现凌乱的

3ABCDE　4ABDE　5CDE　6ABCDE

反序，尤其是在客户比较集中的区域；②能够准确量化客户违约风险，即能够估计各信用等级的违约概率，并将估计的违约概率与实际违约频率之间的误差控制在允许的范围内；③整个信用评级体系的结果要具有稳定性。以上三个特征必须能够通过客观独立的审计和验证。

7. 通常情况下，商业银行客户信用评级流程包括的步骤有(　　)。[2023 年 10 月真题]

A. 评级更新　　B. 评级推翻　　C. 评级发起　　D. 评级映射

E. 评级认定

【解析】客户评级流程的设计在整个评级体系中发挥基础的运转作用。商业银行应以行内制度将客户评级流程规范下来，并应与其他评级应用相互融合，这样才可以在整体信贷管理实践中发挥作用。一般来说，信用评级流程包括如下几个步骤：①评级发起；②评级认定；③评级推翻；④评级更新。

8. 下列资产中，属于流动资产的项目有(　　)。[2022 年 7 月真题]

A. 应收账款　　B. 货币资金　　C. 应收票据　　D. 存货

E. 长期待摊费用

【解析】流动资产是指一年内或在一个营业周期内变现或者耗用的资产。它包括货币资金、交易性金融资产、应收票据、应收账款、预付账款、存货、其他应收款等项目。E 项，长期待摊费用属于固定成本项目。

9. 商业银行在对客户经营管理状况进行分析的过程中，属于生产阶段分析的主要内容有(　　)。[2022 年 7 月真题]

A. 设备状况　　B. 技术水平　　C. 付款条件　　D. 环保情况

E. 收款条件

【解析】对于生产型企业，生产阶段的核心是技术，这包括生产什么、怎样生产、以什么条件生产，信贷人员应重点调查以下几个方面内容：①技术水平；②设备状况；③环保情况。C 项，付款条件属于供应阶段分析的主要内容；E 项，收款条件属于销售阶段分析的主要内容。

10. 下列选项中，属于流动负债的有(　　)。[2022 年 7 月真题]

A. 短期借款　　B. 应付票据　　C. 预付账款　　D. 预收账款

E. 应付工资

【解析】流动负债是借款人在生产经营过程中应付给他人的资金，是借款人承担的应在一年或在一个营业周期内偿还的债务，包括短期借款、应付票据、应付账款、预收账款、应付工资、应交税费、应付利润、其他应付款等。

11. 从银行业实质来看，评级结果应用范围主要包括(　　)。[2022 年 7 月真题]

A. 绩效考核　　B. 拨备计提　　C. 客户准入　　D. 贷款定价

E. 授信审批及授权

【解析】信用评级一般分为外部评级和内部评级。外部评级通常是指公开市场专业评级机构对发行证券的客户主体或融资工具进行的资信评价。内部评级是指商业银行依据

7ABCE　8ABCD　9ABD　10ABDE　11ABCDE

内部收集的信息和自身的评价标准，对本行客户及其所开展业务风险进行的评价。内部评级包括银行针对已授信或拟授信对象的客户评级，也包括银行针对所开展具体业务特定交易结构的债项评级。评级的结果可以有多种用途，主要包括以下八点：①应用于客户准入；②应用于授信审批及授权；③应用于拨备计提；④应用于贷款定价；⑤应用于资本计量；⑥应用于绩效考核；⑦应用于风险监测；⑧应用于不良资产处置与回收。

12. 债项评级通常需要考虑的因素有(　　)。[2021 年 6 月真题]

A. 债项因素　　B. 宏观经济周期因素

C. 企业因素　　D. 风险缓释因素

E. 行业因素

【解析】债项评级需要考虑的因素包括债项因素、风险缓释因素、企业因素、行业因素和宏观经济周期因素。

13. 计算企业的成本费用利润率中的成本费用包括(　　)。[2021 年 6 月真题]

A. 销售成本　B. 销售费用　C. 财务费用　D. 所得税费用

E. 管理费用

【解析】成本费用利润率 = 利润总额/成本费用总额 ×100%。该比率反映每元成本费用支出所能带来的利润总额。成本费用总额 = 销售成本 + 销售费用 + 管理费用 + 财务费用。

14. 采购阶段的核心是进货，信贷人员对此阶段应重点分析以下方面(　　)。[2021 年 6 月真题]

A. 进货渠道　B. 货品质量　C. 货品价格　D. 设备状况

E. 付款条件

【解析】供应阶段的核心是进货，信贷人员应重点分析以下几个方面：①货品质量，原材料等物品质量是客户产品质量的重要基础，而产品质量是客户的生命线；②货品价格，原材料等物品的价格是客户的主要生产成本，进货价格的高低直接关系到客户产品价格的高低，把好进货价格关是控制客户产品成本的第一道关口；③供货稳定性，客户上游供货稳定性直接影响其生产经营；④进货渠道，进货渠道对货品的质量和价格都起着决定性影响；⑤付款条件，付款条件主要取决于市场供求和商业信用两个因素。D 项是生产阶段的调查内容。

15. 企业的速动资产包括(　　)。[2021 年 6 月真题]

A. 交易性金融资产　　B. 预付账款

C. 应收票据　　D. 应收账款

E. 货币资金

【解析】流动资产是指一年内或在一个营业周期内变现或者耗用的资产。它包括货币资金、交易性金融资产、应收票据、应收账款、预付账款、存货、其他应收款等项目。速动资产是指易于立即变现、具有即时支付能力的流动资产。由于流动资产中存货的

12ABCDE　13ABCE　14ABCE　15ACDE

变现能力较慢，它通常要经过成品的销售和账款的收回两个过程才能变为现金，有些存货还可能不适销，根本无法变现。至于预付账款和待摊费用等，它们本质上属于费用，同时又具有资产的性质，因此，只能减少借款人未来的现金付出，并不能转变为现金，所以，应将这些项目扣除。

16. 以下关于间接法从企业净利润出发计算经营活动产生现金流量净额，说法正确的有(　　)。[2021 年 6 月真题]

A. 应扣减未收到现金的应收账款增加　　B. 应加上未发生现金支付的折旧

C. 应加上未销售出去的存货增加　　D. 应加上未进行现金支付的应付账款增加

E. 应扣减未发生现金流出的应付税金

【解析】间接法，即以利润表中最末一项净利润为出发点，调整影响净利润但未影响经营活动现金流量的事项：加上没有现金流出的费用，减去没有现金流入的收入，扣除不属于经营活动的损益，调整经营性应收应付科目的变动值——减去(加上)应收(应付)科目增加值。

17. 以下选项中，属于借款人短期偿债能力分析指标的有(　　)。[2020 年 10 月真题]

A. 资产负债率　　B. 现金比率　　C. 速动比率　　D. 现金流量比率

E. 流动比率

【解析】短期偿债能力是指客户以流动资产偿还短期债务即流动负债的能力，它反映客户偿付日常到期债务的能力。影响短期偿债能力的因素很多，但流动资产与流动负债的关系以及资产的变现速度是其最主要的方面，因为大多数情况下，短期债务需要现金来偿还，因此，短期偿债能力应注意一定时期的流动资产变现能力的分析，而一般不太注重借款人盈利能力的分析。反映客户短期偿债能力的比率主要有：流动比率、速动比率、现金比率和现金流量比率。A 项，资产负债率属于长期偿债能力分析指标。

18. 客户法人治理结构的不完善，有可能对其正常的生产经营带来难以预期的负面影响，信贷人员对此应给予关注。以下上市客户、国有独资客户和民营客户的法人治理关注点表述正确的有(　　)。[2020 年 10 月真题]

A. 关注国有独资客户的股权结构不合理问题

B. 关注上市客户的关键人控制问题

C. 关注民营客户一人决策或者家庭决策问题

D. 关注国有独资客户行政干预问题

E. 关注国有独资客户的所有者缺位问题

【解析】ABE 三项，国有独资客户的治理关注点包括：①所有者缺位；②行政干预；B 项，上市客户的治理关注点包括：①股权结构不合理；②内部控制；③信息披露的实际质量难以保证；C 项，民营客户的管理决策机制更多地表现为一人决策或者家族决策，其形式上的机构没有决定性的影响，决策者个人或者家族的行为与意识代表了客户管理层的素质。

19. 关于利息保障倍数，下列表述正确的有(　　)。[2020 年 10 月真题]

16ABD　17BCDE　18BCDE　19ACDE

A. 利息保障倍数是指借款人息税前利润和利息费用的比率

B. 该比率越低，说明借款人利息支付能力越强

C. 是用于衡量客户偿付债务利息能力的指标

D. 该比率越高，说明借款人利息支付能力越强

E. 一般该指标不小于1

【解析】利息保障倍数是指借款人息税前利润与利息费用的比率，用于衡量客户偿付负债利息能力。该比率越高，说明借款人支付利息费用的能力越强，因此，它既是借款人举债经营的前提，又是衡量借款人长期偿债能力强弱的重要标志。利息保障倍数究竟多大为宜，这要根据客户历史经验结合行业特点来判断。根据稳健性原则，应以倍数较低的年度为评价依据，但无论如何，利息保障倍数不能低于1，因为一旦低于1，意味着借款人连利息偿还都保障不了，还本可能性更低，也就更谈不上长期偿债能力的好坏。

20. 客户评级中的专家分析法5Cs，包括的指标有(　　)。[2020年10月真题]

A. 资本　　B. 经营环境　　C. 抵押　　D. 还款能力

E. 品德

【解析】专家分析法是商业银行在长期经营信贷业务、承担信用风险过程中逐步发展并完善起来的传统信用分析法。以5Cs系统为例，主要包括以下几个方面：①品德(Character)，是对借款人声誉的衡量。②资本(Capital)，是指借款人的财务杠杆状况及资本金情况。③还款能力(Capacity)，主要从两方面进行分析：一方面是借款人未来现金流量的变动趋势及波动性；另一方面是借款人的管理水平，银行不仅要对借款人的公司治理机制、日常经营策略、管理的整合度和深度进行分析评价，还要对其各部门主要管理人员进行分析评价。④抵押(Collateral)，借款人应提供一定的、合适的抵押品以减少或避免商业银行贷款损失，特别是在中长期贷款中，如果没有担保品作为抵押，商业银行通常不予放款。⑤经营环境(Condition)，主要包括商业周期所处阶段、借款人所在行业状况、利率水平等因素。

21. 客户评级对应的风险暴露分类，按照《巴塞尔新资本协议》内部评级法的要求，可分为(　　)。[2018年10月真题]

A. 交易对手风险暴露　　B. 主权风险暴露

C. 股权风险暴露　　D. 零售风险暴露

E. 公司风险暴露

【解析】按照《巴塞尔新资本协议》信用风险内部评级法的要求，银行应将其银行账户下的资产划分为六种不同的风险暴露：①主权风险暴露；②金融机构风险暴露；③公司风险暴露；④零售风险暴露；⑤股权风险暴露；⑥其他风险暴露。

22. 下列选项中，不属于速动资产的有(　　)。[2018年10月真题]

A. 预付账款　　B. 存货　　C. 应收票据　　D. 短期投资

E. 待摊费用

【解析】速动资产是指易于立即变现、具有即时支付能力的流动资产。由于流动资产中

20ABCDE　21BCDE　22ABE

存货的变现能力较慢，它通常要经过成品的销售和账款的收回两个过程才能变为现金，有些存货还可能不适销，根本无法变现。至于预付账款和待摊费用等，它们本质上属于费用，同时又具有资产的性质，因此，只能减少借款人未来的现金付出，并不能转变为现金，所以，应将这些项目扣除。速动资产计算公式为：速动资产 = 流动资产 - 存货 - 预付账款 - 待摊费用。

23. 财务分析方法包括(　　)。[2018 年 6 月真题]

A. 比较分析法　B. 比率比较　C. 趋势分析　D. 结构比较

E. 定性分析法

【解析】对企业进行财务分析的方法包括：①比较分析法，包括横向比较分析和纵向比较分析，纵向比较分析又叫趋势分析，还可以根据用于比较的财务指标的不同分为总量比较、结构比较和比率比较；②因素分析法。

24. 下列情况中会提高企业利润率的有(　　)。[2018 年 6 月真题]

A. 货币资金的减少　B. 财务费用的减少

C. 所得税的减少　D. 存货的减少

E. 管理费用的减少

【解析】BE 两项，成本费用利润率是借款人利润总额与当期成本费用总额的比率。成本费用总额 = 销售成本 + 销售费用 + 管理费用 + 财务费用，因此财务费用和管理费用减少，利润率提高；C 项，净利润率是指客户净利润与销售收入净额之间的比率，净利润 = 利润总额 - 所得税，因此所得税减少，利润率提高。

25. 下列属于企业投资活动现金流的有(　　)。[2018 年 6 月真题]

A. 发行股票　B. 收回对外投资本金

C. 出售证券　D. 出售固定资产

E. 分配股利

【解析】在测算企业投资活动的现金流量时，一般来说，出售证券(不包括现金等价物)、出售固定资产、收回对外投资本金能够带来现金流入；购买有价证券、购置固定资产会带来现金流出。AE 两项均属于企业筹资活动的现金流量。

26. 商业银行在对客户经营管理状况分析的过程中，属于销售阶段分析的主要内容有(　　)。[2018 年 6 月真题]

A. 原材料价格　B. 销售渠道　C. 目标客户　D. 原材料质量

E. 收款条件

【解析】销售阶段的核心是市场，这包括销售给谁、怎样销售、以什么条件销售等内容。信贷人员应重点调查以下方面：①目标客户；②销售渠道；③收款条件。AD 两项均属于供应阶段分析内容。

27. 波特认为有 5 种力量决定了行业竞争程度和吸引力，以下属于这 5 种力量的有(　　)。[2018 年 6 月真题]

A. 潜在竞争者进入的威胁　B. 供应商的议价能力

23ABCD　24BCE　25BCD　26BCE　27ABCDE

C. 替代产品或服务的威胁　　　　D. 购买者的议价能力

E. 行业内现有竞争者的竞争力

【解析】迈克尔·波特教授认为可以从五个方面来描述行业竞争态势：行业内现有竞争者的竞争力、供应商的议价能力、购买者的议价能力、替代产品或服务的威胁、潜在竞争者进入的威胁。上述五种力量决定了行业竞争程度和吸引力，这五方面压力越大，企业竞争力面临的束缚就越强。企业应该综合评价以上各个方面，分析行业潜力，并由此制定竞争战略。

28. 下列选项中，属于非流动资产的有(　　)。[2017 年 10 月真题]

A. 应收账款　　B. 存货　　C. 长期投资　　D. 预付账款

E. 固定资产

【解析】非流动资产，是指借款人在一年内不能变现的那部分资产，包括长期投资、固定资产、无形及递延资产和其他长期资产等。

29. 下列关于客户评级流程的表述，正确的有(　　)。[2017 年 10 月真题]

A. 评级人员对计量模型评级结果的推翻，不包括评级认定人员对评级发起人员评级建议的否决

B. 评级认定的岗位设置应满足独立性要求，不能由评级发起人员兼任

C. 银行应规定本行不同机构对同一债务人或债项评级发起的相关授权流程

D. 评级发起人员应遵循尽职原则，充分、准确地收集评级所需的各项数据，审查资料的真实性

E. 商业银行对非零售风险暴露的债务人和保证人评级应至少每年更新一次

【解析】A 项，评级推翻主要指评级人员对模型评级结果的推翻和评级认定人员对评级发起人员评级建议的否决。

30. 关于偿还能力，下列说法正确的有(　　)。[2016 年 6 月真题]

A. 企业营运资本为正，说明其是用长期资金支持部分流动资产

B. 企业营运能力越强，说明其资产利用效率越高，银行信贷资金沉淀为无效资产就越少

C. 企业营运能力越强，资产周转速度越快，取得收入和利润越多，可用于偿还短期债务的能力越强

D. 企业营运能力越强，说明其资产变现速度越快，可用于偿付流动负债的能力越强

E. 企业营运资本为正，说明其是用流动负债支持部分非流动资产

【解析】C 项，企业营运能力越强，资产周转速度就快，就能取得更多的收入和利润，盈利能力就强，就会有足够的资金还本付息，那么其长期偿债能力就强；E 项，企业营运资本为负值时说明该借款人是用流动负债支持部分非流动资产。

31. 进货渠道对货品的质量和价格都起着决定性的影响。商业银行分析客户的进货渠道可以从(　　)来考虑。[2015 年 10 月真题]

A. 运输方式的选择：是陆路运输还是水路运输，是公路运输还是铁路运输

28CE　29BCDE　30ABD　31ABCE

B. 进货资质的取得：是取得一级代理权还是二级代理权

C. 有无中间环节：直接从厂商进货还是从贸易商进货，是二手进货还是三手进货

D. 货品质量：供应商对货品质量是否有一定保障

E. 供货地区的远近：是国内供货还是国外供货，是本埠供货还是外埠供货

【解析】供应阶段的核心是进货，信贷人员应重点分析货品质量、货品价格、供货稳定性、进货渠道、付款条件。其中，进货渠道分析包括 ABCE 四个方面。

32. 下列资产中，属于流动资产的项目有（　　）。[2015 年 10 月真题]

A. 短期投资　　　　B. 应收票据

C. 存货　　　　D. 待处理流动资产损失

E. 无形及递延资产

【解析】流动资产是指一年内或在一个营业周期内变现或者耗用的资产，它包括货币资金、交易性金融资产、应收票据、应收账款、预付账款、存货、其他应收款等项目。

33. 下列关于客户信用评级方法的说法，正确的有（　　）。[2015 年 5 月真题]

A. 专家分析方法的优点在于综合业务专家实践经验，缺点在于不同专家可能对同一笔业务看法不一

B. 统计分析方法可以总结和凝练专家经验，通过计量模型，对客户风险作出更客观一致的判断

C. 专家分析方法更适合于对借款人进行是和否的二维决策，难以实现对信用风险的准确计量

D. 违约概率模型方法优点在于能够直接估计客户的违约概率，缺点在于对历史数据要求高

E. 统计模型和传统的专家系统相结合，有助于提高信用风险评估/计量水平

【解析】B 项，专家分析法采用众多专家组成的专家委员会的综合意见等措施，可以总结和凝练专家经验。

34. 下列公式中，正确的有（　　）。[2015 年 5 月真题]

A. 有形净资产 = 所有者权益 + 无形资产 + 递延资产

B. 营运资本 = 流动资产 - 流动负债

C. 利息保障倍数 =（利润总额 - 利息费用）/利息费用

D. 速动资产 = 流动资产 - 存货 - 预付账款 - 待摊费用

E. 现金债务总额比 = 现金类资产/流动负债 ×100%

【解析】A 项，有形净资产 = 所有者权益 - 无形资产 - 递延资产；C 项，利息保障倍数 =（利润总额 + 利息费用）/利息费用；E 项，现金债务总额比 = 经营活动现金净流量/债务总额 ×100%。

35. 以下属于企业产品创新能力的重要指标的有（　　）。[2015 年 5 月真题]

A. 产品的销售价格

B. 能否在竞争对手之前推出新产品

32ABC　33ACDE　34BD　35BCE

C. 新产品、专利产品在销售中所占的比例

D. 企业的经营效益

E. 开发下一代新产品所需时间

【解析】一个企业要保持其产品的竞争力，必须不断进行产品创新。产品的设计和开发是企业经营的起点。新产品、专利产品在销售中所占比例、开发下一代新产品所需时间、能否在竞争对手之前推出新产品等是企业产品创新能力的重要指标。

36. 要比较全面地分析借款人短期偿债能力时，需将下列指标结合起来观察(　　)。[2014年11月真题]

A. 速动比率　　B. 流动比率　　C. 现金比率　　D. 资产负债率

E. 营运资金

【解析】在分析客户短期偿债能力时，可将流动比率、速动比率和现金比率三个指标结合起来观察，特别是还可将营运资金指标结合起来进行全面分析，一般能够得到评价借款人短期偿债能力的更佳效果，因为营运资金是借款人偿债资金保证的绝对量，而流动比率、速动比率和现金比率是相对数。D项是反映借款人长期偿债能力的指标。

37. 财务指标分析中，存货周转天数增多，说明客户可能(　　)。[2014年11月真题]

A. 存货销量增加　　B. 呆滞积压存货比重较大

C. 存货采购价格上涨　　D. 存货采购过量

E. 存货耗用量增加

【解析】一般而言，存货周转天数增多，或是说明客户存货采购过量，或是呆滞积压存货比重较大，或是存货采购价格上涨；而存货周转天数减少，说明客户存货耗用量或销量增加。

38. 反映借款人长期偿债能力的指标主要有(　　)。[2014年6月真题]

A. 利息保障倍数　　B. 产权比率　　C. 流动比率　　D. 资产负债率

E. 负债与有形净资产比率

【解析】借款人偿还长期债务的能力可以从财务杠杆比率的角度进行分析。杠杆比率主要通过比较资产、负债和所有者权益的关系来评价客户负债经营的能力。偿债能力指标主要包括资产负债率、产权比率、负债与有形净资产比率、利息保障倍数等。C项，流动比率是反映客户短期偿债能力的指标。

39. 下列关于客户营运能力指标的说法中，正确的有(　　)。[2013年6月真题]

A. 总资产周转率越高，通常表明客户盈利能力越强

B. 营运能力分析常用的比率主要有：总资产周转率、固定资产周转率、应收账款周转率、存货周转率等，统称为效率比率

C. 应收账款周转率越高，其应收账款回收期越短

D. 存货周转天数减少，不是因为采购过量就是因为呆滞积压存货比重较大，因此存货周转率越快越好

E. 一般来说企业在进行大规模固定资产重置后，其固定资产周转率同比会有所下降

36ABCE　37BCD　38ABDE　39ABCE

【解析】D 项，存货周转天数减少，说明客户可能耗用量或销量增加。存货周转率并非越快越好，过快的、不正常的存货周转率，也可说明客户没有足够的存货可供耗用或销售，或是采购次数过于频繁，批量太小等。

40. 下列关于成本费用利润率的描述，正确的有(　　)。[2013 年 6 月真题]

A. 成本费用利润率 = 成本费用总额/利润总额 ×100%

B. 该比率反映的是每元成本费用支出所能带来的利润总额

C. 该比率越大，说明同样的成本费用能取得更多利润

D. 该比率越大，说明取得同样利润所花费的成本费用越多

E. 成本费用利润率 = 利润总额/成本费用总额 ×100%

【解析】成本费用利润率是借款人利润总额与当期成本费用总额的比率。其计算公式为：成本费用利润率 = 利润总额/成本费用总额 ×100%，该比率反映每元成本费用支出所能带来的利润总额。该比率越大，说明同样的成本费用能取得更多利润，或取得同样利润只需花费较少的成本费用。

41. 下列关于产品竞争力的说法，正确的有(　　)。[2009 年 6 月真题]

A. 企业的竞争力主要表现为其产品的竞争力

B. 企业产品竞争力越强，越容易获得市场认同

C. 产品竞争力主要取决于产品自身的性价比

D. 产品竞争力主要取决于产品品牌

E. 能否合理、有效、及时地进行产品创新对设计和开发周期短的公司更为重要

【解析】D 项，企业产品的竞争力取决于产品品牌等多种因素，但主要还是取决于产品自身的性价比；E 项，能否合理、有效和及时地进行产品创新对于技术含量高、设计和开发周期较长的公司更为重要。

42. 客户品质基础分析中，在对客户经营范围进行分析时，信贷人员要特别引起警觉的情况是(　　)。

A. 客户是基于人力资源动机成立的　　B. 超范围经营的

C. 频繁改变主营业务的　　D. 经营行业分散、主营业务不突出的

E. 频繁改变名称的

【解析】在对客户经营范围进行分析时，信贷人员对超范围经营的、频繁改变经营业务的客户要格外警觉。同时，也应关注客户的主营业务是否突出。对于所经营的行业分散、主营业务不突出的客户应警觉。

43. 客户变更主营业务的主要情形有(　　)。

A. 行业转换　　B. 产品转换　　C. 技术转换　　D. 股权变更

E. 业务停顿

【解析】客户主营业务的演变主要有以下几种情形：①行业转换型，如由原来侧重贸易转向实业；②产品转换型，如由原来侧重生产某种产品转向生产另一种产品；③技术转换型，如由原来技术含量较低的行业或产品转向技术含量较高的行业或产品；④股

40BCE　41ABC　42BCD　43ABCDE

权变更型，如由于股权变更，新股东注入新的资产和业务，原客户的主营业务随之改变；⑤业务停顿型，如原客户经营业务不善，因拥有物业便放弃具体经营而改为出租物业等。

44. 在上市客户法人治理结构中，信贷人员应特别予以关注的方面有(　　)。

A. 股权结构是否合理　　B. 是否存在所有者缺位

C. 是否存在内部控制　　D. 信息披露的实际质量

E. 是否存在行政干预

【解析】在上市客户法人治理结构中，信贷人员应对其股权结构是否合理、是否存在内部控制、信息披露的实际质量特别关注。所有者缺位、行政干预是国有独资客户法人治理结构分析应关注的方面。

45. 客户进货价格主要受(　　)影响。

A. 市场供求关系　B. 进货渠道　C. 进货批量　D. 规格标准

E. 客户关系

【解析】进货价格是客户购买原材料等物品的价格，它除受市场供求关系影响外，还主要取决于进货渠道、进货批量、规格标准、运输费用、客户关系等因素。

46. 在进货环节中，客户采用的付款条件主要取决于(　　)。

A. 客户关系　　B. 客户市场地位

C. 进货方与客户比较优势　　D. 市场供求关系

E. 客户资信状况

【解析】客户进货采用的付款条件主要取决于市场供求和商业信用两个因素。如果货品供不应求或买方资信不高，供货商大多要求预付货款或现货交易；反之，供货商则可接受银行承兑汇票甚至商业承兑汇票。

47. 为准确评价借款人的偿债能力，信贷人员对借款人进行财务分析应侧重借款人的(　　)。

A. 盈利能力　B. 营运能力　C. 资本结构　D. 净现金流量

E. 损益情况

【解析】借款人的偿债能力与其盈利能力、营运能力、资本结构和净现金流量等因素密切相关。因此为了准确分析评价借款人的偿债能力，对贷款决策进行的财务分析应侧重对借款人上述能力的分析。

48. 下列关于存货周转率及周转天数的说法，正确的有(　　)。

A. 存货周转天数增加，一般表明客户存货周转速度加快

B. 存货周转天数减少，一般表明客户可能耗用量或销量增加

C. 存货周转率过快，也可说明客户存货缺乏、采购过于频繁、批量太小

D. 存货周转率通常按年计算

E. 存货周转率与存货周转天数是倒数关系

【解析】A 项，存货周转天数增加，说明存货周转速度降低，资产利用效率下降；E 项，

44ACD　45ABCDE　46DE　47ABCD　48BCD

存货周转率 = 销货成本/平均存货余额 × 100%，存货周转天数 = 计算期天数/存货周转率 = 存货平均余额 × 计算期天数/销货成本，因而，存货周转率与存货周转天数不是倒数关系。

49. 在分析客户财务状况时，银行所使用的盈利比率指标主要包括(　　)。

A. 销售利润率　B. 营业利润率　C. 资产收益率　D. 净利润率

E. 成本费用利润率

【解析】反映借款人盈利能力的比率主要有：销售利润率、营业利润率、税前利润率和净利润率、成本费用利润率、资产收益率、净资产收益率，这些统称为盈利比率。

50. 在分析客户财务状况时，银行所使用的效率比率指标主要包括(　　)。

A. 总资产周转率　B. 固定资产周转率

C. 应收账款周转率　D. 资产收益率

E. 所有者权益收益率

【解析】营运能力分析常用的比率主要有：总资产周转率、流动资产周转率、固定资产周转率、应收账款周转率、存货周转率等，这些统称为效率比率。同时，还可以将周转率指标转换成周转天数指标。

51. 借款企业的全部资金主要来源于(　　)。

A. 银行存款　B. 短期投资　C. 长期投资　D. 借入资金

E. 所有者权益

【解析】借款人的全部资金来源于两个方面：①借入资金，包括流动负债和长期负债；②自有资金，即所有者权益。

52. 从理论上看，最佳资金结构是指(　　)时的资金结构。

A. 总资产收益率最高　B. 权益资本净利润率最高

C. 企业所有者权益最多　D. 企业价值最大

E. 综合成本最低

【解析】从理论上看，企业最佳资金结构是指企业权益资本净利润率最高，企业价值最大而综合成本最低时的资金结构。但实际上很难十分准确地确定这个最佳点，通常做法是，企业对拟定的筹资总额可以提出多种筹资方案，分别计算出各种方案的综合成本并从中选择出综合成本最低的方案，以此作为最佳资金结构方案。

53. 下列指标中，与借款企业长期偿债能力成反比的有(　　)。

A. 资产负债率　B. 利息保障倍数　C. 营运资金　D. 产权比率

E. 负债与有形净资产比率

【解析】对银行来说，借款企业资产负债率、产权比率、负债与有形净资产比率越低，说明企业投资者提供的无须还本付息的资金越多，客户的债务负担越轻，债权的保障程度就越高，风险也就越小，长期偿债能力越强。而对于利息保障倍数，其值越高，说明借款人支付利息费用的能力越强，长期偿债能力越强。营运资金越多，对借款人短期和长期资产的支持就越大。

49ABCDE　50ABC　51DE　52BDE　53ADE

54．在计算利息保障倍数时，利息费用是指（　　）。

A．预收账款利息费用　　B．流动负债利息费用

C．长期负债中进入损益的利息费用　　D．进入固定资产原价的利息费用

E．长期租赁费用

【解析】利息保障倍数用于衡量客户偿付负债利息的能力，其计算公式为：利息保障倍数=（利润总额+利息费用）/利息费用。公式中利息费用一般包括流动负债利息费用、长期负债中进入损益的利息费用及进入固定资产原价的利息费用、长期租赁费用等。

55．下列关于5Cs系统的说法，错误的有（　　）。

A．品德仅指借款企业负责人的品德

B．资本是指借款人的财务杠杆状况及资本金情况，财务杠杆越低，意味着债务负担和违约概率越低

C．还款能力主要从借款人未来现金流量的变动趋势方面衡量

D．抵押贷款中，商业银行对抵押品的要求权级别越高，抵押品市场价值越小，贷款风险越低

E．经营环境主要包括商业周期所处阶段、借款人所在行业状况、利率水平等因素

【解析】A项，品德是对借款人声誉的衡量，主要指企业负责人的品德、经营管理水平、资金运用状况、经营稳健性以及偿还愿望等；C项，还款能力即对借款人未来现金流量的变动趋势及波动性、借款人管理水平的衡量；D项，商业银行对抵押品的要求权级别越高，抵押品的市场价值越大，变现能力越强，则贷款的风险越低。

56．直接运用违约概率模型估计客户违约概率的条件有（　　）。

A．建立一致的、明确的违约定义

B．在建立一致、明确违约定义的基础上积累至少五年的数据

C．与传统的专家系统相结合

D．建立统一的信贷评估指引和操作流程

E．建立统一的关键要素指标

【解析】与传统的专家分析法相比，违约概率模型能够直接估计客户的违约概率，因此对历史数据的要求更高，需要商业银行建立一致的、明确的违约定义，并且在此基础上积累至少五年的数据。

57．客户评级主标尺主要有哪些基本特征？（　　）

A．主标尺应该以债务人真实的违约概率为标准划分

B．主标尺应该将违约概率连续且没有重叠地映射到风险等级

C．风险等级的划分足够精细可以分辨不同类型的风险等级

D．客户可以集中在单个风险等级

E．违约率映射要综合考虑银行现有的评级和客户分布

【解析】D项，客户不能过于集中在单个风险等级，每个风险等级的客户数不能超过总体客户数的一定比例。

54BCDE　55ACD　56AB　57ABCE

58. 下列关于评级推翻的描述中，错误的是(　　)。

A. 商业银行应监控评级专家推翻内部评级体系所输出的评级结果的流程

B. 商业银行应明确评级人员推翻评级结果的程序、有权推翻人和推翻程度

C. 商业银行应明确要求评级推翻人提供评级推翻的充分依据

D. 基于计量模型的内部评级体系，不能依据评级专家的经验来决定是否对评级进行推翻

E. 在商业银行的非零售信贷管理系统中应强制要求提供评级推翻的依据，该依据应全面考虑评级模型中的所有因素

【解析】D 项，无论是基于计量模型还是基于专家判断的内部评级体系，一般都会依据评级专家的经验来决定是否对评级进行推翻；E 项，在商业银行的非零售信贷管理系统中应强制要求提供评级推翻的依据，该依据不应重复考虑评级模型中已有的因素。

59. 违约损失率的测算在《巴塞尔新资本协议》内部评级初级法和高级法中有所不同，以下描述正确的是(　　)。

A. 在内部评级初级法中，对于无担保的债项，若为优先级债务，则违约损失率为35%

B. 在内部评级初级法中，对于无担保的债项，若为优先级债务，则违约损失率为45%

C. 在内部评级初级法中，对于无担保的债项，若为非优先级债务，则违约损失率为75%

D. 在内部评级高级法中，对于有抵押、担保的债项，按抵押品的数量和种类，通过计算不同抵押品的折扣比例得到对应的违约损失率

E. 在内部评级高级法中，根据银行内部充分的风险和损失数据以及监管当局确认有效的信息来源，银行自主确定各敞口对应的违约损失率

【解析】A 项，在内部评级初级法中，对于无担保的债项，若为优先级债务，则违约损失率为45%；D 项，在内部评级初级法中，对于有抵押、担保的债项，按抵押品的数量和种类，通过计算不同抵押品的折扣比例得到对应的违约损失率。

60. 债项评级需要考虑的因素包括(　　)。

A. 债项因素　B. 风险缓释因素　C. 企业因素　D. 行业因素

E. 宏观经济周期因素

【解析】债项评级需要考虑的因素包括：①债项因素，这类因素直接与债项合同的设计和条款相关；②风险缓释因素，风险缓释的形式如抵押、质押、保证等；③企业因素，是指与特定的借款企业相关的因素；④行业因素，有形资产较少的行业(如服务业)的 LGD 往往比有形资产密集型行业(如公用事业部门)的 LGD 高；⑤宏观经济周期因素，经济萧条时期的债务回收率比经济扩张时期的回收率要低。

61. LGD 模型开发的方法包括(　　)。

A. 历史平均值方法　B. 专家经验判断方法

C. 决策树方法　D. 统计回归分析方法

58DE　59BCE　60ABCDE　61ABCDE

E. 回收率分布方法

【解析】LGD模型开发的方法包括：①专家经验判断方法，是根据风险管理领域专业人士的经验判断，来评估和决定影响LGD大小的风险因素和相应的权重，从而形成评级模型的方法；②数据驱动统计方法，是整理分析客观性的风险数据，从中寻找影响LGD大小的各种因素的统计规律，从而形成评级模型的方法，其中较为常用的统计方法包括历史平均值方法、回收率分布方法、统计回归分析方法、决策树方法等。

62. 下列关于债项评级工作程序的说法，正确的是(　　)。

A. 债项评级工作程序中评级发起、评级认定属于贷前程序，评级推翻和评级更新属于贷后程序

B. 贷前债项评级的工作程序为调查、审查和审定

C. 贷后债项评级工作主要是评级更新

D. 各级债项评级审批人员在审查和审批债项合同时，同时审查和审批债项评级等级

E. 审查和审批的重点为确认债项评级的债项基本信息、各类担保和保证、风险因素输入的真实性和准确性

【解析】A项，债项评级工作程序分为评级发起、评级认定、评级推翻和评级更新，其中评级发起、认定和推翻属于贷前程序，评级更新属于贷后程序；B项，贷前债项评级工作包括调查、初评、审查和审定等工作程序。

63. 债项评级的结果可以有多种用途，主要包括(　　)。

A. 应用于一维评级体系　　B. 应用于授信审批及授权

C. 应用于贷款定价　　D. 应用于不良资产处置与回收

E. 应用于风险监测和绩效考核

【解析】除BCDE四项外，债项评级的结果的用途还包括：①应用于客户准入；②应用于拨备计提；③应用于资本计量。

64. 客户申请或拟申请信贷业务时，要结合债项对应的(　　)，按照风险调整后的经济资本回报率(RAROC)对债项进行合理定价。

A. 资金成本　　B. 营业成本　　C. 税务成本　　D. 风险成本

E. 经济资本回报

【解析】商业银行贷款定价，通常包含资金成本、营业成本、税务成本、风险成本、经济资本回报等方面构成因素，内部评级是计量风险成本(预期损失)和经济资本(非预期损失)必不可少的基础。

三、判断题(请对下列各题的描述做出判断，正确的用A表示，错误的用B表示)

1. 在客户评级中，对同一客户，无论是作为保证人还是债务人，无论有多少债项，在商业银行内部只能有一个客户评级和一个债项评级。(　　)[2023年10月真题]

【解析】债项评级独立于客户评级，共同构成了商业银行的二维评级体系。在第一维度客户评级中，对于同一客户，无论是作为债务人还是保证人，无论有多少债项，在商业银行内部只能有一个客户评级。在第二维度债项评级中，商业银行应对每个客户名下的每

62CDE　63BCDE　64ABCDE　‖　1B

笔债项进行独立的债项评级。

2. 为保证资产减值计提的客观性，新国际会计原则(IFRS 9)要求资产减值计算由“预期损失模型”向“已发生损失模型”转变。(   )[2021 年 6 月真题]

【解析】商业银行预期损失，应通过计提拨备进行抵补，内部评级所计量客户违约概率(PD)和违约损失率，是计算预期损失基础。特别是新国际会计准则(IFRS 9)要求的资产减值由“已发生损失模型”向“预期损失模型”转变，更加突出了内部评级风险参数计量的重要性。

3. 外部评级是商业银行计量风险成本(预期损失)和经济资本(非预期损失)必不可少的基础。(   )[2020 年 10 月真题]

【解析】商业银行贷款定价，通常包含资金成本、营业成本、税务成本、风险成本、经济资本回报等方面构成因素，内部评级是计量风险成本(预期损失)和经济资本(非预期损失)必不可少的基础。

4. 借款人资产运用效率越高，资产周转速度就越低，借款人所取得的收入和盈利数就越多，盈利能力就越强，那么借款人会有足够的资金还本付息，因而其偿债能力就越强。(   )[2018 年 10 月真题]

【解析】资产利用效率高，则各项资产周转速度就快，资产变现的速度就快，这样借款人就会有现金用来偿付流动负债，因而其短期偿债能力就强。资产利用效率高，则各项资产周转速度就快，就能取得更多的收入和利润，盈利能力就强，就会有足够的资金还本付息，那么其长期偿债能力就强。

5. 债项评级是对客户债项业务发生违约概率的描述。(   )[2018 年 10 月真题]

【解析】债项评级是指商业银行根据不同债务工具的特点，如债务类别、风险缓释、偿债优先级等，对其债项层面的偿还能力进行风险计量和评价。债项评级独立于客户评级，共同构成了商业银行的二维评级体系。在第一维度客户评级中，对于同一客户，无论是作为债务人还是保证人，无论有多少债项，在商业银行内部只能有一个客户评级。在第二维度债项评级中，商业银行应对每个客户名下的每笔债项进行独立的债项评级。客户评级的量化基于对违约概率的估计，债项评级的量化则可以是违约损失率(Loss Given Default，LGD)，也可以是预期损失(Expected Loss，EL)。

6. 5Cs 分析系统包括：资本充足率、资产质量、管理能力、盈利性和流动性等因素。(   )[2018 年 10 月真题]

【解析】5Cs 系统指：①品德；②资本；③还款能力；④抵押；⑤经营环境。

7. 反映企业短期偿债能力的指标有流动比率、速动比率和现金比率等。(   )[2018 年 6 月真题]

【解析】反映客户短期偿债能力的比率主要有流动比率、速动比率和现金比率，这些统称为偿债能力比率。

8. 各项资产的周转率都应运用销售收入计算。(   )[2018 年 6 月真题]

2B 3B 4B 5A 6B 7A 8B

【解析】存货周转率是一定时期内借款人销货成本与平均存货余额的比率；应收账款周转率是反映应收账款周转速度的指标，它是一定时期内赊销收入净额与应收账款平均余额的比率。

9. 企业投资活动产生的现金流量来源于有价证券、固定资产、长期负债以及长期投资等账户的变化，增加引起现金流入，减少引起现金流出。(　　)[2017年10月真题]

【解析】投资活动，是指企业长期资产的购建和不包括在现金等价物范围的投资及其处置活动。一般来说，出售证券(不包括现金等价物)、出售固定资产、收回对外投资本金能够带来现金流入；而购买有价证券、购置固定资产会带来现金的流出。

10. 反映借款人经营管理水平和盈利能力大小及发展前景的财务报表是资产负债表。(　　)[2016年11月真题]

【解析】银行在分析借款人盈利能力时，运用利润表中各个项目的结构分析，综合评价客户盈利能力的高低和变动情况，引起变动的原因及其对借款人将来的盈利能力可能造成的影响。因此，盈利能力在利润表中体现出来。

11. 在生产阶段分析中，信贷人员需要详细分析客户生产对环境的影响以及是否违反国家相关法律、法规，防范客户的环保合规风险。(　　)[2016年6月真题]

【解析】生产阶段的核心是技术，信贷人员应重点调查借款企业的技术水平、设备状况和环保情况。信贷人员分析客户的环保情况时，需要了解国家有关环保的法律法规，详细分析客户生产对环境的影响以及是否违反国家相关法律、法规，防范客户的环保合规风险。

12. 从理论上来说，企业总资产利润率高于长期负债成本时，加大长期债务可以使企业获得财务杠杆收益，从而提高企业权益资本收益率。(　　)[2016年6月真题]

【解析】当企业总资产利润率高于长期债务成本时，加大长期债务可使企业获得财务杠杆收益，从而提高企业权益资本收益率。当总资产利润率低于长期债务成本时，降低长期债务的比重可使企业减少财务杠杆损失，从而维护所有者利益。

13. 对银行来说，借款人的负债比率越高越好。因为负债比率越高，说明客户投资者提供的无须还本付息的资金越多，客户的债务负担越轻，债权的保障程度越高，风险就越小。(　　)[2015年10月真题]

【解析】资产负债率又称负债比率，是客户负债总额与资产总额的比率。对银行来讲，借款人负债比率越低越好。因为负债比率越低，说明客户投资者提供的无须还本付息的资金越多，客户的债务负担越轻，债权的保障程度就越高，风险也就越小；反之，负债比率越高，说明负债在总资产中的比重越大，则表明借款人债务负担越重。

14. 企业产品的竞争力，主要取决于产品自身的性价比。当企业的产品定价不再具有竞争力或质量出现不稳定状况时，可能会产生经营上的问题。(　　)[2015年10月真题]

【解析】企业产品的竞争力取决于产品品牌等多种因素，但主要还是取决于产品自身的性价比，那些性能先进、质量稳定、售价合理的产品往往在市场上具有较强的竞争力，

9B　10B　11A　12A　13B　14A

为企业赢得市场和利润。当企业的产品定价不再具有竞争力或质量出现不稳定状况时，经营也会随之出现问题。

15. 客户信用评级中专家分析方法的突出问题是对信用风险的评估缺乏一致性，容易导致不同人对同一客户风险评估结果不同。（ ）[2015 年 10 月真题]

【解析】专家分析法的突出特点在于将信贷专家的经验和判断作为信用分析和决策的主要基础，这种主观性很强的方法/体系带来的一个突出问题是对信用风险的评估缺乏一致性。不同的信贷人员由于其经验、习惯和偏好的差异，可能出现不同的风险评估结果和授信决策建议。

16. 负债与有形净资产比率是用来表示有形净资产对债权人权益的保障程度的指标。从长期偿债能力来讲，该比率越低，说明借款人的长期偿债能力越强。（ ）[2015 年 5 月真题]

【解析】负债与有形净资产比率是指负债与有形净资产的比例关系，用于表示有形净资产对债权人权益的保障程度，其计算公式审慎地考虑了企业清算时的情况，更能合理地衡量借款人清算时对债权人权益的保障程度。从长期偿债能力来讲，该比率越低，表明借款人的长期偿债能力越强。

17. 资金结构指借款人的全部资金中负债和所有者权益所占的比重及相互关系。（ ）[2015 年 5 月真题]

【解析】资产结构是指各项资产占总资产的比重。资金结构是指借款人的全部资金中负债和所有者权益所占的比重及相互关系。

18. 从理论上看，企业最佳的资金结构是财务杠杆最低时的资金结构。（ ）[2014 年 11 月真题]

【解析】从理论上看，最佳资金结构是指企业权益资本净利润率最高，企业价值最大而综合成本最低时的资金结构。

19. 流动比率并非越高越好。流动比率越高，说明流动资产相对于流动负债太多，可能是存货积压，也可能是持有现金太多，或者两者兼而有之。（ ）[2014 年 11 月真题]

【解析】流动比率的计算公式为：流动比率 = 流动资产/流动负债。流动比率过高，即流动资产相对于流动负债太多，可能是存货积压，也可能是持有现金太多，或者两者兼而有之。

20. 企业流动比率较高，但速动比率较低，说明应收账款占用较高。（ ）[2014 年 6 月真题]

【解析】流动比率是流动资产与流动负债的比率，速动比率是借款人速动资产与流动负债的比率，流动资产与速动资产之间的区别可以用以下公式来表示：速动资产 = 流动资产 - 存货 - 预付账款 - 待摊费用。当企业流动比率较高，但速动比率较低时，说明流动资产中易于变现、具有即时支付能力的资产较少，存货、预付账款、待摊费用较

15A 16A 17A 18B 19A 20B

多，此时企业的短期偿债能力仍然较差。

21. 商业银行对企业进行信用分析时，使用最为广泛的定量分析系统是5Cs系统。(　　)[2014年6月真题]

【解析】目前所使用的定性分析法，虽然有各种各样的架构设计，但其选择的关键要素都基本相似，其中，对企业信用分析的5Cs系统使用最为广泛。

22. 赊账销售对厂商不利的方面主要是占压了资金，但有利的方面是可以扩大销量，收账风险很小。(　　)[2013年6月真题]

【解析】收款条件主要包括三种：预收货款、现货交易和赊账销售。赊账销售对厂商不利的方面主要是占压了资金，存在收账风险，但有利的方面是可以扩大销量。

23. 与传统的专家分析方法相比，违约概率模型能够直接估计客户的违约概率，因此对历史数据的要求更高，需要商业银行建立一致的、明确的违约定义，并且在此基础上积累至少三年的数据。(　　)[2013年6月真题]

【解析】与传统的专家分析方法相比，违约概率模型能够直接估计客户的违约概率，因此对历史数据的要求更高，需要商业银行建立一致的、明确的违约定义，并且在此基础上积累至少五年的数据。

24. 计算经营活动现金流量的方法有直接法和间接法。(　　)[2013年6月真题]

【解析】经营活动现金流量的计算方法有直接法和间接法。直接法又称为“自上而下”法，即从营业收入出发，将利润表中的项目与资产负债表有关项目逐一对应，逐项调整为以现金为基础的项目；间接法以利润表中最末一项净利润为出发点，加上没有现金流出的费用，减去没有现金流入的收入，扣除不属于经营活动的损益，调整经营性应收应付科目的变动值——减去(加上)应收(应付)科目增加值。

25. 流动比率通过比较流动资产和流动负债的关系来反映借款人控制和运用资产的能力。(　　)[2012年6月真题]

【解析】流动比率是衡量短期偿债能力的指标，是流动资产与流动负债的比率。

26. 一般来说，客户所经营的行业分散有利于分散风险，商业银行应优先给予信贷。(　　)[2010年5月真题]

【解析】信贷人员要注意客户经营的诸多业务之间是否存在关联性，对于所经营的行业分散、主营业务不突出的客户应警觉。

27. 统计分析法在信用评级中越来越受到重视，目前业内通常采用逻辑回归方法。(　　)

【解析】统计分析法在信用评级中越来越受到重视，目前业内通常采用逻辑回归方法，逻辑回归是一种用于解决二分类(0 or 1)问题的数理统计方法，用于估计借款人在未来一段时期内(一般为1年)违约的可能性。

四、综合题

1. D公司是一家上市公司，2022年度的资产负债表和利润表如下表所示：(单位：万元)

21B　22B　23B　24A　25B　26B　27A

资产负债表

资产	年末余额	负债和股东权益	年末余额
货币资金	475	短期借款	1500
交易性金融资产	25	应付账款	2675
应收账款	2000	应付职工薪酬	125
应收票据	0	应付利息	75
存货	2250	流动负债合计	4375
其他流动资产	250	长期借款	3000
流动资产合计	5000	长期应付款	2125
可供出售金融资产	50	非流动负债合计	5125
固定资产	9500	负债合计	9500
其他非流动资产	450	股本	2500
非流动资产合计	10000	未分配利润	3000
		股东权益合计	5500
资产总计	15000	负债和股东权益总计	15000

利润表

项目	本年金额
一、营业收入	18000
减：营业成本	9000
销售及管理费用	7200
财务费用	288
二、营业利润	1512
加：营业外收入	32
减：营业外支出	24
三、利润总额	1500
减：所得税费用(所得税率25%)	375
四、净利润	1125

D公司2022年现金流量表中经营活动现金流量净额为875万元，资本化利息为400万元。2022年末财务费用均为利息费用。一年按360天计算。

请根据上述资料，回答下列问题。[2023年10月真题]

(1)D公司2022年的流动比率为______，现金比率为______。(答案保留2位小数)(填空题)

【解析】流动比率=流动资产/流动负债，现金比率=现金类资产/流动负债。故D公司2022年流动比率=5000/4375=1.14，现金比率=现金类资产/流动负债=(475+25)/4375=0.11。

(2)D公司2022年的现金流量比率为______。(答案保留1位小数)(填空题)

【解析】现金流量比率=经营活动现金流量净额/流动负债，故D公司2022年现金流量比

1(1)1.14；0.11　(2)0.2

率 = 875/4375 = 0.2。

(3)D 公司 2022 年的利息保障倍数为______。(答案保留 1 位小数)(填空题)

【解析】利息保障倍数 = 息税前利润/利息费用，息税前利润 = 利润总额 + 财务费用，故 D 公司 2022 年利息保障倍数 = (1500 + 288)/288 = 6.2。

(4)假设 D 公司应收账款科目 2022 年度期初与期末余额相同，D 公司 2022 年的应收账款周转次数为______次。(答案保留整数)(填空题)

【解析】应收账款周转次数 = 销售收入/平均应收账款余额，假设 D 公司应收账款科目 2022 年度期初与期末余额相同，则应收账款周转次数 = 18000/2000 = 9(次)。

(5)下列选项表述正确的有(　　)。(多项选择题)

A. 流动比率是相对数，排除了企业规模的影响，更适合同业比较以及本企业不同历史时期的比较

B. 存货的变现能力是影响速动比率可信性的重要因素之一

C. 对于企业自身而言，速动比率越大越好

D. 应收账款的变现能力是影响速动比率可信性的重要因素之一

E. 对于企业自身而言，流动比率越大越好

【解析】A 项，营运资本与流动比率存在如下关系：流动比率 = 1/(1 - 营运资本/流动资产)，两者可互相换算，但由于流动比率是相对数，更适合用于比较分析，在实际中运用更多。BD 两项，影响速动比率的重要因素是应收账款的变现能力，由于应收账款不一定都能变现，实际坏账可能比计提的准备要多，所以在评价速动比率时，还应结合应收账款周转率指标分析应收账款的质量。C 项，根据经验，一般认为速动比率为 1 较为合适。如果速动比率低，说明借款人的短期偿债能力存在问题；速动比率过高，则又说明借款人拥有过多的速动资产，可能失去一些有利的投资或获利机会。E 项，流动比率不宜过高，过高不仅表明借款人流动资产占用过多，影响资产的使用效率和盈利能力，也可能表明客户的应收账款过多或是存货过多。

(6)D 公司 2022 年的销售毛利率为______%。(答案保留整数)(填空题)

【解析】销售毛利率 = 销售毛利/销售收入净额 × 100%，销售毛利 = 销售收入净额 - 销售成本，故 D 公司 2022 年销售毛利率 = (18000 - 9000)/18000 × 100% = 50%。

(7)D 公司 2022 年的净利润率为______%。(答案保留 2 位小数)(填空题)

【解析】净利润率 = 净利润/销售收入净额 × 100%，故 D 公司 2022 年净利润率 = 1125/18000 × 100% = 6.25%。

2. 某公司 2016 年实现销售收入 6000 万元，2017 年比 2016 年销售收入增长 20%，2014 年该公司资产总额为 2500 万元，以后每年比前一年资产总额增长 500 万元，该公司资产由流动资产和固定资产组成，流动资产中除速动资产外仅有存货。自 2014 年到 2017 年，连续 4 年固定资产未发生变化，均为 2000 万。假设该公司无投资收益和营业外收支，所得税率保持不变，其他有关数据和财务比率如下表所示(1 年按照 360 天计算)。

---

(3)6.2　(4)9　(5)AD　(6)50　(7)6.25

	2016 年	2017 年
资产负债率	45%	50%
流动负债/所有者权益	0.6	0.55
速动比率	0.65	0.8
销售毛利率	18%	20%
应收账款周转天数	72 天	45 天

请根据上述资料，回答下列问题。［2018 年 10 月真题］

(1)2017 年比 2016 年所有者权益增加______万元。(答案保留整数)(填空题)

【**解析**】2014 年该公司资产总额为 2500 万元，以后每年比前一年资产总额增长 500 万元，2016 年资产总额为 3500 万元，所有者权益总额 =（1 - 45%）×3500 = 1925(万元)，2017 年资产总额为 4000 万元，所有者权益总额 =（1 - 50%）×4000 = 2000(万元)。2017 年比 2016 年所有者权益增加 2000 - 1925 = 75(万元)

(2)2017 年流动负债为______万元。(答案保留整数)(填空题)

【**解析**】流动负债 = 0.55 ×2000 = 1100(万元)。

(3)2016 年长期负债为______万元。(答案保留整数)(填空题)

【**解析**】负债总额 = 资产总额 × 资产负债率 = 3500 ×45% = 1575(万元)；流动负债 = 1925 ×0.6 = 1155(万元)；长期负债 = 负债总额 - 流动负债 = 420(万元)。

(4)2016 年存货为______万元。(答案保留整数)(填空题)

【**解析**】流动资产 = 资产总额 - 固定资产 = 3500 - 2000 = 1500(万元)；速动资产 = 速动比率 × 流动负债 = 0.65 ×1155 = 751(万元)；存货 = 流动资产 - 速动资产 = 1500 - 751 = 749(万元)。

(5)2017 年比 2016 年应收账款周转次数增加______次。(答案保留整数)(填空题)

【**解析**】2016 年应收账款周转次数 = 360 ÷ 应收账款周转天数 = 360 ÷72 = 5；2017 年应收账款周转次数 = 360 ÷ 应收账款周转天数 = 360 ÷45 = 8，周转次数增加 8 - 5 = 3。

(6)2017 年存货周转率为______次。(答案保留两位小数)(填空题)

【**解析**】销售成本 = 销售收入 ×（1 - 销售毛利率）= 6000 ×（1 + 20%）×（1 - 20%）= 5760(万元)。参照题(4)，2017 年存货为 1120 万元，2017 年平均存货余额 =（749 + 1120）÷2 = 934.5(万元)；存货周转次数 = 销售成本 ÷ 平均存货余额 = 5760 ÷934.5 = 6.16。

(7)2017 年总资产周转率为______次。(答案保留一位小数)(填空题)

【**解析**】资产平均总额 =（3500 + 4000）÷2 = 3750(万元)；总资产周转率 = 销售收入净额 ÷ 资产平均总额 ×100% = 6000 ×（1 + 20%）÷3750 = 1.9。

(8)2017 年与 2016 年权益乘数的差为______。(答案保留两位小数)(填空题)

【**解析**】2016 年权益乘数 = 1 ÷（1 - 资产负债率）= 1 ÷（1 - 45%）= 1.82；2017 年权益乘数 = 1 ÷（1 - 资产负债率）= 1 ÷（1 - 50%）= 2；权益乘数之差 = 2 - 1.82 = 0.18。

2(1)75　(2)1100　(3)420　(4)749　(5)3　(6)6.16　(7)1.9　(8)0.18

3. 下表是根据某公司2015年资产负债表及利润表整理的简化表，只列示了部分项目情况(假定无其他因素影响)。

资产负债表

单位：万元

资产	期初金额	期末金额	负债	期初金额	期末金额
应收账款	150	250	应付账款	150	80
存货	300	400	应付利息	10	10
固定资产	1500	1500	应付职工薪酬	0	0
累计折旧	100	300	应交税费	0	0
固定资产净额	1400	1200			

利润表

单位：万元

项目	金额
营业收入	3000
营业成本	1800
销售费用	200
管理费用	100
财务费用	100
营业利润	800
营业外收支净额	0
利润总额	800
所得税	200
净利润	600

请根据上述资料，回答下列问题。[2016年6月真题]

(1)该公司2015年经营活动现金流入为______万元。(填空题)

【解析】一般来说，销货现金收入、利息与股息的现金收入、增值税销项税款和出口退税、其他业务现金收入能够带来现金流入。销售所得现金 = 销售收入 - Δ应收账款 = 3000 - (250 - 150) = 2900(万元)。该公司2015年经营活动现金流入为2900万元。

(2)该公司2015年度经营活动现金流出为______万元。(填空题)

【解析】一般来说，购货现金支出、营业费用现金支出、支付利息、缴纳所得税和其他业务现金支出会带来现金的流出。购货所付现金 = 销售成本 - Δ应付账款 + Δ存货 = 1800 - (80 - 150) + (400 - 300) = 1970(万元)；经营费用现金支出 = 经营费用 - 折旧 - 摊销 - Δ应付费用 + Δ预付费用 = 200 + 100 + 100 - (300 - 100) + 0 = 200(万元)；所得税为200万元。该公司2015年度经营活动现金流出为1970 + 200 + 200 = 2370(万元)。

(3)该公司2015年度应收账款周转率为______次。(填空题)

【解析】应收账款周转率 = 赊销收入净额/应收账款平均余额，其中，应收账款平均余额

3(1)2900 (2)2370 (3)15

=(期初应收账款余额+期末应收账款余额)/2=(150+250)/2=200(万元)。因此，应收账款周转率=3000/200=15(次)。

(4)该公司2015年度存货周转天数为______天。(一年按360天计算)(填空题)

【解析】存货周转天数=存货平均余额×计算期天数/销货成本=(300+400)/2×360/1800=70(天)。

(5)该公司2015年度成本费用利润率为______%。(四舍五入，小数点后保留两位)(填空题)

【解析】成本费用利润率=利润总额/成本费用总额，其中，成本费用总额=销售成本+销售费用+管理费用+财务费用=1800+200+100+100=2200(万元)，因此，成本费用利润率=800/2200×100%=36.36%。

(6)该公司2015年末，流动资产与速动资产的差为______万元。(填空题)

【解析】速动资产=流动资产-存货-预付账款-待摊费用，该公司2015年末存货为400万元，无预付账款和待摊费用，因此，流动资产与速动资产之差为400万元。

4. G公司是一家啤酒生产企业，拥有总资产2000万元，总负债1200万元。总资产中，流动资产1300万元，现金类资产200万元，无形与递延资产150万元，存货800万元，预付账款与待摊费用200万元。总负债中，流动负债500万元。若20××年度该企业实现总利润400万元，发生利息费用20万元，适用税率为25%。

请根据上述资料，回答下列问题。

(1)G公司的资产负债率为(　　)。(单项选择题)

A. 20%　　B. 40%　　C. 60%　　D. 80%

【解析】资产负债率=负债总额/资产总额×100%=1200/2000×100%=60%。

(2)G公司的产权比率为(　　)。(单项选择题)

A. 66.7%　　B. 80%　　C. 110%　　D. 150%

【解析】产权比率=负债总额/所有者权益×100%=1200/(2000-1200)×100%=150%。

(3)G公司的负债与有形净资产比率为(　　)。(单项选择题)

A. 54.17%　　B. 150%　　C. 184.62%　　D. 266.67%

【解析】根据题中资料，有形净资产=所有者权益-无形资产-递延资产=800-150=650(万元)，则负债与有形净资产比率=负债总额/有形净资产×100%=1200/650×100%=184.62%。

(4)G公司的利息保障倍数为(　　)。(单项选择题)

A. 20　　B. 21　　C. 22　　D. 23

【解析】利息保障倍数=(利润总额+利息费用)/利息费用=(400+20)/20=21。

(5)G公司的流动比率为(　　)。(单项选择题)

A. 100%　　B. 260%　　C. 300%　　D. 320%

---

(4)70　(5)36.36　(6)400　4(1)C　(2)D　(3)C　(4)B　(5)B

【解析】流动比率 = 流动资产/流动负债 × 100% = 1300/500 × 100% = 260%。

(6) G 公司的速动比率(　　)。(单项选择题)

A. 60%　　B. 68%　　C. 75%　　D. 82%

【解析】由速动资产 = 流动资产 - 存货 - 预付账款 - 待摊费用 = 1300 - 800 - 200 = 300(万元),可得:速动比率 = 速动资产/流动负债 × 100% = 300/500 × 100% = 60%。

(7) G 公司的现金比率为(　　)。(单项选择题)

A. 40%　　B. 60%　　C. 80%　　D. 250%

【解析】现金比率 = 现金类资产/流动负债 × 100% = 200/500 × 100% = 40%。

5. 下表是 H 零售商 20 × × 年的资产负债及收益情况。

(单位:万元)

项目	20 × × 年初	20 × × 年末
总资产	1000	1200
有形净资产	550	650
固定资产净值	150	130
应收账款	100	80
存货余额	500	700
年销售收入净额		800(其中赊销收入 200 万元)
销货成本		200
税前净利润		500

请根据上述资料,回答下列问题。

(1) H 零售商的总资产周转率为(　　)。(单项选择题)

A. 54%　　B. 73%　　C. 115%　　D. 138%

【解析】H 零售商 20 × × 年资产平均总额 = (20 × × 年初资产余额 + 20 × × 年末资产余额)/2 = (1000 + 1200)/2 = 1100(万元),则其总资产周转率 = 销售收入净额/资产平均总额 × 100% = 800/1100 × 100% = 73%。

(2) H 零售商的固定资产周转率为(　　)。(单项选择题)

A. 417%　　B. 533%　　C. 571%　　D. 615%

【解析】H 零售商 20 × × 年固定资产平均净值 = (20 × × 年初固定资产净值 + 20 × × 年末固定资产净值)/2 = (150 + 130)/2 = 140(万元),则其固定资产周转率 = 销售收入净额/固定资产平均净值 × 100% = 800/140 × 100% = 571%。

(3) H 零售商的应收账款周转率为(　　)。(单项选择题)

A. 45%　　B. 156%　　C. 222%　　D. 234%

【解析】H 零售商 20 × × 年应收账款平均余额 = (20 × × 年初应收账款余额 + 20 × × 年末应收账款余额)/2 = (100 + 80)/2 = 90(万元),则其应收账款周转率 = 赊销收入净额/应收账款平均余额 × 100% = 200/90 × 100% = 222%。

(6) A　(7) A　5(1) B　(2) C　(3) C

(4)H零售商的存货周转率为(　　)。(单项选择题)

A. 33%　　B. 102%　　C. 133%　　D. 141%

【解析】H零售商20××年平均存货余额=(20××年初存货余额+20××年末存货余额)/2=(500+700)/2=600(万元)，则其存货周转率=销货成本/平均存货余额×100%=200/600×100%=33%。

6. 下表是根据K公司2016年资产负债表及利润表整理的简化表，只列示了部分项目情况(假定无其他因素影响)。

资产负债表

项目	年初数额(万元)	年末数额(万元)
应收账款	150	200
存货	300	400
预付费用	150	0
应付账款	80	100
应付费用	30	0
折旧摊销	100	150

利润表

项目	数额(万元)
①销售收入	3000
②销售成本	1800
③其他业务利润	200
④管理费用	100
⑤财务费用	80
⑥营业利润(=①-②+③-④-⑤)	1220
⑦投资收益	150
⑧营业外收支净额	-50
⑨所得税	330
⑩净利润	990

请根据上述资料，回答下列问题。

(1)K公司的销售所得现金为(　　)万元。(单项选择题)

A. 2800　　B. 2850　　C. 2950　　D. 3000

【解析】销售所得现金=销售收入-Δ应收账款=3000-(200-150)=2950(万元)。

(2)K公司购货所付现金为(　　)万元。(单项选择题)

A. 1680　　B. 1720　　C. 1850　　D. 1880

【解析】购货所付现金=销售成本-Δ应付账款+Δ存货=1800-(100-80)+(400-300)=1880(万元)。

(4)A　6(1)C　(2)D

(3)K 公司管理费用现金支出为(　　)万元。(单项选择题)

A. －170　　B. －20　　C. 130　　D. 150

【解析】管理费用现金支出＝管理费用－折旧－摊销－Δ应付费用＋Δ预付费用＝100－150－(0－30)＋(0－150)＝－170(万元)。

(4)K 公司经营活动的现金净流量为(　　)万元。(单项选择题)

A. 790　　B. 1130　　C. 1180　　D. 1260

【解析】根据题中资料，K 公司经营活动的现金净流量＝销售所得现金流入－购货付出现金＋其他业务现金流入－管理费用现金支出＋投资收益现金流入＋营业外现金收支净额－财务费用现金支出－缴纳所得税＝2950－1880＋200－(－170)＋150＋(－50)－80－330＝1130(万元)。注意，由于Δ应付税金数据未知，本题不能用间接法计算，只能用直接法计算。

---

(3)A　(4)B

第六章 固定资产贷款项目评估

一、单选题(下列选项中只有一项最符合题目的要求)

1. 商业银行对贷款项目的市场需求预测的分析内容不包括(　　)。[2023 年 10 月真题]

A. 项目生产能力　　B. 估计区域市场潜在需求量

C. 评估企业的市场占有率　　D. 估计潜在的市场需求总量

【解析】贷款项目市场分析是指在分析项目产品特性的基础上，对产品在国际国内市场，特别是在产品目标市场上的供求状况及价格走势进行预测、分析产品的市场竞争优势及项目产品的市场营销策略，综合评价项目产品的销售潜力和前景。A 项，项目生产能力为原材料供应状况的评估内容，属于项目技术、建设与生产条件评估。

2. 在项目评估中，必须评估项目所用设备的使用寿命。设备从开始使用，直至因技术落后而被淘汰为止所经历的时间是(　　)。[2023 年 10 月真题]

A. 折旧寿命　　B. 经济寿命　　C. 技术寿命　　D. 物理寿命

【解析】设备的技术寿命，是指设备从投入使用开始，直至因技术落后(技术指标不符合要求)而被淘汰，所经历的时间。

3. 已知某投资项目按 14% 的贴现率计算的净现值大于零，按 16% 贴现率计算的净现值小于零，则该项目的内含报酬率肯定(　　)。[2023 年 10 月真题]

A. 小于 14%　　B. 等于 15%

C. 大于 14%，小于 16%　　D. 大于 16%

【解析】内含报酬率是使项目在计算期内各年净现金流量累计净现值等于零时的折现率。当净现值大于零时，内含报酬率大于贴现率；当净现值小于零时，内含报酬率小于贴现率，故该项目内含报酬率大于 14%，小于 16%。

4. 关于财务项目预测分析中的经营成本，下列表述正确的是(　　)。[2023 年 10 月真题]

A. 经营成本随融资成本的变化而变化

B. 经营成本因折旧方式的不同而不同

C. 经营成本随燃料动力费用的变化而变化

D. 经营成本受无形资产摊销年限长短的影响

【解析】经营成本是现金流量分析中所使用的特定概念，是项目现金流量表中运营期不包含利息的实际现金流出。经营成本与融资方案无关，是项目融资前的分析基础。项目经营成本与总成本费用之间关系为：经营成本 = 总成本费用 − 折旧费 − 摊销费 − 财务费用。燃料动力费用属于生产成本，包含在总成本费用当中，因此经营成本随燃料动力费用的变化而变化。

5. 固定资产贷款项目总投资是指(　　)。[2023 年 10 月真题]

A. 项目基础建设和设备购置支出的总和

1A　2C　3C　4C　5C

B. 固定资产项目从开工建设至投产所投入资金的总额

C. 建设投资、建设期利息和流动资金之和

D. 项目资本金和股东借款之和

【解析】固定资产贷款项目总投资由固定资产投资和流动资金投资两方面构成。其中，固定资产投资又包括建设投资和建设期利息。

6. 关于项目资本金，下列表述不正确的是(　　)。[2023 年 10 月真题]

A. 项目资本金出资形式，可以是现金、实物、无形资产，对于评估作价没有特殊要求

B. 除了主要由中央和地方政府用财政预算投资建设的公益性项目等部分特殊项目外，大部分项目实行资本金制度

C. 项目资本金是指投资项目总投资中必须包括一定比例的由出资方实缴的资金，这部分资金对项目的法人而言属于非负债资金

D. 根据出资方的不同，项目资本金分为国家财政出资、企事业法人出资、个人出资和外商投资出资

【解析】投资项目资本金，是指在投资项目总投资中，由投资者认缴的出资额，对投资项目来说是非债务性资金，项目法人不承担这部分资金的任何利息和债务。A 项，项目资本金的出资形式包括现金出资、实物出资与无形资产出资，必须经过有资格的资产评估机构评估作价。

7. 下列关于工艺技术方案评估的表述，错误的是(　　)。[2023 年 10 月真题]

A. 仅需重点分析工艺的先进性

B. 要分析引进技术、装备的消化和吸收能力

C. 要了解国内外同类项目技术与装备的发展趋势

D. 熟悉项目产品国内外现行工业化生产工艺的技术特点及优缺点

【解析】工艺技术评估主要评估项目拟采用的工艺技术的先进性、适用性、可靠性和经济合理性。

8. 按照项目管理的顺序，下列表述正确的是(　　)。[2023 年 10 月真题]

A. 项目可行性研究在先，项目评估在后

B. 项目可行性研究和项目评估孰先孰后皆可

C. 项目可行性研究和项目评估同时进行

D. 项目评估在先，项目可行性研究在后

【解析】固定资产贷款项目评估是在项目可行性研究的基础上，根据国家有关部门颁布的政策、法规、方法、参数、条例等，从贷款人角度出发，由贷款银行对拟建投资项目建设的必要性、建设条件、生产条件、产品市场需求、工艺技术、财务效益、经济效益和社会效益、项目还贷能力、银行贷款收益及潜在风险等进行全面评价分析论证，为贷款决策提供意见和建议的工作过程。

9. 下列选项中，反映项目清偿能力的主要评价指标是(　　)。[2023 年 10 月真题]

A. 投资利润率　　　　B. 动态投资回收期

6A　7A　8A　9C

C. 利息备付率　　　　　　　　　　　　D. 静态投资回收期

【解析】项目清偿能力分析主要通过计算一些反映项目还款能力的指标，分析判断项目还款期间的财务状况及还款能力，分析项目按时偿还贷款的可能性。清偿能力分析可以通过以下指标进行：①贷款偿还期；②利息备付率；③偿债备付率；④资产负债率。

10. 项目资本金现金流量表是以技术方案资本金作为计算的基础，站在(　　)的角度编制的。[2023 年 10 月真题]

A. 债权人　B. 项目投资人　C. 项目法人　D. 债务人

【解析】资本金现金流量表是从技术方案权益投资者整体(即项目法人)角度出发，以技术方案资本金作为计算的基础，把借款本金偿还和利息支付作为现金流出，用以计算资本金财务内部收益率，反映在一定融资方案下投资者权益投资的获利能力。

11. 关于建设项目环境影响评估，下列选项表述错误的是(　　)。[2023 年 10 月真题]

A. 建设项目的环境影响评价文件有效期为三年，超期开工建设的，应当报原审批部门重新审核

B. 核设施、绝密工程等特殊性质的建设项目，跨省、自治区、直辖市行政区域的建设项目，由国务院审批的或者由国务院授权有关部门审批的建设项目，由国务院生态环境主管部门负责审批环境影响评价文件

C. 国家对建设项目的环境影响评价实行分类管理，可能造成重大环境影响的，应编制环境影响报告书；可能造成轻度环境影响的，应编制环境影响报告表；对环境影响很小的，应填报环境影响登记表

D. 国家实施建设项目环境影响评价制度，建设项目的环境影响评价文件未依法经审批部门审查或者审查后未予批准的，建设单位不得开工建设

【解析】A 项，**建设项目的环境影响评价文件自批准之日起超过 5 年，方决定该项目开工建设的，其环境影响评价文件应当报原审批部门重新审核。**

12. 商业银行从事项目融资业务，(　　)具备相关资质的独立中介机构为项目提供法律、税务、保险、技术、环保和监理等方面的专业意见或服务。[2022 年 7 月真题]

A. 借贷双方应共同委托　　　　　　B. 必须要求借款人委托

C. 可以委托或者要求借款人委托　　D. 只能由商业银行自行委托

【解析】固定资产项目评估涉及行业技术、市场和工程造价等多方面专业知识，需要银行安排具备相应风险识别能力的专业人才进行评估。对情况复杂、技术要求高、自身调查评估能力不足的贷款项目，银行可以聘请外部中介机构或行业专家提供咨询，但这不改变银行各经营主体的调查责任。按照《项目融资业务指引》，商业银行可以根据需要，委托或要求借款人委托具备相关资质的独立中介机构为项目提供法律、税务、保险、技术、环保和监理等方面的专业意见或服务。

13. 某企业 2017 年底购入生产机器一台，原值 100 万元，计划折旧年限 20 年，预计净残值率为 4%。根据双倍余额递减法，2020 年该机器应计提的折旧额为(　　)万元。[2021 年 10 月真题]

10C　11A　12C　13B

A. 5　　B. 8.1　　C. 20　　D. 10

【解析】年折旧率 = 2/折旧年限 = 2/20 = 10%，根据公式：年折旧额 = 固定资产账面净值 × 年折旧率，则 2018 年折旧额 = 100 × 10% = 10(万元)，2019 年折旧额 = (100 - 10) × 10% = 9(万元)，2020 年折旧额 = (100 - 10 - 9) × 10% = 8.1(万元)。

14. 贷款人从事项目融资业务，应当以(　　)分析为核心，重点从项目技术可行性、财务可行性和还款来源可靠性等方面评估项目风险，充分考虑政策变化、市场波动等不确定因素对项目的影响，审慎预期项目的未来收益和现金流。[2021 年 6 月真题]

A. 盈利能力　　B. 营运能力　　C. 资产变现能力　　D. 偿债能力

【解析】《项目融资业务指引》规定，贷款人从事项目融资业务，应当以偿债能力分析为核心。项目清偿能力分析主要通过计算一些反映项目还款能力的指标，分析判断项目还款期间的财务状况及还款能力，分析项目按时偿还贷款的可能性。

15. 某厂购进一价值 100 万元的机器设备，预计净残值率为 10%，折旧年限 10 年，按照平均年限法计算，则第九年应计提折旧为(　　)万元。[2021 年 6 月真题]

A. 10　　B. 9　　C. 11　　D. 11.1

【解析】根据固定资产折旧的年限平均法计算公式：固定资产年折旧率 = (1 - 预计净残值率)/预计使用年限 × 100%，固定资产年折旧额 = 固定资产原值 × 年折旧率。根据题目数据，年折旧额 = 100 × (1 - 10%)/10 = 9(万元)。

16. 设备的使用费决定了设备的(　　)。[2020 年 10 月真题]

A. 经济寿命　　B. 物质寿命　　C. 物理寿命　　D. 技术寿命

【解析】设备的经济寿命，是指设备从投入使用开始，直至在经济上不合理的使用年限。设备在使用过程中，由于有形磨损日益严重而使各项费用逐渐增加，可能造成继续使用成本超过购买新设备的使用成本；或者市场售价更低、性能更完善、生产效率更高的新设备出现，使原有设备虽然可以继续使用，但在经济对比上不合算。设备的经济寿命由有形磨损和无形磨损综合作用形成，其长短取决于设备使用过程中的经济状况(成本费用和收益对比)。

17. 下列选项中，不属于贷款项目评估中对税费的审查内容为(　　)。[2020 年 10 月真题]

A. 所采用的税率是否符合现行规定　　B. 税金的分配顺序是否正确

C. 计算公式是否正确　　D. 项目所涉及的税种是否都已计算

【解析】税费审查主要包括以下三方面：项目所涉及的税种是否都已计算；计算公式是否正确；所采用的税率是否符合现行规定。评估时应重点了解税费测算取费标准及减免税优惠依据。

18. 下列选项中，(　　)属于考察项目单位盈利能力的静态指标。[2020 年 10 月真题]

A. 财务净现值　　B. 资产负债率　　C. 投资利润率　　D. 财务内部收益率

【解析】投资利润率是指项目达到设计能力后的一个正常年份的年利润总额与项目总投资的比率，它是考察项目单位投资盈利能力的静态指标。A 项，财务净现值是反映项

14D　15B　16A　17B　18C

目在计算期内获利能力的动态评价指标；B 项，资产负债率是反映项目各年负债水平、财务风险及偿债能力的指标；D 项，财务内部收益率是反映项目获利能力的动态指标。

19. 贷款人分析项目还款资金来源的主要内容不包括(　　)。[2019 年 6 月真题]

A. 项目有哪些还款资金来源

B. 各种还款资金来源的可靠性如何

C. 项目本身的利润是否已按规定提取了公积金后再用来还款

D. 流动资产中的结构如何

【解析】贷款人在分析项目的还款能力时，除了进行还款指标计算外，还必须把项目的还款资金来源分析作为评估的重点，主要分析项目有哪些还款资金来源、各种来源的可靠性如何，以及项目本身的利润是否已按规定提取了公积金后再用来还款。

20. 项目财务内部收益率是指项目在计算期内各年净现金流量累计净现值(　　)时的折现率，它反映项目所占用资金的盈利水平。[2019 年 6 月真题]

A. 大于 0　　B. 等于 1　　C. 小于 0　　D. 等于 0

【解析】项目的盈利能力分析主要通过财务内部收益率、财务净现值、净现值率、投资回收期、投资利润率、投资利税率和资本金利润率等七个评价指标进行，其中财务内部收益率指使项目在计算期内各年净现金流量累计净现值等于零时的折现率，财务内部收益率是反映项目获利能力的动态指标。

21. 自有资金现金流量表以自有资金为计算基础，______作为现金流入，______和______作为现金流出。(　　)[2018 年 6 月真题]

A. 借款利息；借款；本金的偿还　　B. 资产；借款利息；本金的偿还

C. 借款；借款利息；本金的偿还　　D. 本金的偿还；借款利息；借款

【解析】自有资金现金流量表以自有资金为计算基础，借款作为现金流入，借款利息和本金的偿还作为现金流出，可用于计算自有资金的内部收益率、净现值等指标。

22. 某项目的净现金流和累计净现金流如下表所示，则该项目的静态投资回收期为(　　)年度。[2018 年 6 月真题]

年份	0	1	2	3	4
净现金流	-100	30	40	50	50
累计净现金流	-100	-70	-30	20	70

A. 3　　B. 3.6　　C. 2.6　　D. 2

【解析】投资回收期亦称返本年限，是指用项目净收益抵偿项目全部投资所需时间，它是项目在财务投资回收能力的主要评价指标，计算公式为：投资回收期(pt) = [累计净现金流量开始出现正值年份数] - 1 + [上年累计净现金流量绝对值/当年净现金流量]，其中："当年净现金流量"的"当年"指"累计净现金流量开始出现正值年份"。因此，代入投资回收期计算公式可以求得：投资回收期 = 3 - 1 + (30 ÷ 50) = 2.6(年)。

23. 某公司有台机器设备原价 600000 元，预计使用寿命为 5 年，预计净残值率为 4%，前 3

19D　20D　21C　22C　23C

年对该设备采用双倍余额递减法计提折旧，从第4年开始采用直线法计提折旧。请问企业第4年的折旧为(　　)元。[2018年6月真题]

A. 144000　　B. 86400　　C. 52800　　D. 240000

【解析】双倍余额递减法：年折旧率＝2/折旧年限＝2/5＝0.4；年折旧额＝固定资产账面净值×年折旧率；在固定资产折旧到期前两年，要将固定资产账面净值扣除预计的残值后的净额平均摊销。第1年计提折旧额为：600000×0.4＝240000(元)；第2年计提折旧额为：(600000－240000)×0.4＝144000(元)；第3年计提折旧额为：(600000－240000－144000)×0.4＝86400(元)；第4、5年计提折旧额为：(600000－240000－144000－86400－600000×4%)÷2＝52800(元)。

24. 投资利税率是(　　)。[2017年10月真题]

A. 项目在计算期内各年净现金流量累计净现值等于零时的折现率

B. 项目达到设计生产能力后的一个正常生产年份的利税总额或项目生产期内平均利税总额与项目总投资的比率

C. 项目达到设计能力后的一个正常年份的年利润总额与项目总投资的比率

D. 项目达到设计生产能力后的正常生产年份的利润总额或项目生产期内平均利润总额与资本金的比率

【解析】投资利税率是项目达到设计生产能力后的一个正常生产年份的利税总额或项目生产期内平均利税总额与项目总投资的比率。

25. 某产品的设计年产能为2万件，年固定成本为50万元，销售收入为200万元，单位产品售价为100元，单位变动成本为60元，单位销售税金为5元，则盈亏平衡点生产能力利用率约为(　　)。[2017年10月真题]

A. 61.43%　　B. 81.43%　　C. 51.43%　　D. 71.43%

【解析】盈亏平衡点生产能力利用率＝年固定成本÷(年销售收入－年变动成本－年销售税金)×100%。该题盈亏平衡点生产能力利用率＝50÷(200－2×60－2×5)×100%＝71.43%。

26. 设备的技术寿命是指设备从开始使用至(　　)所经历的时间。[2017年10月真题]

A. 设备因物理、化学作用报废　　B. 设备因技术落后而被淘汰

C. 设备使用费超过预算　　D. 设备完全折旧

【解析】设备的技术寿命，是指设备从投入使用开始，直至因技术落后(技术指标不符合要求)而被淘汰，所经历的时间。

27. 在固定资产折旧到期前(　　)，要将固定资产账面净值扣除预计的残值后的净额平均摊销。[2016年11月真题]

A. 一年　　B. 四年　　C. 两年　　D. 三年

【解析】在双倍余额递减法中，年折旧率＝2/折旧年限；年折旧额＝固定资产账面净值×年折旧率。在固定资产折旧到期前两年，要将固定资产账面净值扣除预计的残值后的净额平均摊销。

24B　25D　26B　27C

28. 在项目评估分析中，下列不属于总成本的是(　　)。[2016 年 11 月真题]

A. 技术转让费　B. 差旅费　C. 盈余公积金　D. 折旧费

【解析】总成本的构成为：总成本费用 = 生产成本 + 管理费用 + 财务费用 + 销售费用。其中技术转让费包含在管理费用中，差旅费包含在销售费用中，折旧费包含在制造成本中。

29. 下列财务指标中，(　　)不能直接反映项目的清偿能力。[2015 年 10 月真题]

A. 资产负债率　B. 贷款偿还期　C. 偿债备付率　D. 总资产周转率

【解析】清偿能力分析可以通过以下指标进行：①贷款偿还期；②利息备付率；③偿债备付率；④资产负债率。

30. 商业银行在贷款项目评估中，为编制基本财务报表，还必须编制一些辅助报表，辅助报表不包括(　　)。[2015 年 10 月真题]

A. 营业收入、税金及附加和增值税估算表

B. 总成本费用估算表

C. 项目总投资使用计划与资金筹措表

D. 流动负债估算表

【解析】辅助报表可以根据计算需要编制，主要包括：①建设投资估算表；②建设期利息估算表；③流动资金估算表；④项目总投资使用计划与资金筹措表；⑤营业收入、税金及附加和增值税估算表；⑥总成本费用估算表(生产要素法、生产成本加期间费用法)。

31. 某项目的净现金流量如下，如果折现率为 5%，则其净现值率为(　　)。[2015 年 10 月真题]

年份	0	1	2	3	4
净现金流量	-200	60	60	60	60

A. 6.38%　B. 8.91%　C. 7.62%　D. 10.27%

【解析】净现值率即项目的净现值与总投资现值之比，其计算公式为：$FNPVR = FNPV/PVI$。其中，$FNPVR$ 为净现值率，$FNPV$ 为财务净现值，PVI 为总投资现值。财务净现值为：

$$\begin{aligned} FNPV &= \sum_{t=1}^{n}(CI - CO)_t(1+i)^{-t} \\ &= -200 + 60\times(1+5\%)^{-1} + 60\times(1+5\%)^{-2} + \\ &\quad 60\times(1+5\%)^{-3} + 60\times(1+5\%)^{-4} \\ &= 12.76 \end{aligned}$$

总投资现值 $PVI = 200$，故净现值率 $FNPVR = (12.76/200)\times 100\% = 6.38\%$。

32. 甲企业某产品年生产能力 200 万吨，每吨售价 515 元，年固定成本为 20 万元，单位产品可变成本为 2 元，每吨销售税金为 1 元。那么，该企业盈亏平衡点销售收入为(　　)万元。[2015 年 5 月真题]

28C　29D　30D　31A　32B

A. 30　　B. 20　　C. 10　　D. 50

【解析】根据题意，企业盈亏平衡点销售收入 = 产品单价 × 年固定成本/(产品单价 - 单位产品可变成本 - 单位产品销售税金) = 515 × 200000/(515 - 2 - 1) = 200000(元)。

33. 下列关于项目评价的说法，正确的是(　　)。[2015 年 5 月真题]

A. 财务内部收益率为 23.95%，项目基准收益率为 25.35%，则项目可以接受

B. 投资回收期为 3.5 年，基准投资回收期为 3.9 年，则该项目能在规定的时间内收回投资

C. A 项目的净现值率为 2.38，B 项目的净现值率为 2.67，则应该选择 A 项目进行投资

D. 财务净现值为 -3.55，则项目的获利能力超过基准收益率

【解析】当项目投资回收期小于或等于基准投资回收期时，表明该项目能在规定的时间内收回投资。A 项，财务内部收益率低于基准收益率时，项目不可以接受；C 项，净现值率越大，项目效益越好；D 项，财务净现值小于零时，表明项目的获利能力达不到基准收益率或设定收益率。

34. (　　)是考察项目单位投资盈利能力的静态指标。[2015 年 5 月真题]

A. 净现值　　B. 净现值率

C. 财务内部收益率　　D. 投资利润率

【解析】投资利润率是指项目达到设计能力后的一个正常年份的年利润总额与项目总投资的比率，它是考察项目单位投资盈利能力的静态指标。

35. 某项目的净现金流量如下，则其投资回收期为(　　)。[2014 年 11 月真题]

年份	0	1	2	3	4
净现金流量	-200	60	60	60	60

A. 4　　B. 3.67　　C. 3.5　　D. 3.33

【解析】投资回收期的计算公式为：投资回收期 = [累计净现金流量开始出现正值年份数] - 1 + [上年累计净现金流量绝对值/当年净现金流量]，其中，“当年净现金流量”的“当年”指“累计净现金流量开始出现正值年份”。由题可知第四年累计净现金流量开始为正，所以投资回收期 = 4 - 1 + 20/60 = 3.33(年)。

36. 某项目的净现金流量如下表(单位为万元)。贴现率为 15%，则其财务净现值是(　　)万元(精确到个位)。

年份	0	1	2	3
净现金流量	-150	80	100	100

已知折现率为 15% 的第一至第三年的折现系数分别为 0.87，0.756，0.658。[2014 年 6 月真题]

A. 130　　B. 71　　C. 81　　D. 61

33B　34D　35D　36D

【解析】财务净现值的表达式为：

$$FNPV = \sum_{t=1}^{n}(CI - CO)_t(1+i)^{-t}$$

其中，$(CI - CO)_t$为第 t 年的净现金流入量，n 为计算期，i 为基准收益率或设定折现率，$FNPV$ 为财务净现值。代入数据得 $FNPV = -150 + 80 \times 0.87 + 100 \times 0.756 + 100 \times 0.658 = 61$(万元)。

37. 下列关于项目盈利能力分析表述错误的是(　　)。[2014 年 6 月真题]

A. 计算项目财务净现值时，设定的折现率越高，财务净现值越高

B. 净现值率越大，项目的效益就越好

C. 项目投资回收期小于基准投资回收期时，表明该项目能在规定时间内收回投资

D. 财务净现值大于零，表明项目的获利能力超过基准收益率或设定收益率

【解析】A 项，一个项目的净现值是指项目按照基准收益率或根据项目的实际情况设定的折现率，将各年的净现金流量折现到建设起点(建设期初)的现值之和，设定的折现率越高，财务净现值越低。

38. 当某投资项目的累计净现值大于零时，其内部收益率(　　)。[2013 年 11 月真题]

A. 可能小于零　　B. 可能等于设定折现率

C. 一定等于零　　D. 一定大于设定折现率

【解析】财务内部收益率是使项目在计算期内各年净现金流量累计净现值等于零时的折现率；一个项目的净现值是指项目按照基准收益率或根据项目的实际情况设定的折现率，将各年的净现金流量折现到建设起点(建设期初)的现值之和。此折现率如果为内部收益率的话，则项目的净现值为 0；如果小于内部收益率的话，则净现值大于 0。

39. 下列长期投资决策评价指标中，其数值越小越好的指标是(　　)。[2013 年 11 月真题]

A. 投资回收期　　B. 净现值率　　C. 投资利润率　　D. 内部收益率

【解析】投资回收期亦称返本年限，是指用项目净收益抵偿项目全部投资所需时间，它是项目在财务投资回收能力方面的主要评价指标。在财务评价中，将求出的投资回收期与行业基准投资回收期比较，当项目投资回收期小于或等于基准投资回收期时，表明该项目能在规定的时间内收回投资。

40. 某企业 2002 年 12 月 30 日购入一台不需安装的设备，已交付生产使用，原价 50000 元，预计使用 5 年，预计净残值 2000 元，若按年数总和法计提折旧，则第三年的折旧额为(　　)。[2010 年 5 月真题]

A. 9600 元　　B. 10000 元　　C. 12800 元　　D. 6400 元

【解析】按年数总和法计提折旧，年折旧率 = (折旧年限 - 已使用年限) ÷ [折旧年限 × (1 + 折旧年限) ÷ 2] = (5 - 2) ÷ [5 × (1 + 5) ÷ 2] = 0.2；年折旧额 = (固定资产原值 - 预计净残值) × 年折旧率 = (50000 - 2000) × 0.2 = 9600(元)。

41. 企业外购一项固定资产，购买价格 100 万元，支付的运输费 5 万元，保险费 3 万元，发生的安装成本 2 万元，并缴纳税金 5 万元。则该固定资产的入账原值为(　　)。

37A　38D　39A　40A　41A

[2010年5月真题]

A. 115万元　　B. 110万元　　C. 108万元　　D. 100万元

【解析】外购固定资产原值包括购买价款、相关税费、使固定资产达到预定可使用状态前所发生的可归属于该项资产的运输费、装卸费、安装费和专业人员服务费等，则该固定资产的入账原值 = 100 + 5 + 3 + 2 + 5 = 115(万元)。

42. 相对于其他贷款品种，固定资产建设项目贷款需要重点关注的风险不包括(　　)。

A. 操作风险　　B. 合规风险　　C. 技术风险　　D. 市场风险

【解析】由于固定资产建设项目的特殊性，银行从事固定资产项目贷款，相对于其他贷款品种，面临以下方面突出风险，是项目评估中需要重点关注的内容：①合规风险；②资金风险；③技术风险；④完工风险；⑤市场风险。

43. 建设用地费属于项目总投资中的(　　)。

A. 预备费　　B. 工程费用

C. 工程建设其他费用　　D. 流动资金

【解析】项目总投资由固定资产投资和流动资金投资两方面构成。其中，固定资产投资又包括建设投资和建设期利息。建设投资 = 工程费用 + 工程建设其他费用 + 预备费。工程建设其他费用，是指根据有关规定应列入固定资产投资工程投资费用以外的一切费用，包括建设用地费、专利购置费、勘察设计费、工程保险费、工程监理费、建设单位管理费、职工培训费用等。

44. 下列各项中，不属于项目评估内容的是(　　)。

A. 项目技术、建设及生产条件评估　　B. 项目信用结构和风险分担措施评估

C. 项目建设背景及政策相宜性评估　　D. 可行性研究报告

【解析】除ABC三项外，项目评估的内容还包括：①借款人/项目参与方评估；②项目市场分析；③项目财务评估；④银行收益与风险评估；⑤总评价。

45. 项目的可行性研究和贷款项目评估发生的时间不同，下列说法中正确的是(　　)。

A. 贷款项目评估在先，项目的可行性研究在后

B. 贷款项目可行性研究比项目评估更具有权威性

C. 贷款项目评估是在项目可行性研究的基础上进行的

D. 贷款项目可行性研究是比项目评估更高级的阶段

【解析】根据基本建设程序的要求，项目可行性研究在前，项目评估在后。可行性研究为项目评估提供工作基础，而项目评估则是可行性研究的深化和再研究。

46. 固定资产项目投资报批程序可分为(　　)。

A. 审批制、备案制　　B. 审批制、核准制

C. 核准制、备案制　　D. 审批制、核准制和备案制

【解析】固定资产投资项目，应履行相应项目报批程序。根据使用资金不同，区分为以下方式：①审批制；②核准制和备案制。

42A　43C　44D　45C　46D

47. 建设项目“四证”不包括(　　)。

A. 房屋拆迁许可证　　B. 建设用地规划许可证

C. 建设工程规划许可证　　D. 国有土地使用证

【解析】建设项目通常所说的“四证”，指的是国有土地使用证、建设用地规划许可证、建设工程规划许可证和建筑工程施工许可证。

48. 项目建设期间发生的工程费用、工程建设其他费用及预备费属于(　　)。

A. 固定投资　B. 建设投资　C. 建筑工程费用　D. 流动资产投资

【解析】项目总投资由固定资产投资和流动资金投资两方面构成。其中，固定资产投资又包括建设投资和建设期利息。建设投资由工程费用、工程建设其他费用和预备费组成。

49. 参照同类企业流动资金占营业收入或经营成本的比例，或者单位产量占用营运资金的数额估算流动资金的方法为(　　)。

A. 扩大指标估算法　　B. 资产负债表法

C. 趋势分析法　　D. 分项详细估算法

【解析】扩大指标估算法是参照同类企业流动资金占营业收入或经营成本的比例，或者单位产量占用营运资金的数额估算流动资金。

50. 将各个生产环节的流动资金相加得到项目总流动资金需用额，再减去流动负债得到项目所需流动资金的方法为(　　)。

A. 比例系数法　B. 资产负债表法　C. 趋势分析法　D. 分项详细估算法

【解析】分项详细估算法是利用流动资产与流动负债估算项目占用的流动资金。一般先对流动资产和流动负债主要构成要素进行分项估算，进而估算流动资金。

51. 项目投产初期，要根据(　　)估算各年达产率。

A. 项目销售收入　B. 项目实际产量　C. 设计生产能力　D. 市场产量水平

【解析】项目销售收入审查中，在项目达产年份里，一般以项目设计生产能力的产量作为计算项目销售收入的产量(产品有自用的要扣除)；投产初期项目的实际产量往往低于设计生产能力，要根据项目的实际情况估算投产初期各年的达产率。

52. 资产、销售等处于行业中游的某企业产品的销售价格为25元，单位变动成本为10元，固定成本总额为7500万元，则不考虑其他因素时，该企业的盈亏平衡点销售量为(　　)万件。

A. 229　B. 334　C. 500　D. 634

【解析】盈亏平衡点是某一企业销售收入与成本费用相等的那一点。用实际产量表示的盈亏平衡点，其计算公式为：盈亏平衡点产量 = 年固定成本 ÷ (产品单价 − 单位产品可变成本 − 单位产品销售税金)。代入题中数据，可得：该企业的盈亏平衡点销售量 = 7500 ÷ (25 − 10) = 500(万件)。

53. 下列选项中，(　　)不属于考察项目单位盈利能力的指标。

47A　48B　49A　50D　51B　52C　53B

A. 财务净现值　　B. 资产负债率　　C. 投资利润率　　D. 财务内部收益率

【解析】项目的盈利能力分析主要通过财务内部收益率、财务净现值、净现值率、投资回收期、投资利润率、投资利税率和资本金利润率等七个评价指标进行。B 项，资产负债率属于偿债能力指标。

二、多选题(下列选项中有两项或两项以上符合题目要求)

1. 下列选项中，(　　)属于项目融资业务贷款人有效降低项目建设期风险的方式。[2023 年 10 月真题]

A. 项目建设相关方签订总承包合同

B. 投保商业保险

C. 建立完工保证金

D. 提供完工担保和履约保函

E. 与潜在买方签订长期供销合同

【解析】为有效降低和分散融资项目在建设期和经营期的各类风险，贷款人可以要求借款人或者通过借款人要求项目相关方签订总承包合同、投保商业保险、建立完工保证金、提供完工担保和履约保函等，最大限度地降低建设期风险。同时，可以要求借款人签订长期供销合同、使用金融衍生工具或者发起人提供资金缺口担保等，有效分散经营期风险。

2. 建设工程项目总投资组成中，工程建设其他费用包括(　　)。[2023 年 10 月真题]

A. 设备及工器具购置费

B. 安装工程费

C. 建设单位管理费

D. 工程监理费

E. 生活家具购置费

【解析】工程建设其他费用是指根据有关规定应列入固定资产投资工程投资费用以外的一切费用，包括建设用地费、专利购置费、勘察设计费、工程保险费、工程监理费、建设单位管理费、职工培训费用等。其中，建设用地费、专利购置费等在会计处理时列入无形资产科目；勘察设计费、工程保险费、工程监理费、建设单位管理费、职工培训费等在会计处理时一般列入递延资产科目。

3. 根据我国财政部现行规定，可使用的固定资产快速折旧法有(　　)。[2022 年 7 月真题]

A. 年数总和法

B. 双倍余额递减法

C. 工作量法

D. 直线折旧法

E. 平均年限法

【解析】双倍余额递减法和年数总和法是通常采用的两种快速折旧法。双倍余额递减法的年折旧率 = 2/折旧年限 × 100%，年折旧额 = 固定资产账面净值 × 年折旧率。年数总和法的年折旧率 = (折旧年限 − 已使用年数)/[折旧年限 × (1 + 折旧年限)/2] × 100%，年折旧额 = (固定资产原值 − 预计净残值) × 年折旧率。

4. 项目盈利能力指标主要包括(　　)。[2021 年 6 月真题]

A. 财务净现值　　B. 总资产周转率　　C. 净现值率　　D. 投资回收期

E. 财务内部收益率

1ABCDE　2CD　3AB　4ACDE

【解析】项目的盈利能力分析主要通过财务内部收益率、财务净现值、净现值率、投资回收期、投资利润率、投资利税率和资本金利润率等七个评价指标进行。B 项，总资产周转率是销售收入与总资产的比率，属于营运能力指标。

5. 商业银行从事项目融资业务，重点从(　　)等方面评估项目风险。[2020 年 10 月真题]

A. 股东补充还款来源充足性　　B. 第三方担保有效性

C. 项目还款来源可靠性　　D. 项目技术可行性

E. 项目财务可行性

【解析】根据《项目融资业务指引》第七条，贷款人从事项目融资业务，应当以偿债能力分析为核心，重点从项目技术可行性、财务可行性和还款来源可靠性等方面评估项目风险，充分考虑政策变化、市场波动等不确定因素对项目的影响，审慎预测项目的未来收益和现金流。

6. 关于贷款项目盈亏平衡点，一般情况下，下列理解正确的有(　　)。[2020 年 10 月真题]

A. 在盈亏平衡点时，项目不盈不亏　　B. 盈亏平衡点越低，项目抗风险能力越强

C. 盈亏平衡点越低，项目风险越小　　D. 盈亏平衡点越高，项目风险越小

E. 盈亏平衡点越低，项目抗风险能力越弱

【解析】盈亏平衡分析是通过盈亏平衡点(BEP)分析项目成本与收益平衡关系的一种方法，在盈亏平衡点上，企业的销售收入总额与产品销售总成本(含销售税金)相等，企业处于不盈不亏状态。盈亏平衡点通常根据正常生产年份产品产量或销售量、固定成本、变动成本、产品价格、销售税金及附加等数据计算，用产量、销售收入、生产能力利用率来表示。一般情况下，无论以何种形式表示，盈亏平衡点越低越好，因为盈亏平衡点越低表明项目抗风险能力越强。

7. 在项目评估中，贷款人为有效降低和分散融资项目在建设期和经营期的各类风险，可以采取的措施包括(　　)。[2015 年 10 月真题]

A. 要求借款人或者通过借款人要求项目相关方投保商业保险

B. 要求借款人使用金融衍生工具对冲相关风险

C. 要求发起人提供资金缺口担保

D. 要求借款人签订长期供销合同

E. 贷款人要求项目相关方提供完工担保

【解析】贷款人应当采取措施有效降低和分散融资项目在建设期和经营期的各类风险。贷款人应当以要求借款人或者通过借款人要求项目相关方签订总承包合同、投保商业保险、建立完工保证金、提供完工担保和履约保函等方式，最大限度地降低建设期风险。同时，可以以要求借款人签订长期供销合同、使用金融衍生工具或者发起人提供资金缺口担保等方式，有效分散经营期风险。

8. 下列关于固定资产贷款项目行业市场分析的说法，正确的有(　　)。

A. 一般认为，对国家限制利用的技术、工艺的项目和低水平重复建设项目或产品，由

5CDE　6ABC　7ABCDE　8ABCD

于存在政策性风险，其市场前景不确定性较大

B. 国家鼓励发展的产业、行业、产品、技术和工艺，由于符合发展方向，并有可能得到各种政策支持，将会具有相对较好的市场前景和竞争优势

C. 一般而言，垄断程度较高的行业，产品市场保障程度较高

D. 经济周期不敏感的防御性行业，风险相对较小

E. 一般来说，处于启动期的行业，产品市场前景较好

【解析】一般来说，处于启动期的行业，投入高，市场前景尚不明朗，信贷介入风险较大；处于成长期的行业，产品市场前景较好；处于成熟期的行业，产品具有广泛的市场，但市场竞争较为激烈；处于衰退期的行业，产品市场萎缩，销售和利润下降，风险较大。经济周期不敏感的防御性行业，风险相对较小；与经济周期关联紧密的行业，项目投资不确定性大，项目评估容易忽略经济低谷时的表现。

9. 在调查、审批阶段对固定资产贷款项目的政策风险审查，应重点把握(　　)。

A. 审查项目建设标准是否合规

B. 审查项目报批程序是否恰当

C. 审查项目审批手续是否完备

D. 审查项目各级审批部门是否拥有相应权限，是否存在越权审批、拆分审批等情况

E. 审查项目变更变动是否合规

【解析】在调查、审批阶段对固定资产贷款项目的政策风险审查，重点要把握以下方面：①审查项目建设标准是否合规；②审查项目报批程序是否恰当；③审查项目审批手续是否完备；④审查项目各级审批部门是否拥有相应权限，是否存在越权审批、拆分审批等情况；⑤审查项目变更变动是否合规；⑥审查项目建设单位是否符合条件。

10. 下列关于项目能源动力供应状况评估的说法，正确的有(　　)。

A. 评估内容包括燃料种类选择的合理性、燃料供应的保证程度和动力供应的保证程度

B. 要判断供水项目的供水管网、供气项目的供气管网、供电项目的输变电线路等配套设施是否完备

C. 要依据产品生产过程、燃料成本和质量、区域环境对燃料的要求，判定项目选择燃料种类的合理性

D. 要根据当地水源分布、水质情况分析用水量

E. 要对燃料供应数量、质量、价格、供应方式的分析，判定燃料供应的保证程度

【解析】B 项属于项目配套设施条件评估的内容。D 项，要根据项目对电力、水源、水质、热力的要求，计算出项目的用水量和用电量，通过对项目所在地供水、供电、供热能力的分析，判定项目动力的保证程度。

三、判断题(请对下列各题的描述做出判断，正确的用 A 表示，错误的用 B 表示)

1. 固定资产贷款项目评估可委托中介咨询机构开展。(　　)[2023 年 10 月真题]

【解析】固定资产项目评估涉及行业技术、市场和工程造价等多方面专业知识，需要银行安排具备相应风险识别能力的专业人才进行评估。对情况复杂、技术要求高、自身调查评估能力不足的贷款项目，银行可以聘请外部中介机构或行业专家提供咨询，但这不改

9ABCDE　10ACE　|　1A

变银行各经营主体的调查责任。按照《项目融资业务指引》，商业银行可以根据需要，委托或要求借款人委托具备相关资质的独立中介机构为项目提供法律、税务、保险、技术、环保和监理等方面的专业意见或服务。

2. 在项目的财务分析中，销售收入的审查主要审查产量和单价的取值是否合理。(　　)［2023 年 10 月真题］

【解析】对销售收入的审查主要审查产量和单价的取值是否合理。在项目达产年份里，一般以项目设计生产能力的产量作为计算项目销售收入的产量(产品有自用的要扣除)，投产初期项目的实际产量往往低于设计生产能力，要根据项目的实际情况估算投产初期各年的达产率，而不能项目一投产就以 100% 的达产率来估算项目的销售收入。

3.《项目融资业务指引》规定，贷款人从事项目融资贷款业务，应当以盈利能力分析为核心。(　　)［2021 年 6 月真题］

【解析】《项目融资业务指引》规定，贷款人从事项目融资业务，应当以偿债能力分析为核心。项目清偿能力分析主要通过计算一些反映项目还款能力的指标，分析判断项目还款期间的财务状况及还款能力，分析项目按时偿还贷款的可能性。

4. 根据现行的增值税制度，企业在产品成本和销售收入的会计核算上实行价税分离制。(　　)［2020 年 10 月真题］

【解析】根据现行的增值税制度，企业的会计核算实行价税分离。在货物购进阶段，会计处理上就根据增值税专用发票注明的增值税税额和价款，属于价款部分计入购入物的成本，属于增值税部分，计入进项税额；在销售阶段，如果定价时含税，应还原为不含税价格作为销售收入，向购买者收取的增值税作为销项税额。根据以上原则，产品销售收入和产品成本中都不再含增值税，与之相适应，在利润核算过程中，产品销售税金及附加也不再包含增值税。

5. 在项目不确定性分析中，盈亏平衡点越高，表明项目可承受的风险越大，盈利的可能性也越大。(　　)［2018 年 10 月真题］

【解析】一般情况下，无论以何种形式表示，盈亏平衡点越低越好，因为盈亏平衡点越低表明项目抗风险能力越强。

6. 我国实行新税制后，在购货阶段，企业购入货物所支付的价款和增值税在增值税专用发票上分别注明，属于价款部分计入购入货物的成本，属于增值税部分计入进项税额，在销售阶段，销售价格中含有增值税，企业向购买方收取的增值税作为销项税额。(　　)［2018 年 6 月真题］

【解析】在销售阶段，如果定价时含税，应还原为不含税价格作为销售收入，向购买者收取的增值税作为销项税额。

7. 投资利润率 = 年利税总额或平均利税总额/项目总投资 ×100%。(　　)［2016 年 6 月真题］

【解析】投资利润率 = 年利润总额或年平均利润总额/项目总投资 ×100%；投资利税率 = 年利税总额或年平均利税总额/项目总投资 ×100%。

2A　3B　4A　5B　6B　7B

8. 财务净现值小于零，表明项目的获利能力超过基准收益率或设定收益率。一般来说，该项目可以接受。(　　)[2015 年 10 月真题]

【解析】财务净现值大于零，表明项目的获利能力超过基准收益率或设定收益率，FNPV >0 的项目是可以接受的。

9. 由于同一项目不同的现金流量分布可能得出相同的内部收益率，因此不能简单以内部收益率来判断项目能否按时还款，但可以借助净现金流量分析，把各年还本付息额跟当年的净现金流量进行对比，就可以判断项目在还款期内能否按时还款。(　　)[2015 年 5 月真题]

【解析】项目现金流量分析是根据项目在计算期(包括建设期和经营期)内各年的现金流入和流出，通过现金流量表计算各项静态和动态评价指标，以反映项目的获利能力和还款能力。由于同一项目不同的现金流量分布可以得出相同的内部收益率，因此不能简单以内部收益率来判断项目能否按时还款，但可以借助净现金流量分析，把各年的还本付息额跟当年的净现金流量进行对比，就可以判断项目在还款期内能否按时还款。

10. 投资回收期、净现值、净现值率、内部收益率四项指标的计算都必须使用资产负债表。(　　)[2014 年 11 月真题]

【解析】投资回收期(静态、动态)、净现值、净现值率、内部收益率等是通过现金流量表计算的评价指标。

11. 净现值率主要用于投资额不等的项目之间的比较，净现值率越大，表明项目单位投资能获得的净现值就越大，项目的效益就越好。(　　)[2014 年 6 月真题]

【解析】净现值率即项目的净现值与总投资现值之比，其计算公式为：FNPVR = FNPV/PVI，其中，FNPVR 为净现值率，FNPV 为财务净现值，PVI 为总投资现值。净现值率主要用于投资额不等的项目的比较，净现值率越大，表明项目单位投资能获得的净现值就越大，项目的效益就越好。

四、综合题

1. 某项目初始投资 850 万元，在第一年年末净现金流量 250 万元，第二年年末净现金流量 400 万元，第三年末净现金流量 500 万元，假设项目贴现率为 10%。(附下表：一元复利现值系数表)

N	10%	14%	15%
1	0.909	0.877	0.870
2	0.826	0.769	0.756
3	0.751	0.675	0.658

请根据上述资料，回答下列问题。[2021 年 6 月真题]

(1)该项目投资的净现值为______万元。(四舍五入，答案保留 2 位小数)(填空题)

【解析】一个项目的净现值是指项目按照基准收益率或根据项目的实际情况设定的折现率，将各年的净现金流量折现到建设起点(建设期初)的现值之和。代入题目数据得，净

8B　9A　10B　11A　▌　1(1)83.15

现值 = −850 + 250 × 0.909 + 400 × 0.826 + 500 × 0.751 = 83.15（万元）。

（2）该项目静态投资回收期为______年。（四舍五入，答案保留1位小数）（填空题）

【解析】静态投资回收期是在不考虑资金时间价值的条件下，以项目的净收益回收其全部投资所需要的时间。投资回收期计算公式为：投资回收期 = 累计净现金流量开始出现正值年份数 − 1 + 上年累计净现金流量绝对值/当年净现金流量。该项目从投资初期到第三年年末的累计净现金流量分别为：−850、−600、−200、300。投资回收期 = 3 − 1 + 200/500 = 2.4（年）。

（3）该项目财务内部收益率（IRR）为______%。（四舍五入，答案保留2位小数）（填空题）

【解析】财务内部收益率是使项目在计算期内各年净现金流量累计净现值等于零时的折现率。当折现率为14%时，项目的净现值 = −850 + 250 × 0.877 + 400 × 0.769 + 500 × 0.675 = 14.35（万元）。当折现率为15%时，项目的净现值 = −850 + 250 × 0.870 + 400 × 0.756 + 500 × 0.658 = −1.1（万元）。由此可以判断项目财务内部收益率在14%和15%之间，因此内部收益率 = 14% + (15% − 14%) × |14.35| /(|14.35| + |−1.1|) = 14.93%。

2. 某企业拟进行一项固定资产投资，该项目的现金流量表（部分）如下：

现金流量表（部分） 单位：万元

计算期 \ 项目	建设期		经营期				
	0	1	2	3	4	5	6
净现金流量	−1000	−1000	100	1000	（B）	1000	1000
累计净现金流量	−1000	−2000	−1900	（A）	900	1900	2900
贴现净现金流量	−1000	−943.4	89	839.6	1425.8	747.3	705

请根据上述资料，回答下列问题。［2020年10月真题］

（1）计算上表中用英文字母表示的项目的数值，A = ______万元。（填空题）

【解析】A为当期累计净现金流量，其计算公式为：当期累计净现金流量 = 上期累计净现金流量 + 本期发生的净现金流量 = −1900 + 1000 = −900（万元）。

（2）计算上表中用英文字母表示的项目的数值，B = ______万元。（填空题）

【解析】当期累计净现金流量 = 上期累计净现金流量 + 本期发生的净现金流量，则本期发生的净现金流量 = 当期累计净现金流量 − 上期累计净现金流量 = 900 − (−900) = 1800（万元）。

（3）该项目静态投资回收期（含建设期）为______年。（填空题）

【解析】投资回收期亦称返本年限，是指用项目净收益抵偿项目全部投资所需时间。投资回收期 = 累计净现金流量开始出现正值年份数 − 1 + 上年累计净现金流量绝对值/当年净现金流量 = 4 − 1 + 900/1800 = 3.5（年）。

（2）2.4 （3）14.93 2（1）−900 （2）1800 （3）3.5

(4)该项目净现值为______万元。(四舍五入，答案保留一位小数)(填空题)

【解析】财务净现值是反映项目在计算期内获利能力的动态评价指标，是将各年的净现金流量折现到建设起点(建设期初)的现值之和。则该项目净现值的计算公式为：净现值 = -1000 - 943.4 + 89 + 839.6 + 1425.8 + 747.3 + 705 = 1863.3(万元)。

(5)该项目净现值率为______%。(四舍五入，答案保留整数)(填空题)

【解析】净现值率也即项目的净现值与总投资现值之比，其计算公式为：净现值率 = 1863.3/(1000 + 943.4) = 96%。

(6)基于以上信息可判断出该项目基本上具有财务可行性。(　　)(判断题)

A. 正确　　　　　　B. 错误

【解析】财务净现值为1863.3万元，大于零，表明项目的获利能力超过基准收益率或设定收益率。净现值率主要用于投资额不等的项目的比较，净现值率越大，表明项目单位投资能获得的净现值就越大，项目的效益就越好。在财务评价中，将求出的投资回收期与行业基准投资回收期比较，当项目投资回收期小于或等于基准投资回收期时，表明该项目能在规定的时间内收回投资。

3. 某公司现有资金200万元可用于以下投资方案A或B：

A方案：购入国库券(五年期，年利率14%。不计复利，到期一次支付本息)，利息收入免所得税。

B方案：购买新设备，使用期五年，预计残值收入为设备总额的10%，按直线法计提折旧；设备交付使用后每年可以实现24万元的税前利润。企业适用所得税税率为30%。

已知：该企业的资金成本率为10%，5年期利率10%的复利现值系数为0.621，4年期利率10%的年金现值系数为3.17；5年期利率10%的年金现值系数为3.79。

请根据上述资料，回答下列问题。[2020年10月真题]

(1)投资方案A的净现值为______万元。(四舍五入，答案保留两位小数)(填空题)

【解析】财务净现值是反映项目在计算期内获利能力的动态评价指标。一个项目的净现值是指项目按照基准收益率或根据项目的实际情况设定的折现率，将各年的净现金流量折现到建设起点(建设期初)的现值之和。投资方案A的净现值 = 200 × (1 + 5 × 14%) × (P/F, 10%, 5) - 200 = 200 × (1 + 5 × 14%) × 0.621 - 200 = 11.14(万元)。

(2)投资方案B的净现值为______万元。(四舍五入，答案保留两位小数)(填空题)

【解析】投资方案B折旧 = 200 × (1 - 10%)/5 = 36(万元)，第1至4年每年现金净流量 = 24 × (1 - 30%) + 36 = 52.8(万元)，第5年现金净流量 = 52.8 + 200 × 10% = 72.8(万元)，故投资方案B的净现值 = 52.8 × (P/A, 10%, 5) + 20 × (P/F, 10%, 5) - 200 = 52.8 × 3.79 + 20 × 0.621 - 200 = 12.53(万元)。

(3)基于净现值法，会选择投资A方案。(　　)(判断题)

A. 正确　　　　　　B. 错误

【解析】基于净现值法，投资方案B的净现值为12.53万元，大于投资方案A的净现值11.14万元，故应选择投资B方案。

---

(4)1863.3　(5)96　(6)A　3(1)11.14　(2)12.53　(3)B

4. 某工业项目投资生产A产品，设计年产量为12万吨，据预测A产品的单位变动成本为450元/吨，销售单价拟为700元/吨，企业的年固定成本总额为1500万元。

请根据上述资料，回答下列问题。［2018年6月真题］

(1)盈亏平衡时的产量是______万吨。(四舍五入，答案保留整数)(填空题)

【解析】用实际产量表示的盈亏平衡点，其计算公式为：盈亏平衡点产量 = 年固定成本 ÷(产品单价 - 单位产品可变成本 - 单位产品销售税金)。因此，在不考虑税金的情况下，该企业盈亏平衡点产量 = 1500 ÷ (700 - 450) = 6(万吨)。

(2)盈亏平衡时的生产能力利用率是______%。(四舍五入，答案保留整数)(填空题)

【解析】用生产能力利用率表示的盈亏平衡点，其计算公式为：盈亏平衡点生产能力利用率 = 年固定成本 ÷(年销售收入 - 年变动成本 - 年销售税金) × 100%。因此，在不考虑税金的情况下，该企业盈亏平衡点生产能力利用率 = 1500 ÷ (12 × 700 - 12 × 450) × 100% = 50%。

5. 某企业计划从事一个固定资产投资项目，投资总额1000万元，固定资产项目寿命期预计为5年，期末残值为零。自投资后一年起，项目预计可实现销售收入分别为300万元、400万元、600万元、700万元、500万元。项目单位产品销售可变成本率(含税)为50%，设备折旧采用直线折旧法，除设备折旧外，企业无其他固定成本。

请根据上述资料，回答下列问题。［2016年6月真题］

(1)完成以下项目利润和现金流量测算。(单位：万元)(在带有底色的单元格处填写)

	期初投资	第一年	第二年	第三年	第四年	第五年
销售收入	—	300	400	600	700	500
固定资产投资	1000	—	—	—	—	—
税前利润	—					
税前项目现金流	-1000					

【答案】

	期初投资	第一年	第二年	第三年	第四年	第五年
销售收入	—	300	400	600	700	500
固定资产投资	1000	—	—	—	—	—
税前利润	—	-50	0	100	150	50
税前项目现金流	-1000	150	200	300	350	250

【解析】上表中各年份数据计算如下：

年固定成本 = 年折旧额 = (1000 - 0)/5 = 200(万元)，以下计算各年现金流时折旧额不作为现金流出。

第一年税前利润 = 300 × (1 - 50%) - 200 = -50(万元)，税前项目现金流 = 300 × (1 - 50%) = 150(万元)；

第二年税前利润 = 400 × (1 - 50%) - 200 = 0(万元)，税前项目现金流 = 400 × (1 - 50%) = 200(万元)；

4(1)6　(2)50

第三年税前利润 = 600 ×（1 - 50%）- 200 = 100（万元），税前项目现金流 = 600 ×（1 - 50%）= 300（万元）；
第四年税前利润 = 700 ×（1 - 50%）- 200 = 150（万元），税前项目现金流 = 700 ×（1 - 50%）= 350（万元）；
第五年税前利润 = 500 ×（1 - 50%）- 200 = 50（万元），税前项目现金流 = 500 ×（1 - 50%）= 250（万元）。

(2)该固定资产投资项目所得税前内部收益率为(　　)。(单项选择题)

A. 7.2%　　B. 10.5%　　C. 9.8%　　D. 5.6%

【解析】经测算，当折现率为8%时，净现值约为 -24.09；当折现率为7%时，净现值约为5.02。根据插值计算公式：$FIRR = i_1 + (i_2 - i_1)|NPV_1|/(|NPV_1| + |NPV_2|)$。可求得：内部收益率 = 7% +（8% - 7%）× | 5.02 | /（| 5.02 | + | - 24.09 |）= 7.2%。

6. 某项目预计建成投产后各项费用的发生情况如下表所示。

项目	年发生额(万元)	最低周转天数(天)	年周转次数(次)
外购原辅材料、燃料	900	180	2
在产品	600	90	4
产成品	1000	60	6
应收账款	200	270	1.3
年管理费用	100	/	/
年工资福利费及年其他费用	500	180	2
年折旧	50	/	/

请根据上述资料，回答下列问题。

(1)该项目每年所需存货流动资金为(　　)万元。(单项选择题)

A. 745.8　　B. 762.5　　C. 771.6　　D. 852

【解析】外购原辅材料、燃料年流动资金 = 全年费用 ÷ 周转次数 = 900 ÷ 2 = 450（万元）；在产品年流动资金 =（年生产成本 - 年折旧）÷ 周转次数 =（600 - 50）÷ 4 = 137.5（万元）；产成品年流动资金 =（年生产成本 - 年折旧 + 年管理费用）÷ 周转次数 =（1000 - 50 + 100）÷ 6 = 175（万元）。所以，存货每年所需流动资金 = 450 + 137.5 + 175 = 762.5（万元）。

(2)该项目每年所需应收账款流动资金为(　　)万元。(单项选择题)

A. 33　　B. 150　　C. 250　　D. 450

【解析】应收账款年流动资金 = 年经营成本 ÷ 周转次数 = 200 ÷（360 ÷ 270）= 150（万元）。

(3)该项目每年所需现金为(　　)万元。(单项选择题)

A. 150　　B. 225　　C. 250　　D. 500

【解析】现金 =（年工资福利费 + 年其他费用）÷ 周转次数 = 500 ÷ 2 = 250（万元）。

5(2)A　6(1)B　(2)B　(3)C

(4)该项目每年所需流动资金为(　　)万元。(单项选择题)

A. 712.5　　B. 912.5　　C. 1162.5　　D. 1255.5

【解析】应付账款 = 原材料、燃料和外购动力全年费用 ÷ 周转次数 = 900 ÷ 2 = 450(万元)。项目年所需流动资金 = 项目流动资金总需用额 - 流动负债 = (存货 + 应收账款 + 现金) - 应付账款 = 762.5 + 150 + 250 - 450 = 712.5(万元)。

7. 已知某项目前5年的净现金流量如下表所示。

(单位：万元)

年份	0	1	2	3	4	5
净现金流量	-500	50	150	200	250	250

注：折现率19%的第1~5年的折现系数分别为0.8403、0.7062、0.5934、0.4987、0.4190。

请根据上述资料，回答下列问题。

(1)已知当折现率为18%时，本项目的NPV为8.52万元。当折现率为20%时，本项目的NPV为-14.49万元，则项目的财务内部收益率为(　　)。(单项选择题)

A. 18.74%　　B. 18.95%　　C. 19.26%　　D. 19.55%

【解析】由题中资料，采用线性插值法可得该项目财务内部收益率 = 18% + (20% - 18%) × |8.52| /(|8.52| + | -14.49|) = 18.74%。

(2)如果项目的设定折现率为19%，下列说法正确的是(　　)。(单项选择题)

A. 项目NPV<0，可接受　　B. 项目NPV>0，不可接受

C. 项目NPV>0，可接受　　D. 项目NPV<0，不可接受

【解析】本题可通过财务净现值判断。由题中资料，项目的财务净现值 = -500 + 50 × 0.8403 + 150 × 0.7062 + 200 × 0.5934 + 250 × 0.4987 + 250 × 0.4190 = -3.95(万元) <0，说明该项目的获利能力不及放弃的投资机会成本，项目不可接受。

(4)A　7(1)A　(2)D

第七章　担保管理

一、单选题(下列选项中只有一项最符合题目的要求)

1. 下列财产不能用于抵押的是(　　)。[2023 年 10 月真题]

A. 营业门面　　B. 公司办公楼

C. 正在建造中的房屋或者其他建筑物　　D. 学校教学楼

【解析】不得抵押的财产有：①土地所有权；②宅基地、自留地、自留山等集体所有的土地使用权，但法律规定可以抵押的除外；③学校、幼儿园、医院等以公益为目的成立的非营利法人的教育设施、医疗卫生设施和其他公益设施；④所有权、使用权不明或者有争议的财产；⑤依法被查封、扣押、监管的财产；⑥法律、行政法规不得抵押的其他财产。

2. 所谓保证是指______和______约定，当______不履行到期债务或者发生当事人约定的情形时，保证人必须按照约定履行债务或者承担责任的行为。(　　)[2023 年 10 月真题]

A. 保证人；债务人；债权人　　B. 债务人；债权人；债务人

C. 保证人；债权人；债务人　　D. 保证人；债务人；债务人

【解析】所谓保证是指保证人和债权人约定，当债务人不履行到期债务或者发生当事人约定的情形时，保证人必须按照约定履行债务或者承担责任的行为。保证就是债权债务关系当事人以外的第三人担保债务人履行债务的一种担保制度。在成立保证担保的情况下，如果债务人不履行债务，由保证人代为履行或承担责任，以满足债权人的清偿要求。

3. 关于抵押物权，下列选项表述错误的是(　　)。[2023 年 10 月真题]

A. 抵押权设立后抵押财产出租的，该租赁关系不得对抗已登记的抵押权

B. 抵押权必须在主债权到期 6 个月内行使

C. 实现抵押权时，如果同一财产存在两个以上抵押权人的，已登记的优先于未登记的受偿

D. 订立抵押合同前抵押财产已出租并转移占有的，租赁关系不受该抵押权的影响

【解析】B 项，抵押权人应当在主债权诉讼时效期间行使抵押权；未行使的，人民法院不予保护。

4. 如果某企业的资产已全部抵押，最有可能说明该企业(　　)。[2023 年 10 月真题]

A. 资信较好　　B. 未来新增融资能力较差

C. 融资稳健　　D. 资产质量较好

【解析】如果某企业的资产已全部抵押，则在未来缺乏抵押担保，造成新增融资能力较差。

5. 甲先生胁迫乙先生为其公司提供担保的行为主要违反(　　)。[2023 年 10 月真题]

1D　2C　3B　4B　5A

A. 自愿原则　　B. 诚实信用原则　　C. 公平原则　　D. 平等原则

【解析】一般来说，担保活动应当遵循平等、自愿、公平、诚实信用的原则。自愿原则是指公民、法人或者其他组织有权根据自己的意愿决定参不参加民事活动，参加何种民事活动，根据自己的意愿依法处分自己的财产和权利。

6. 甲公司向乙银行借款50万元，并签订《质押合同》约定以其价值30万元的车质押给乙银行，乙银行不会使用该车，表示车继续由甲公司使用。后甲公司将车质押给丙，丙又私自将车出租给丁，后丁在使用过程中发生意外，车毁灭，因甲公司无法偿还乙银行借款，发生纠纷。根据上述案例，下列说法正确的是(　　)。[2023年10月真题]
A. 乙银行可以向甲请求实现其质押权
B. 因丁的原因致使车辆毁灭，甲公司可以向丁主张赔偿责任
C. 丙享有车辆的质押权
D. 乙银行可以向丁主张赔偿责任

【解析】动产质押中，质权自出质人交付质押财产时设立。AC两项，甲将质押物转移给丙，故丙享有车辆的质押权，乙无法请求实现其质押权；BD两项，质权人在质权存续期间，未经出质人同意，擅自使用、处分质押财产，给出质人造成损害的，应当承担赔偿责任，故甲可以向丙主张赔偿责任。

7. 关于质押担保，下列选项表述错误的是(　　)。[2023年10月真题]
A. 原材料、半成品、产品等存货不能质押
B. 质押担保是指债务人或第三人将其符合法律规定的动产或权利转移债权人占有，将该动产或权利作为债权的担保，当债务人不履行债务时，债权人有权依照法律规定以该动产或权利折价或者以拍卖、变卖该动产或权利的价款优先受偿的担保法律行为
C. 质押担保分为动产质押和权利质押
D. 黄金、白银、铂等贵金属可以质押

【解析】商业银行可接受的财产质押包括：①出质人所有的、依法有权处分并可移交质权人占有的动产；②汇票、支票、本票、债券、存款单、仓单、提单；③依法可以转让的基金份额、股权；④依法可以转让的注册商标专用权、专利权、著作权等知识产权中的财产权；⑤现有的以及将有的应收账款；⑥法律、行政法规规定可以出质的其他财产权利。

8. A公司为拓展业务，向甲银行申请贷款500万元。甲银行经审查认为A公司符合贷款条件，但需要增加担保。A公司找到B、C两家公司为该笔贷款提供担保，B、C公司在借款合同中写明：A公司在贷款期满不能履行债务时，由B、C两公司承担保证责任。借款期限为一年，自2020年3月1日至2021年3月1日，2021年3月1日，A公司因经营不善，只偿还贷款300万元。甲银行遂于2021年4月10日诉至法院，要求A公司偿还所欠贷款本息及罚金，B、C公司承担保证责任，B公司认为C公司资产雄厚，应由C公司承担保证责任，C公司认为应平均承担保证责任，根据上述案例，下列选项表述正确的是(　　)。[2023年10月真题]

6C　7A　8B

A. B 公司和 C 公司承担的保证担保属于连带责任保证

B. 在 A 公司财产依法强制执行前，B 公司和 C 公司可以拒绝承担保证责任

C. 甲银行可以直接请求 B 公司承担保证责任

D. 因 C 公司资产雄厚，甲银行应当直接请求 C 公司承担保证责任

【解析】A 项，当事人在保证合同中对保证方式没有约定或约定不明的，按照一般保证承担保证责任；BCD 三项，除特殊情形外，一般保证的保证人在主合同纠纷未经审判或者仲裁，且在债务人财产依法强制执行仍不能履行债务前，有权拒绝向债权人承担保证责任。

9. 在质押担保中，关于质权的设立，下列选项表述不正确的是(　　)。[2023 年 10 月真题]

A. 以基金份额出质的，质权自办理出质登记时设立

B. 以汇票出质的，质权自权利凭证交付质权人时设立

C. 以商标专用权出质的，质权自商标申请文件交付质权人时设立

D. 动产质押，质权自出质人交付质押财产时设立

【解析】动产质押中，质权自出质人交付质押财产时设立。权利质押中，以汇票、支票、本票、债券、存款单、仓单、提单出质的，质权自权利凭证交付质权人时设立；没有权利凭证的，质权自有关部门办理出质登记时设立；以基金份额、股权出质的，质权自办理出质登记时设立；以注册商标专用权、专利权、著作权等知识产权中的财产权出质的，质权自有关主管部门办理出质登记时设立；以应收账款出质的，质权自办理出质登记时设立。

10. 下列选项中，商业银行不可接受的财产质押为(　　)。[2022 年 7 月真题]

A. 房产　　B. 提货单　　C. 汇票　　D. 本票

【解析】商业银行可接受的财产质押包括：①出质人所有的、依法有权处分并可移交质权人占有的动产；②汇票、支票、本票、债券、存款单、仓单、提单；③依法可以转让的基金份额、股权；④依法可以转让的注册商标专用权、专利权、著作权等知识产权中的财产权；⑤现有的以及将有的应收账款；⑥法律、行政法规规定可以出质的其他财产权利。

11. 对于质押贷款业务，甲企业以人民币质押向乙银行申请美元贷款，由于美元升值导致质押金额出现风险敞口，这种风险属于(　　)。[2022 年 7 月真题]

A. 汇率风险　　B. 司法风险　　C. 虚假质押风险　　D. 操作风险

【解析】当外币有升值趋势，或外币利率相对高于人民币利率时，常常会发生企业以外币质押向银行借人民币的情况。银行这时在办理质押贷款时，应注意质押外币与人民币的汇率变动风险，如果人民币升值，质押的外币金额已不足以覆盖它了，质押贷款金额将出现风险敞口。这种风险属于汇率风险。因此，在汇率变动频繁的时期，确定质押比例要十分慎重，应该要求以有升值趋势的可兑换货币质押。

12. 关于抵押担保贷款的说法，下列说法错误的是(　　)。[2022 年 7 月真题]

A. 贷款抵押中，借款人或第三人将财产作为债权的担保

9C　10A　11A　12B

B. 贷款抵押中，银行获得抵押财产的所有权

C. 当借款人不履行到期债务时，银行有权以变卖该财产的价款优先受偿

D. 贷款担保的抵押物必须是抵押人所有或有权支配的财产

【解析】B 项，抵押担保中，债务人或者第三人不转移财产的占有，因此银行未获得抵押财产的所有权。

13. 某公司以其享有的专利权为担保，向银行贷款 500 万元，这种担保属于(　　)。[2022 年 7 月真题]

A. 保证　　B. 质押　　C. 抵押　　D. 留置

【解析】质押是贷款担保方式之一，它是债权人所享有的通过占有由债务人或第三人移交的质物而使其债权优先受偿的权利。商业银行可接受的财产质押包括：①出质人所有的、依法有权处分并可移交质权人占有的动产；②汇票、支票、本票、债券、存款单、仓单、提单；③依法可以转让的基金份额、股权；④依法可以转让的注册商标专用权、专利权、著作权等知识产权中的财产权；⑤现有的以及将有的应收账款；⑥法律、行政法规规定可以出质的其他财产权利。

14. 以企业设备或其他动产抵押的，为财产所在地的(　　)办理抵押登记。[2022 年 7 月真题]

A. 企业主管部门　　B. 房地产管理部门

C. 交通运输管理部门　　D. 市场监督管理部门

【解析】一般来说，办理抵押物登记的部门如下：①以无地上定着物的土地使用权抵押的，为核发土地使用权证书的土地管理部门；②以城市房地产或者乡(镇)、村企业的厂房等建筑物抵押的，为县级以上地方人民政府规定的部门；③以林木抵押的，为县级以上林木主管部门；④以航空器、船舶、车辆抵押的，为运输工具的登记部门；⑤以企业的设备和其他动产抵押的，为财产所在地的市场监督管理部门。

15. 贷款保证不能采用(　　)。[2022 年 7 月真题]

A. 书面形式　　B. 口头形式

C. 主合同中的担保条款形式　　D. 邮件、传真形式

【解析】保证合同要以书面形式订立，以明确双方当事人的权利和义务。根据《民法典》的规定，书面保证合同可以单独订立，包括当事人之间的具有担保性质的信函、传真等，也可以是主合同中的担保条款。

16. 以下不属于贷款保证担保的主要风险因素的是(　　)。[2022 年 7 月真题]

A. 保证手续不完备　　B. 未办理有关登记手续

C. 公司互保　　D. 虚假担保人

【解析】贷款保证担保的主要风险因素有：①保证人不具备担保资格；②保证人不具备担保能力；③虚假担保人；④公司互保；⑤保证手续不完备，保证合同产生法律风险；⑥超过诉讼时效，贷款丧失胜诉权。

17. 根据《融资担保公司监督管理条例》的规定，融资担保公司注册资本的最低限额不得低

13B　14D　15B　16B　17D

于(　　)万元。[2022 年 7 月真题]

A. 3000　　B. 1000　　C. 4500　　D. 2000

【解析】监管部门根据当地实际情况规定融资担保公司注册资本的最低限额，但不得低于人民币 2000 万元。注册资本为实缴货币资本。

18. 对于质押贷款业务，商业银行对于用于质押的存款没有办理内部冻结手续，这种风险属于(　　)。[2022 年 7 月真题]

A. 虚假质押风险　　B. 司法风险　　C. 操作风险　　D. 经济风险

【解析】银行办理的质押贷款在业务中会存在操作风险。对于质押贷款业务，银行内部如果管理不当、制度不健全也容易出现问题。主要是对质物的保管不当，例如质物没有登记、交换、保管手续，造成丢失；对用于质押的存款没有办理内部冻结看管手续等。

19. 下列选项中，不能作为抵押的财产是(　　)。[2022 年 7 月真题]

A. 办公楼　　B. 土地所有权　　C. 机器设备　　D. 商住房

【解析】不得抵押的财产有：①土地所有权；②宅基地、自留地、自留山等集体所有的土地使用权，但法律规定可以抵押的除外；③学校、幼儿园、医院等以公益为目的成立的非营利法人的教育设施、医疗卫生设施和其他公益设施；④所有权、使用权不明或者有争议的财产；⑤依法被查封、扣押、监管的财产；⑥法律、行政法规不得抵押的其他财产。

20. (　　)是指债权人与债务人或债务人提供的第三人以协商订立书面合同的方式，移转债务人或者债务人提供的第三人的动产或权利的占有，在债务人不履行债务时，债权人有权以该财产价款优先受偿。[2021 年 6 月真题]

A. 留置　　B. 保证　　C. 质押　　D. 抵押

【解析】A 项，留置是指债权人按照合同约定占有债务人的动产，债务人不按照合同约定的期限履行债务的，债权人有权按照规定留置该财产，以该财产折价或者以拍卖、变卖该财产的价款优先受偿；B 项，保证是指保证人和债权人约定，当债务人不履行债务时，保证人按照约定履行债务或者承担责任的行为；D 项，抵押是指借款人或第三人在不转移财产占有权的情况下，将财产作为债权的担保，当借款人不履行借款合同时，债权人有权就该财产优先受偿。

21. 下列选项中，商业银行能接受其作为保证人的是(　　)。[2021 年 6 月真题]

A. 国家机关　　B. 公益性事业单位

C. 公益性社会团体　　D. 企业法人

【解析】A 项，机关法人不得作保证人，但经国务院批准为使用外国政府或者国际经济组织贷款进行转贷的除外；BC 两项，以公益为目的的非营利法人、非法人组织不得作保证人。

22. 关于质物、质押权利的合法性，下列表述不正确的是(　　)。[2021 年 6 月真题]

A. 海关监管期内的动产作质押的，需出具海关同意质押的证明文件

18C　19B　20C　21D　22D

B. 依法可以流通的股票可以做质押

C. 用票据设定质押的，背书必须具有连续性

D. 如质押财产为共有财产，出质须经三分之二以上共有人同意

【解析】D 项，如质押财产为共有财产，出质需经全体共有人同意。

23. 下列主体中(　　)不具备贷款保证人资格。[2021 年 6 月真题]

A. IT 企业　　B. 出版社　　C. 地方政府部门　　D. 会计师事务所

【解析】《民法典》对保证人的资格的限制性规定包括但不限于：①机关法人不得作保证人，但经国务院批准为使用外国政府或者国际经济组织贷款进行转贷的除外；②以公益为目的的非营利法人、非法人组织不得作保证人。

24. 某公司拟以其所有的通勤车、厂房、被法院封存的存货及其租用的机器作抵押向银行申请借款，上述财产中可以用来抵押的是(　　)。[2021 年 6 月真题]

A. 通勤车、厂房　　B. 全部财产

C. 通勤车、厂房、机器　　D. 通勤车、厂房、存货

【解析】根据《民法典》的规定，债务人或者第三人有权处分的下列财产可以抵押：①建筑物和其他土地附着物；②建设用地使用权；③海域使用权；④生产设备、原材料、半成品、产品；⑤正在建造的建筑物、船舶、航空器；⑥交通运输工具；⑦法律、行政法规未禁止抵押的其他财产。BCD 三项，依法被查封、扣押、监管的财产不得抵押。作为贷款担保的抵押物，必须是归抵押人所有的财产，或者是抵押人有权支配的财产。

25. 下列选项中，表明抵押品状况发生恶化的是(　　)。[2021 年 6 月真题]

A. 抵押品保险到期后及时续保

B. 抵押品价值升高

C. 抵押品未按合同约定被变卖或部分出售

D. 抵押品被转移至有利于银行监控的地方保管

【解析】C 项，抵押品被变卖或部分出售，抵押品的价值发生了不利变化，抵押财产出售将损害抵押权的实现。

26. 甲企业向乙银行申请贷款本息合计 500 万元，丙企业作为保证人(保证范围为本金和利息)，经乙银行内部测算，丙企业的可接受保证限额为 1000 万元。则该笔业务的保证率为(　　)。[2020 年 10 月真题]

A. 50%　　B. 200%　　C. 100%　　D. 150%

【解析】保证率 = 申请保证贷款本息/可接受保证限额 × 100%，故该笔业务的保证率 = 500/1000 × 100% = 50%。

27. 同一债务有两个以上保证人的，下列选项中，表述错误的是(　　)。[2020 年 10 月真题]

A. 没有约定保证份额的，债权人可以要求任何一个保证人承担全部保证责任

B. 已经承担保证责任的保证人，有权向债务人追偿

C. 保证人应当按照保证合同约定的保证份额，承担保证责任

23C　24A　25C　26A　27D

D. 没有约定保证份额的，保证人平均承担担保责任，债权人要求任何一个保证人承担担保责任不能超过其平均份额

【解析】同一债务有两个以上保证人的，保证人应当按照保证合同约定的保证份额，承担保证责任；没有约定保证份额的，债权人可以请求任何一个保证人在其保证范围内承担保证责任。保证人承担保证责任后，除当事人另有约定外，有权在其承担保证责任的范围内向债务人追偿，享有债权人对债务人的权利，但是不得损害债权人的利益。

28. 某企业有一处商业办公楼，经评估价值为500万元人民币，拟将此房屋作为抵押物向银行申请抵押贷款，贷款抵押率为70%，银行对该企业放款金额最多不超过（　　）万元。[2020年10月真题]

A. 450　　B. 350　　C. 400　　D. 500

【解析】由于抵押物在抵押期间会出现损耗、贬值，在处理抵押物期间会发生费用，以及贷款有利息、逾期有罚息等原因，银行一般向借款人提供的贷款额会低于抵押物的评估值，贷款额度要在抵押物的评估价值与抵押贷款率的范围内加以确定。其计算公式为：抵押贷款额＝抵押物评估值×抵押贷款率＝500×70%＝350（万元）。

29. 某公司以其商标权为担保，向银行贷款1000万元。这种担保属于（　　）。[2020年10月真题]

A. 不动产抵押　　B. 动产质押　　C. 权利质押　　D. 动产抵押

【解析】质押根据质物特征的不同，分为动产质押和权利质押。动产质押，是指债务人或者第三人将其动产移交债权人占有，将该动产作为债权的担保。权利质押，是指债务人或者第三人将权利依法办理质押登记手续或将权利凭证移交债权人占有，作为债权的担保。以商标权为担保属于权利质押。

30. 下列关于商业银行担保管理的表述，错误的是（　　）。[2018年10月真题]

A. 商业银行应加强押品集中度管理，采取必要措施，防范因单一押品或单一种类押品占比过高产生的风险

B. 商业银行应根据押品重要程度和风险状况，定期对押品开展压力测试，原则上每年至少进行一次，并根据测试结果采取应对措施

C. 商业银行应建立动态监测机制，跟踪押品相关政策及行业、地区环境变化，分析其对押品价值的影响，及时发布预警信息，必要时采取相应措施

D. 抵质押合同明确约定警戒线或平仓线的押品，商业银行可以不加强押品价格监控

【解析】抵质押合同明确约定警戒线或平仓线的押品，商业银行应加强押品价格监控，触及警戒线时要及时采取防控措施，触及强制平仓条件时应按合同约定平仓。

31. 办理抵押贷款，必须首先办理抵押物登记手续，以企业的设备和其他动产抵押的，办理抵押物登记的部门为财产所在地的（　　）。[2018年10月真题]

A. 公证处　　B. 市场监督管理部门

C. 银行监管部门　　D. 产权交易所

【解析】一般来说，办理抵押物登记的部门如下：①以无地上定着物的土地使用权抵押

28B　29C　30D　31B

的，为核发土地使用权证书的土地管理部门；②以城市房地产或者乡(镇)、村企业的厂房等建筑物抵押的，为县级以上地方人民政府规定的部门；③以林木抵押的，为县级以上林木主管部门；④以航空器、船舶、车辆抵押的，为运输工具的登记部门；⑤以企业的设备和其他动产抵押的，为财产所在地的市场监督管理部门。

32. 下列关于抵押物认定的表述错误的是(　　)。[2018 年 6 月真题]

A. 对于国有企业以土地所有权抵押的，要有董事会同意的证明

B. 用共有财产作抵押时，应取得共有人同意抵押的证明，并以抵押人所有的份额为限

C. 集体所有制企业和股份制企业用其财产作抵押时，除应该核对抵押物所有权外，还应验证董事会或职工代表大会同意的证明

D. 实行租赁经营责任制的企业，要有产权单位同意的证明

【解析】A 项，根据《民法典》的规定，土地所有权不得抵押。

33. A 公司为 B 公司贷款提供保证，贷款本金为 200 万元，利息为 20 万元，银行可接受 A 公司保证限额为 500 万元，则该贷款的保证率为(　　)。[2017 年 10 月真题]

A. 227%　　B. 40%　　C. 250%　　D. 44%

【解析】根据公式，可得：该贷款的保证率 = 申请保证贷款本息 ÷ 可接受保证限额 × 100% = (200 + 20) ÷ 500 × 100% = 44%。

34. 商业银行接受企业法人为保证人的，要注意验证核实的内容不包括(　　)。[2017 年 10 月真题]

A. 企业法人出具的保证是否符合该法人章程规定的宗旨或授权范围

B. 股份有限公司或有限责任公司的企业法人提供的保证是否提供了由中国注册会计师事务所出具的验资报告或出资证明

C. 企业法人和法人代表签字印鉴的真伪

D. 股份有限公司或有限责任公司的企业法人提供的保证是否取得了董事会决议同意或股东大会同意

【解析】商业银行接受企业法人为保证人的，要注意验证核实以下几点：①法人和法人代表签字印鉴的真伪；②企业法人出具的保证是否符合该法人章程规定的宗旨或授权范围；③股份有限公司或有限责任公司的企业法人提供的保证，需要取得董事会决议同意或股东大会同意；④中外合资、合作企业的企业法人提供的保证，需要提交董事会出具的同意担保的决议及授权书，董事会成员签字的样本，同时提供由中国注册会计师事务所出具的验资报告或出资证明；⑤核保必须是现场实地核保，并且是双人同去；⑥核保人必须亲眼所见保证人在保证文件上签字盖章，并做好核保证实书。

35. 根据我国《民法典》规定，下列选项中，不得抵押的是(　　)。[2017 年 10 月真题]

A. 房屋和其他地上附着物　　B. 国有土地所有权

C. 国有土地使用权　　D. 存货、半成品和产品

【解析】根据《民法典》的规定，不得抵押的财产有：①土地所有权；②宅基地、自留地、自留山等集体所有的土地使用权，但法律规定可以抵押的除外；③学校、幼儿园、

32A　33D　34B　35B

医院等以公益为目的成立的非营利法人的教育设施、医疗卫生设施和其他公益设施；④所有权、使用权不明或者有争议的财产；⑤依法被查封、扣押、监管的财产；⑥法律、行政法规不得抵押的其他财产。

36. 关于保证合同的形式，下列表述正确的是（　　）。［2017 年 10 月真题］

A. 一般以口头形式订立

B. 不可以以主合同担保条款的形式存在

C. 可以单独订立书面合同

D. 具有担保性质的信函、传真不属于保证合同

【解析】保证合同要以书面形式订立，以明确双方当事人的权利和义务。根据《民法典》的规定，书面保证合同可以单独订立，包括当事人之间的具有担保性质的信函、传真等，也可以是主合同中的担保条款。

37. 已知某保证人保证限额为 350 万元，对银行的负债为 200 万元，此次申请保证贷款本息为 45 万元，保证率为（　　）。［2016 年 6 月真题］

A. 40%　　B. 30%　　C. 12%　　D. 16%

【解析】保证率是衡量保证担保充足性的指标。保证率 = 申请保证贷款本息/可接受保证限额 ×100%。其中，保证人保证限额，是指根据客户信用评级办法测算出的保证人信用风险限额减去保证人对商业银行的负债（包括或有负债）得出的数值。因此，该保证人的保证率 =45/（350 -200）×100% =30%。

38. 甲企业与 A 单位共有一处房屋，经评估，房屋价格为 600 万人民币，该企业拥有 50% 所有权。经与 A 单位协商，A 单位同意甲企业将此房屋作为抵押物向银行申请抵押贷款，贷款抵押率为 60%，银行对企业放款金额最多不超过（　　）万元。［2015 年 10 月真题］

A. 360　　B. 180　　C. 220　　D. 328

【解析】共有财产是指两人以上对同一财产享有所有权。对以共有财产抵押的，按照共有财产共同处分的原则，应该经得各共有人的同意才能设立，否则抵押无效。用共有财产作抵押时，应取得共有人同意抵押的证明，并以抵押人所有的份额为限。抵押贷款额的计算公式为：抵押贷款额 = 抵押物评估值 × 抵押贷款率，故银行对企业放款的最大金额为：600 ×50% ×60% =180（万元）。

39. 如果保证合同未约定保证期间或约定不明，并且债权人一直未要求保证人承担保证责任，那么在（　　）之后，保证人免除保证责任。［2015 年 10 月真题］

A. 主债务履行期届满之日起 24 个月　　B. 主债务履行期届满之日起 6 个月

C. 主债务合同生效之日起 24 个月　　D. 主债务履行期届满之日起 13 个月

【解析】就保证责任而言，如果保证合同对保证期间有约定，应依约定；如果保证合同未约定或约定不明，则保证责任自主债务履行期届满之日起 6 个月，在上述规定的时期内债权人未要求保证人承担保证责任，保证人免除保证责任。

40. 抵押物由于技术相对落后造成的贬值称为（　　）。［2015 年 5 月真题］

36C　37B　38B　39B　40B

A. 经济性贬值　　B. 功能性贬值　　C. 科技性贬值　　D. 实体性贬值

【解析】抵押物价值的变动趋势，一般可从下列方面进行分析：①实体性贬值，即由于使用磨损和自然损耗造成的贬值；②功能性贬值，即由于技术相对落后造成的贬值；③经济性贬值，即由于外部环境变化引起的贬值或增值。

41. 关于贷款抵押物的保全，下列表述错误的是(　　)。[2014 年 11 月真题]

A. 在抵押期间，若抵押物价值减少时，银行无权要求抵押人恢复抵押物的价值，或者追加等值的担保

B. 在抵押期间，银行若发现抵押人对抵押物使用不当或保管不善，足以使抵押物价值减少时，有权要求抵押人停止其行为

C. 抵押权与其担保的债权同时存在，债权消失的，抵押权也消失

D. 在抵押期间，若抵押物价值减少时，银行有权要求抵押人恢复抵押物的价值，或者提供与减少的价值相等的担保

【解析】A 项，在抵押期间，若抵押物价值减少时，银行有权请求抵押人恢复抵押物的价值，或者提供与减少的价值相等的担保。

42. 根据《民法典》规定，就一笔保证贷款而言，如果逾期时间超过(　　)，期间借款人未曾归还贷款本息，而贷款银行又未采取其他措施使诉讼时效中断，那么该笔贷款诉讼时效期间已超过，将丧失胜诉权。[2014 年 6 月真题]

A. 2 年　　B. 6 个月　　C. 3 年　　D. 1 年

【解析】《民法典》第一百八十八条规定，向人民法院请求保护民事权利的诉讼时效期间为 3 年，法律另有规定的，依照其规定。诉讼时效期间自权利人知道或者应当知道权利受到损害以及义务人之日起计算。因此，就一笔保证贷款而言，如果逾期时间超过 3 年，3 年期间借款人未曾归还贷款本息，而贷款银行又未采取其他措施使诉讼时效中断，那么该笔贷款诉讼时效期间已超过，将丧失胜诉权。

43. 某公司以非上市公司法人股权质押作为贷款担保，则应该以下列哪种价格作为质押品的公允价格？(　　)[2010 年 5 月真题]

A. 公司最近一期经审计的财务报告中所写明的上市公司法人股权的净资产价格 2500 万元

B. 以公司最近的财务报告为基础，测算公司未来现金流入的现值，所估算的上市公司法人股权的价值 3000 万元

C. 公司正处于重组过程中，交易双方关于上市公司法人股权最新的谈判价格为 2800 万元

D. 贷款日该上市公司法人股权市值 2600 万元

【解析】对于没有明确市场价格的质押品，如非上市公司法人股权等，则应当在以下价格中选择较低者为质押品的公允价值：①公司最近一期经审计的财务报告或税务机关认可的财务报告中所写明的质押品的净资产价格；②以公司最近的财务报告为基础，测算公司未来现金流入量的现值，所估算的质押品的价值；③如果公司正处于重组、并购等股权变动过程中，可以交易双方最新的谈判价格作为确定质押品公允价值的

41A　42C　43A

参考。

44. 贷款质押的最主要风险因素是(　　)。[2010 年 5 月真题]

A. 虚假质押风险　B. 司法风险　C. 汇率风险　D. 操作风险

【解析】目前银行办理的质押贷款在业务中主要的风险有：虚假质押风险、司法风险、汇率风险和操作风险。其中，虚假质押风险是贷款质押的最主要风险因素。

45. 银行与借款人、担保人签订担保协议后，当(　　)时，可通过执行担保来收回贷款本息。

A. 担保人财务状况恶化　B. 借款人无法偿还本息

C. 银行财务状况恶化　D. 贷款到期

【解析】银行与借款人及担保人签订担保协议后，当借款人无法偿还本息时，银行可通过执行担保来收回贷款本息。担保为银行提供了一个可以影响或控制的潜在还款来源，从而提高了贷款最终偿还的可能性。

46. 贷款担保属于风险管理方法中的(　　)。

A. 风险规避　B. 风险抑制　C. 风险自留　D. 风险转移

【解析】贷款担保是信贷资产风险管理的一种方法，它可以减少银行对借款企业违约的担心，使贷款的偿还有了双重保证，把借款企业不还贷的风险转移给了第三者。

47. 关于债权债务关系变化对保证责任的影响，下列表述错误是(　　)。

A. 债权人和债务人变更债权债务合同的履行期限，未经保证人书面同意的，保证期间不受影响

B. 债权人和债务人未经保证人书面同意，协商变更主债权债务合同内容，减轻债务的，保证人对变更后的债务不承担保证责任

C. 保证人与债权人约定禁止债权转让，债权人未经保证人书面同意转让债权的，保证人对受让人不再承担保证责任

D. 债权人未经保证人书面同意，允许债务人转移全部或者部分债务，保证人对未经其同意转移的债务不再承担保证责任，第三人加入债务的，保证人的保证责任不受影响

【解析】B 项，债权人和债务人未经保证人书面同意，协商变更主债权债务合同内容，减轻债务的，保证人仍对变更后的债务承担保证责任；加重债务的，保证人对加重的部分不承担保证责任。

48. 债务人或第三人不转移对财产的占有，将财产作为债权的担保，当债务人不履行债务时，债权人有权依法以财产折价或拍卖，并就变卖财产的价款优先受偿的担保形式是(　　)。

A. 抵押　B. 质押　C. 保证　D. 留置

【解析】抵押，是指为担保债务的履行，债务人或者第三人不转移财产的占有，将该财产抵押给债权人，债务人不履行到期债务或者发生当事人约定的实现抵押权的情形，债权人有权就该财产优先受偿。提供抵押财产的债务人或第三人为抵押人，债权人为

44A　45B　46D　47B　48A

抵押权人，提供担保的财产为抵押财产。

49. 银行信贷业务中较少用到的担保形式为(   )。

A. 质押　　B. 保证　　C. 抵押　　D. 定金

【解析】在《民法典》及其司法解释规则下，担保可以分为典型担保和非典型担保。典型担保是指在《民法典》中明确规定担保构成和担保效力的担保方式，主要包括保证、抵押、质押、留置等。非典型担保的形式主要包括所有权保留(买卖类型担保)、融资租赁、有追索权保理、让与担保和保证金质押等。

50. 融资性担保公司对同一被担保人及其关联方的担保责任余额不得超过其净资产的(   )。

A. 10%　　B. 15%　　C. 20%　　D. 30%

【解析】根据《融资担保公司监督管理条例》的规定，融资担保公司对同一被担保人的担保责任余额与融资担保公司净资产的比例不得超过10%；对同一被担保人及其关联方的担保责任余额与融资担保公司净资产的比例不得超过15%。

51. 机关法人可作为保证人的一种特殊情况是(   )。

A. 上级部门批准后，为外企保证

B. 上级部门批准后，为涉外企业保证

C. 国务院批准后，为使用外国政府或国际经济组织贷款进行转贷

D. 发改委批准后，为涉外企业保证

【解析】根据《民法典》的规定，机关法人不得作保证人，但经国务院批准为使用外国政府或者国际经济组织贷款进行转贷的除外。

52. 保证人保证限额等于(   )。

A. 信用风险限额　　B. 信用风险限额+在银行资产

C. 信用风险限额-对银行负债　　D. 信用风险限额+未来收入现值

【解析】保证人保证限额是指根据客户信用评级办法测算出的保证人信用风险限额减去保证人对商业银行负债(包括或有负债)得出的数值。

53. 在质押担保贷款中，(   )拥有质押财产的占有权。

A. 借款人　　B. 贷款银行　　C. 担保人　　D. 公证方

【解析】质押是贷款担保方式之一，它是债权人所享有的通过占有由债务人或第三人移交的质物而使其债权优先受偿的权利。贷款质押中质物的占有权原则上应转移给质权人，贷款质押以转移质物占有和权利凭证交付之日起生效或登记之日起生效。

54. 抵押贷款中，在认定抵押物时，除核对抵押物的所有权，还应验证董事会或职工代表大会同意的证明的企业形式为(   )。

A. 全民所有制企业　　B. 实行租赁经营责任制的企业

C. 集体所有制企业或股份制企业　　D. 事业单位法人

【解析】抵押贷款中，银行对选定的抵押物要逐项验证产权。实行租赁经营责任制的企

49D　50B　51C　52C　53B　54C

业，要有产权单位同意的证明；集体所有制企业和股份制企业用其财产作抵押时，除应该核对抵押物所有权外，还应验证董事会或职工代表大会同意的证明；用共有财产作抵押时，应取得共有人同意抵押的证明，并以抵押人所有的份额为限。

55. 银行对某企业提供的抵押物评估价值额为1000万元，拟向该企业贷款本息总额为800万元，其中利息300万元，则该企业的抵押率为(　　)。

A. 80%　　B. 95%　　C. 110%　　D. 125%

【解析】该企业的抵押率 = 担保债权本息总额/抵押物评估价值额 ×100% = 800/1000 ×100% = 80%。

56. 某企业以其拥有的生产设备为抵押物向银行申请贷款，银行经分析确定该设备的价值为500万元，抵押率为60%，则企业可取得的抵押贷款额为(　　)万元。

A. 300　　B. 400　　C. 500　　D. 833

【解析】企业可取得的抵押贷款额 = 抵押物评估值 × 抵押贷款率 = 500 × 60% = 300(万元)。

57. 贷款发放前，(　　)要与银行以书面形式签订抵押合同。

A. 借款人　　B. 担保人　　C. 抵押人　　D. 公证人

【解析】贷款发放前，抵押人与银行要以书面形式签订抵押合同。抵押合同应当包括以下内容：①被担保的主债权种类和数额；②债务人履行债务的期限；③抵押财产的名称、数量等情况；④担保的范围。

58. 在抵押期间，(　　)有权收取抵押物所生的天然孳息与法定孳息。

A. 抵押人　　B. 抵押权人　　C. 担保人　　D. 借款人

【解析】抵押期间，不论抵押物所产生的是天然孳息还是法定孳息，均由抵押人收取，抵押权人无权收取。只有在债务履行期间届满，债务人不履行债务致使抵押物被法院依法扣押的情况下，自扣押之日起，抵押权人才有权收取孳息。

59. 质押与抵押本质属于(　　)。

A. 物的担保　　B. 不动产担保　　C. 动产担保　　D. 权利担保

【解析】物的担保，是指债务人或第三人以其特定的财产来担保债务的履行，在债务人不履行其债务时，债权人可以就该财产优先受偿的一种制度。物的担保的方式主要有抵押、质押和留置。

60. (　　)形成的质权称为典型质权。

A. 动产质押　　B. 不动产质押　　C. 财产质押　　D. 权利质押

【解析】质权的标的物为动产和财产权利，动产质押形成的质权为典型质权。

61. 在质押期间，(　　)有权收取质押物所生的天然孳息与法定孳息。

A. 质押人　　B. 质权人　　C. 担保人　　D. 借款人

【解析】根据《民法典》的有关规定，在质押期间，质权人依法有权收取质物所产生的天然孳息和法定孳息。

55A　56A　57C　58A　59A　60A　61B

62．以票据申请质押贷款的，必须对(　　)进行连续性审查。

A．票据　　B．出票人　　C．所有人　　D．背书

【解析】根据相关法律规定，用于质押的质物、质押权利必须合法，对于用票据设定质押的，必须对背书进行连续性审查。

63．设定质押的股票必须是(　　)。

A．价值高的　　B．价格稳定的　　C．可流通的　　D．有管理权的

【解析】根据相关法律规定，用于质押的质物、质押权利必须合法，其中对以股票设定质押的，必须是依法可流通的股票。

64．银行最愿意受理的担保贷款方式是(　　)。

A．抵押　　B．质押　　C．保证　　D．留置

【解析】质押贷款中，银行在放款时占主动权，处理质押物手续较为简单。质物具有价值稳定性好、银行可控制性强、易于直接变现处理用于抵债的特点，因此质押是银行最愿意受理的担保贷款方式。

二、多选题(下列选项中有两项或两项以上符合题目要求)

1．甲公司向银行贷款，甲、乙和银行签订抵押协议，由乙提供其自有房产抵押担保。因登记部门原因导致银行无法办理抵押物登记，乙将房本交给银行保管，一直未补登记，乙向相关部门申请挂失房本换得新房本，并将房屋卖给知情的丙，并办理了过户手续。甲届期未还款，关于贷款、房屋抵押和买卖，下列各项表述正确的有(　　)。[2023 年 10 月真题]

A．因登记部门系统原因未办理抵押登记，但银行占用房本，故取得抵押权

B．丙取得房屋所有权

C．银行没有取得抵押权

D．乙应向银行承担违约责任

E．丙应代为向银行还款

【解析】依据《中华人民共和国民法典》有关担保制度的解释第四十八条，当事人申请办理抵押登记手续时，因登记机构的过错致使其不能办理抵押登记，当事人请求登记机构承担赔偿责任的，人民法院依法予以支持。ABCE 四项，以建筑物和其他土地附着物、建设用地使用权、海域使用权、正在建造的建筑物等不动产抵押的，应当办理抵押登记。抵押权自登记时设立。因登记部门原因未办理抵押登记，银行不能取得抵押权，作为房屋受让人的丙并没有替甲向银行还款的义务。D 项，抵押协议成立并生效，乙未履行给银行办理抵押登记的义务，并且更换新房本将房屋卖给丙，构成违约。

2．商业银行接受的押品应符合的基本条件包括(　　)。[2022 年 7 月真题]

A．押品具有良好的变现能力　　B．押品权属关系清晰

C．抵押(出质)人对押品具有处分权　　D．押品符合法律法规规定及国家政策要求

E．押品真实存在

【解析】商业银行接受的押品应符合的基本条件包括：①押品真实存在；②押品权属关系

62D　63C　64B　┃　1BCD　2ABCDE

清晰，抵押(出质)人对押品具有处分权；③押品符合法律法规规定或国家政策要求；④押品具有良好的变现能力。

3. 从行业实践看，贷款抵押风险主要包括(　　)。[2022 年 7 月真题]

A. 以第三方的财产作抵押而未经财产所有人同意

B. 抵押物虚假或严重不实

C. 未办理有关登记手续

D. 资产评估不真实，导致抵押物不足值

E. 将共有财产抵押而未经共有人同意

【解析】贷款抵押风险包括：①抵押物虚假或严重不实；②未办理有关登记手续；③将共有财产抵押而未经共有人同意；④以第三方的财产作抵押而未经财产所有人同意；⑤资产评估不真实，导致抵押物不足值；⑥未抵押有效证件或抵押的证件不齐；⑦因主合同无效，导致抵押关系无效；⑧抵押物价值贬损或难以变现。

4. 抵押物价值变动趋势的分析要点有(　　)。[2021 年 6 月真题]

A. 实体性贬值　　B. 功能性贬值　　C. 经济性贬值　　D. 社会性贬值

E. 直接性贬值

【解析】抵押物价值的变动趋势一般可从以下方面进行分析：①实体性贬值，即由于使用磨损和自然损耗造成的贬值；②功能性贬值，即由于技术相对落后造成的贬值；③经济性贬值，即由于外部环境变化引起的贬值或增值。

5. 下列关于押品管理体系的表述，正确的有(　　)。[2021 年 6 月真题]

A. 商业银行应将押品管理纳入全面风险管理体系，完善与押品管理相关的治理架构、管理制度、业务流程、信息系统等

B. 商业银行应真实、完整保存押品管理过程中产生的各类文档，包括押品调查文档、估值文档、存续期管理记录等相关资料，并易于检索和查询

C. 董事会应督促高级管理层在全面风险管理体系框架下构建押品管理体系，切实履行押品管理职责

D. 高级管理层应规范押品管理制度流程，落实各项押品管理措施，确保押品管理体系与业务发展、风险管理水平相适应

E. 商业银行应明确前、中、后台各业务部门的押品管理职责，内审部门应将押品管理纳入内部审计范畴，定期进行审计

【解析】商业银行应健全押品管理的治理架构，明确董事会、高级管理层、相关部门和岗位人员的押品管理职责。ABCDE 五项表述皆正确。

6. 商业银行应定期或不定期对押品的价值进行价值重估，出现(　　)情形的，应开展重新评估。[2020 年 10 月真题]

A. 重估频率未到期　　B. 押品市场价格发生较大波动

C. 押品担保的债权形成不良　　D. 押品所担保的债务清偿完毕时

E. 发生合同约定的违约事件

3ABCDE　4ABC　5ABCDE　6BCE

【解析】商业银行应按规定频率对押品进行价值重估。出现下列情形之一的，即使未到重估时点，也应重新估值：①押品市场价格发生较大波动；②发生合同约定的违约事件；③押品担保的债权形成不良；④其他需要重估的情形。

7. 根据《民法典》，贷款担保活动的原则包括（　　）。［2018 年 10 月真题］

A. 自愿原则　　B. 诚实信用原则　　C. 独立原则　　D. 平等原则

E. 公平原则

【解析】《民法典》规定，担保活动应当遵循平等、自愿、公平、诚实信用的原则。

8. 下列关于贷款抵押担保的表述，错误的有（　　）。［2018 年 10 月真题］

A. 抵押中的财产一般都由抵押权人控制，如果抵押人未控制抵押物有效证件，抵押的财产就有可能失控，就可能造成同一抵押物的多头抵押和重复抵押

B. 抵押权的发生与存在以一定债权关系的发生与存在为前提和基础，故抵押权是一种从权利

C. 若抵押物价值减少时，银行有权要求抵押人恢复抵押物的价值，或者提供与减少的价值相等的担保

D. 抵押人转让已办理抵押登记的抵押物的，应当通知银行，不过可以不必告知受让人转让物已经抵押的情况

E. 对抵押物进行准确评估是保证抵押物足值的关键

【解析】A 项，抵押中的财产一般都由抵押人控制，如果抵押权人未控制抵押物的有效证件，抵押的财产就有可能失控，从而造成同一抵押物的多头抵押和重复抵押；D 项，在抵押期间，抵押人转让已办理抵押登记的抵押物的，应当通知银行并告知受让人转让物已经抵押的情况。

9. 抵押期间，抵押人对抵押物使用不当或保管不善，并足以使抵押物价值减少时，银行的权力包括（　　）。［2018 年 6 月真题］

A. 请求抵押人停止其行为

B. 请求抵押人将获得的赔偿金作为抵押财产

C. 请求抵押人恢复抵押物的价值

D. 请求抵押人提供与减少价值相当的担保

E. 宣布借款人破产清算

【解析】在抵押期间，银行若发现抵押人对抵押物使用不当或保管不善，足以使抵押物价值减少时，有权请求抵押人停止其行为。若抵押物价值减少时，银行有权请求抵押人恢复抵押物的价值，或者提供与减少的价值相等的担保。

10. 下列表述正确的有（　　）。［2018 年 6 月真题］

A. 质权的设立不需转移质押标的物的占有

B. 质押期间质权人依法有权收取质物所生的天然孳息和法定孳息

C. 质权人对质物负有善良管理人的注意义务

D. 质押没有受偿的顺序问题

7ABDE　8AD　9ACD　10BCD

E. 质物是为常见的是不动产

【解析】A 项，质权的设立必须转移质押标的物的占有；E 项，质权的标的物为动产和财产权利，动产质押形成的质权为典型质权，我国法律未规定不动产质权。

11. 下列财产中，可以抵押的有(　　)。[2017 年 10 月真题]

A. 依法被查封的生产设备　　B. 医院的医疗设备

C. 以招标方式取得的土地承包经营权　　D. 权属有争议的建设用地使用权

E. 正在建造的建筑物

【解析】根据《民法典》的规定，债务人或者第三人有权处分的下列财产可以抵押：①建筑物和其他土地附着物；②建设用地使用权；③海域使用权；④生产设备、原材料、半成品、产品；⑤正在建造的建筑物、船舶、航空器；⑥交通运输工具；⑦法律、行政法规未禁止抵押的其他财产。不得抵押的财产有：①土地所有权；②宅基地、自留地、自留山等集体所有的土地使用权，但法律规定可以抵押的除外；③学校、幼儿园、医院等以公益为目的成立的非营利法人的教育设施、医疗卫生设施和其他公益设施；④所有权、使用权不明或者有争议的财产；⑤依法被查封、扣押、监管的财产；⑥法律、行政法规规定不得抵押的其他财产。

12. 抵押合同的内容需包括(　　)。[2016 年 11 月真题]

A. 债务人履行债务的期限　　B. 被担保的主债权种类、数额

C. 抵押率的确定　　D. 抵押物的名称、数量、质量、状况等

E. 抵押担保的范围

【解析】贷款发放前，抵押人与银行要以书面形式签订抵押合同。抵押合同应当包括以下内容：①被担保的主债权种类和数额；②债务人履行债务的期限；③抵押财产的名称、数量等情况；④担保的范围。

13. 《民法典》规定的法定担保范围包括(　　)。[2015 年 10 月真题]

A. 执行费　　B. 鉴定评估费　　C. 损害赔偿金　　D. 利息

E. 违约金

【解析】《民法典》规定的法定担保范围为：①主债权；②利息；③违约金；④损害赔偿金；⑤实现担保物权的费用，一般包括诉讼费、鉴定评估费、公证费、拍卖费、变卖费、执行费等费用；⑥质物保管费用。

14. 质押贷款业务的主要风险因素可能包括(　　)。[2015 年 10 月真题]

A. 虚假质押风险　　B. 交易风险　　C. 司法风险　　D. 操作风险

E. 汇率风险

【解析】目前银行办理的质押贷款在业务中主要有如下风险：①虚假质押风险，这是贷款质押的最主要风险因素；②司法风险；③汇率风险；④操作风险。

15. 贷款抵押担保的管理要点主要包括(　　)。[2015 年 5 月真题]

A. 做好抵押物的保管工作　　B. 抵押合同期限应覆盖贷款合同期限

C. 对抵押物的价值进行准确评估　　D. 做好抵押物登记，确保抵押效力

11CE　12ABDE　13ABCDE　14ACDE　15BCDE

E. 对抵押物进行严格审查

【解析】抵押担保的管理要点包括：①对抵押物进行严格审查；②对抵押物的价值进行准确评估；③做好抵押物登记，确保抵押效力；④抵押合同期限应覆盖贷款合同期限；⑤续期管理。

16. 对于质押担保贷款，出质人应向商业银行提交的材料有(　　)。[2015 年 5 月真题]

A. 担保意向书

B. 出质人资格证明

C. 质押财产的产权证明文件

D. 出质人须提供有权作出决议的机关作出的关于同意提供质押的文件、决议或其他具有同等法律效力的文件或证明

E. 财产共有人出具的同意出质的文件

【解析】出质人向商业银行申请质押担保，应在提送信贷申请报告的同时，提送出质人提交的“担保意向书”及以下材料：①质押财产的产权证明文件；②出质人资格证明；③出质人须提供有权决议的机关作出的关于同意提供质押的文件、决议或其他具有同等法律效力的文件或证明(包括但不限于授权委托书、股东会决议、董事会决议)；④财产共有人出具的同意出质的文件。

17. 下列属于商业银行防范贷款虚假质押风险的措施有(　　)。[2014 年 11 月真题]

A. 对调查不清、认定不准所有权及使用权的财产或权利，不能盲目接受其质押

B. 银行查证质押票证时，有密押的应通过联行核对

C. 银行要将质押证件作为重要有价单证归类保管，一般不应出借

D. 银行要认真审查质押贷款当事人行为的合法性

E. 要切实核查质押动产在品种、数量、质量等方面是否与质押权证相符

【解析】C 项是商业银行防范质押操作风险的措施。

18. 我国商业银行可以接受的质押财产包括(　　)。[2014 年 6 月真题]

A. 债券、股票等有价证券

B. 商标专用权等知识产权

C. 机器等动产

D. 存款单、汇票等票据

E. 租用的财产

【解析】商业银行可接受的财产质押包括：①出质人所有的、依法有权处分并可移交质权人占有的动产；②汇票、支票、本票、债券、存款单、仓单、提单；③依法可以转让的基金份额、股权；④依法可以转让的注册商标专用权、专利权、著作权等知识产权中的财产权；⑤现有的以及将有的应收账款；⑥法律、行政法规规定可以出质的其他财产权利。

19. 实务操作中，贷款抵押风险主要包括(　　)。[2013 年 6 月真题]

A. 将共有财产抵押而未经共有人同意

B. 未办理抵押物登记手续

C. 抵押物价值升值

D. 抵押物虚假或严重不实

E. 资产评估不真实，导致抵押物不足值

16ABCDE　17ABDE　18ABCD　19ABDE

【解析】贷款抵押风险主要包括：①抵押物虚假或严重不实；②未办理有关登记手续；③将共有财产抵押而未经共有人同意；④以第三方的财产作抵押而未经财产所有人同意；⑤资产评估不真实，导致抵押物不足值；⑥未抵押有效证件或抵押的证件不齐；⑦因主合同无效，导致抵押关系无效；⑧抵押物价值贬损或难以变现。

20\. 商业银行对选定的抵押物要逐项验证产权，下列表述正确的有(　　)。[2013 年 6 月真题]

A. 对用共有财产作抵押的，应以抵押人所有的份额为限并取得共有人同意抵押的证明

B. 对集体所有制企业用其机器设备作抵押的，还应验证职工代表大会同意的证明

C. 对国有企业用自有财产抵押的，应验证党委会决议

D. 对实行租赁经营责任制的企业用其资产抵押的，要有产权单位同意的证明

E. 对股份制企业用其房产抵押的，应验证董事会同意的证明文件

【解析】抵押是债务人或第三人对债权人以一定财产作为清偿债务担保的法律行为。作为贷款担保的抵押物，必须是归抵押人所有的财产，或者是抵押人有权支配的财产，因此银行对选定的抵押物要逐项验证产权。实行租赁经营责任制的企业，要有产权单位同意的证明；集体所有制企业和股份制企业用其财产作抵押时，除应该核对抵押物所有权外，还应验证董事会或职工代表大会同意的证明；用共有财产作抵押时，应取得共有人同意抵押的证明，并以抵押人所有的份额为限。

21\. 贷款担保活动应该遵循哪些原则？(　　)

A. 公平　　B. 公正　　C. 平等　　D. 自愿

E. 诚实信用

【解析】《民法典》规定，担保活动应当遵循平等、自愿、公平、诚实信用的原则。

22\. 贷款担保的作用主要体现在以下哪些方面？(　　)

A. 协调和稳定商品流转秩序，促进国民经济健康运行

B. 降低银行贷款风险

C. 降低信贷资金使用效率

D. 促进借款企业加强管理，改善经营管理状况

E. 巩固和发展信用关系

【解析】在我国市场经济建立和发展过程中，银行开展担保贷款业务具有重要的意义。担保的作用主要表现在以下四个方面：①协调和稳定商品流转秩序，促进国民经济健康运行；②降低银行贷款风险，提高信贷资金使用效率；③促进借款企业加强管理，改善经营管理状况；④巩固和发展信用关系。

23\. 订立保证合同时，最高贷款限额包括(　　)。

A. 最高贷款累计额　　B. 最高贷款额

C. 贷款余额　　D. 法定的数额

E. 单笔贷款限额

【解析】订立保证合同时，最高贷款限额包括贷款余额和最高贷款累计额，在签订保证

20ABDE　21ACDE　22ABDE　23AC

合同时须加以明确，以免因理解不同发生纠纷。

24. 核保是指核实保证人提供的保证(　　)。
A. 是在自愿基础上达成　　B. 是保证人真实意思的表示
C. 价值充足　　D. 稳定连续
E. 信誉度高

【解析】为了防范保证贷款的风险，商业银行需要核实保证。核实保证简称核保，是指去核实保证人提供的保证是在自愿原则的基础上达成的，是保证人真实意思的表示。

25. 商业银行接受企业法人作为保证人的，要注意验证核实(　　)。
A. 法人及其代表签字印鉴的真伪
B. 出具的保证是否符合其章程规定
C. 股份有限公司或有限责任公司的企业法人提供的保证，是否取得董事会决议同意或股东大会同意
D. 中外合资、合作企业的企业法人提供的保证，是否具有董事会出具的同意担保的决议及授权书、董事会成员签字的样本、中国注册会计师事务所出具的验资报告或出资证明
E. 必须亲眼所见保证人在保证文件上签字盖章

【解析】除 ABCDE 五项外，商业银行接受企业法人作为保证人的，还要注意验证核实的情况有：核保必须是现场实地核保，并且是双人同去，尤其是对于初次建立信贷关系的企业，更应强调双人实地核保的制度。

26. 对可转让土地使用权抵押物估价主要考虑的因素包括(　　)。
A. 土地用途　B. 市场价格　C. 无形损耗　D. 土地供求关系
E. 预计市场涨落

【解析】对可转让的土地使用权的估价，取决于该土地的用途、土地的供求关系。此外，估价的时间性和地区性，也会对评估结果产生一定的影响。

27. 抵押物价值变动趋势一般可从(　　)方面分析。
A. 实体性贬值　B. 功能性贬值　C. 经济性贬值　D. 直接性贬值
E. 社会性贬值

【解析】抵押物价值的变动趋势一般可从以下方面进行分析：①实体性贬值，即由于使用磨损和自然损耗造成的贬值；②功能性贬值，即由于技术相对落后造成的贬值；③经济性贬值，即由于外部环境变化引起的贬值或增值。

28. 票据背书连续性的内容包括(　　)。
A. 每一次背书记载事项、各类签章完整齐全
B. 每一次背书不得附有条件
C. 各背书相互衔接
D. 办理了质押权背书手续，并记明“担保”字样
E. 票据依法可流通

24AB　25ABCDE　26AD　27ABC　28ABC

【解析】对于用票据设定质押的，必须对背书进行连续性审查，审查的内容有：①每一次背书记载事项、各类签章完整齐全并不得附有条件，各背书都是相互衔接的，即前一次转让的被背书人必须是后一次转让的背书人；②票据质押办理质押权背书手续，办理了质押权背书手续的票据应记明“质押”“设质”等字样。

29. 质押贷款中，为规避司法风险，银行可采取的措施有(　　)。
A. 将质押资金转为定期存单单独保管
B. 将质押资金转入银行名下保证金账户
C. 将质押资金存放在本行活期存款账户
D. 将质押资金封存
E. 将质押资金存放于借款人处

【解析】银行如让质押存款的资金存放于借款人在本行的活期存款账户上，是有司法风险的。为规避这种风险，银行须将质押资金转为定期存单单独保管，或者采取更为妥当的方式，将其转入银行名下的保证金账户。

30. 关于抵押的效力，下列说法正确的有(　　)。
A. 在抵押期间，抵押人不可以转让抵押财产
B. 抵押权人能够证明抵押财产转让可能损害抵押权的，可以请求抵押人将转让所得的价款向抵押权人提前清偿债务或者提存
C. 抵押财产转让的，抵押权会受影响
D. 抵押担保的范围不包括违约金和损害赔偿金
E. 抵押人转让抵押财产的，应当及时通知抵押权人，转让的价款超过债权数额的部分归抵押人所有，不足部分由债务人清偿

【解析】AC 两项，在抵押期间，抵押人可以转让抵押财产。当事人另有约定的，按照其约定。抵押财产转让的，抵押权不受影响。D 项，抵押担保的范围包括主债权及利息、违约金、损害赔偿金和实现抵押权的费用。

31. 下列财产设定抵押担保时，应当办理抵押登记，抵押权自登记时设立的有(　　)。
A. 海域使用权
B. 建筑物和其他土地附着物
C. 正在建造的建筑物
D. 现有原材料、半成品、产成品
E. 建设用地使用权

【解析】抵押合同的签订，并不一定意味着抵押权设立，在《民法典》规定的抵押制度下，动产和不动产有不同的要求：①以动产抵押的，抵押权自抵押合同生效时设立；未经登记，不得对抗善意第三人。以动产抵押的，不得对抗正常经营活动中已经支付合理价款并取得抵押财产的买受人。②以建筑物和其他土地附着物、建设用地使用权、海域使用权、正在建造的建筑物等不动产抵押的，应当办理抵押登记。抵押权自登记时设立。

三、判断题(请对下列各题的描述做出判断，正确的用 A 表示，错误的用 B 表示)

1. 《民法典》规定的法定担保范围包括：主债权、利息、违约金、实现担保物权的费用，不

29AB　30BE　31ABCE　▎　1B

包括损害赔偿金。(　　)[2021年6月真题]

【解析】担保范围分为法定范围和约定范围。《民法典》规定的法定范围包括：①主债权；②利息；③违约金；④损害赔偿金；⑤实现担保物权的费用；⑥质物保管费用。

2. 按照《民法典》的有关规定，担保方式包括定金、保证、质押和抵押。(　　)[2018年6月真题]

【解析】在《民法典》及其司法解释规则下，担保可以分为典型担保和非典型担保。典型担保，是指在《民法典》中明确规定担保构成和担保效力的担保方式，主要包括保证、抵押、质押、留置等。非典型担保的形式主要包括所有权保留(买卖类型担保)、融资租赁、有追索权保理、让与担保和保证金质押等。

3. 在抵押物的认定过程中，只要取得共有人同意抵押的证明，抵押人就可以将共有财产全额抵押。(　　)[2015年10月真题]

【解析】用共有财产作抵押时，应取得共有人同意抵押的证明，并以抵押人所有的份额为限。

4. 银行仅需根据质物的适用性、申请贷款时的变现能力即可确定质押率。(　　)[2015年10月真题]

【解析】确定质押率的依据主要有：①质物的适用性、变现能力；②质物、质押权利价值的变动趋势，一般可从质物的实体性贬值、功能性贬值及质押权利的经济性贬值或增值三方面进行分析。

5. 上市公司的可流通股票作为质押品时，其公允价值是该股票的市场价格。(　　)[2015年5月真题]

【解析】对于有明确市场价格的质押品，如国债、上市公司流通股股票、存款单、银行承兑汇票等，其公允价值即为该质押品的市场价格。

6. 抵押权与其担保的债权同时存在，债权消失，抵押权也消失。(　　)[2015年5月真题]

【解析】抵押权与其担保的债权同时存在。抵押贷款到期，若借款人能足额按时归还本息，则抵押自动消失；若借款人不能按时归还贷款本息，或银行同意展期后仍不能履行，抵押权才真正得以实现。

7. 以海关监管期内的动产作质押的，需要负责监管的海关出具同意质押的证明文件。(　　)[2014年11月真题]

【解析】用动产出质的，应通过审查动产购置发票、财务账簿，确认其是否为出质人所有。海关监管期内的动产作质押的，须由负责监管的海关出具同意质押的证明文件。

8. 抵押人可以同时或者先后就同一项财产向两个以上的债权人进行抵押。(　　)[2014年11月真题]

【解析】在抵押担保中，抵押权的设立不转移占有，在同一标的物上可能设立多个抵押权。在质押担保中，质权设立以转移质押财产的占有为设立要件，因此在同一标的物上

2B　3B　4B　5A　6A　7A　8A

一般不会设立多个质权。

9. 在对作为抵押物的机器设备进行估价时，只需考虑的因素是折旧。(　　)［2014 年 6 月真题］

【解析】由于我国的法律还未就抵押物估价问题作出具体规定，一般的做法是由抵押人与银行双方协商确定抵押物的价值，委托具有评估资格的中介机构给予评估或银行自行评估。其中，对于机器设备的估价，主要考虑的因素是无形损耗和折旧，估价时应扣除折旧。

10. 在保证贷款中借款人将债务转移至第三方时，不需要事先获得保证人的同意。(　　)［2013 年 6 月真题］

【解析】债权人转让全部或者部分债权，未通知保证人的，该转让对保证人不发生效力。保证人与债权人约定禁止债权转让，债权人未经保证人书面同意转让债权的，保证人对受让人不再承担保证责任。债权人未经保证人书面同意，允许债务人转移全部或者部分债务，保证人对未经其同意转移的债务不再承担保证责任，但是债权人和保证人另有约定的除外。第三人加入债务的，保证人的保证责任不受影响。

11. 对于担保贷款，当借款人无法偿还银行本息时，银行可以通过执行担保来收回贷款本息。(　　)［2013 年 6 月真题］

【解析】银行与借款人及担保人签订担保协议后，当借款人无法偿还本息时，银行可以通过执行担保来收回贷款本息。担保为银行提供了一个可以影响或控制的潜在还款来源，从而提高了贷款最终偿还的可能性。

12. 保证人与商业银行可以就单个主合同分别订立保证合同，也可以协商在最高贷款限额内就一定期间连续发生的贷款订立一个保证合同。(　　)［2010 年 5 月真题］

【解析】保证人与商业银行可以就单个主合同分别订立保证合同，也可以协商在最高贷款限额内就一定期间连续发生的贷款订立一个保证合同，后者大大简化了保证手续。

四、综合题

甲公司以其办公用房作抵押向乙银行借款 200 万元，乙银行与甲公司签署抵押合同并办理强制执行公证，但未办理抵押登记。办公用房权属证件齐全但价值仅为 100 万元，甲公司又请求丙公司为该笔借款提供保证担保，因丙公司法人代表常驻香港，保证合同由丙公司总经理签字并盖合法公章。乙银行与丙公司的保证合同没有约定保证方式及保证范围，但约定保证人承担保证责任的期限至借款本息还清时为止。借款合同到期后，甲公司没有偿还银行的借款本息。

请根据上述资料，回答下列问题。［2016 年 6 月真题］

(1) 丙公司的保证期间为主债务履行期届满之日起(　　)。(单项选择题)

A. 六个月　　B. 一年

C. 二年　　D. 保证合同约定不明确，无法判断

【解析】保证合同约定保证人承担保证责任直至主债务本息还清时为止等类似内容的，视为约定不明，保证期间为主债务履行期限届满之日起六个月。

9B　10B　11A　12A　▎　(1) A

(2)虽然乙银行与丙公司的保证合同没有约定保证方式和范围，乙银行仍可直接要求丙公司承担(　　)的保证责任。(单项选择题)

A. 0　　B. 200 万元　　C. 300 万元　　D. 100 万元

【解析】若抵押物价值减少时，银行有权请求抵押人恢复抵押物的价值，或者提供与减少的价值相等的担保。题中，甲公司借款 200 万元，抵押物价值仅为 100 万元，因此，乙银行可要求保证人丙公司提供 100 万元的保证责任。

(3)根据上述材料，乙银行贷款管理存在以下问题(　　)。(多项选择题)

A. 保证合同约定不明确，致使无法要求丙公司承担保证责任

B. 要求法人代表常驻香港的丙公司提供保证

C. 没有办理抵押登记

D. 保证合同未经法人签字，也没有授权

E. 与甲公司签署抵押合同时办理了强制执行公证

【解析】C 项，《民法典》规定，在法律规定一定范围内的财产抵押时，双方当事人不但要签订抵押合同，而且要办理抵押物登记，否则抵押权未生效或不能对抗善意第三人；D 项，办理一笔保证贷款通常需要保证人出具保证函，与贷款银行签订保证合同，这些法律性文件都必须有法定代表人签字并加盖公章才能生效，银行方面需要核对签字与印章。

---

(2)D　(3)CD

第八章　信贷审批

一、单选题（下列选项中只有一项最符合题目的要求）

1. 商业银行信贷授权是为了（　）。[2023 年 10 月真题]

A. 降低准入门槛　　B. 在控制风险的前提下提高效率

C. 分散风险　　D. 优化授信标准

【解析】信贷授权是指银行业金融机构对其所属业务职能部门、分支机构和关键业务岗位开展信贷业务权限的具体规定。信贷授权是银行业金融机构信贷管理和内部控制的基本要求，旨在健全内部控制体系，增强防范和控制风险的能力，并有利于优化流程、提高效率，以实现风险收益的最优化。

2. 商业银行在贷款审查中，审查借款人、担保人（物）及具体信贷业务有关资料是否齐备，以及信贷业务内容运作资料是否齐全，这属于（　）审查。[2022 年 7 月真题]

A. 借款人主体资格　　B. 信贷业务政策符合性

C. 财务因素　　D. 信贷资料完整性

【解析】信贷资料完整性及调查工作与申报流程的合规性审查包括：①借款人、担保人（物）及具体信贷业务有关资料是否齐备，申报资料及其内容应合法、真实、有效；②信贷业务内部运作资料是否齐全，是否按规定程序操作，调查程序和方法是否合规，调查内容是否全面、有效，调查结论及意见是否合理；③业务是否在本级机构信贷审批授权内。

3. 商业银行通常按照（　）的逻辑顺序开展授信业务。[2022 年 7 月真题]

A. 个人信贷业务、客户授信额度、集团授信额度

B. 客户授信额度、集团授信额度、个人信贷业务

C. 集团授信额度、客户授信额度、个人信贷业务

D. 客户授信额度、个人信贷业务、集团授信额度

【解析】商业银行通常是按照先核定集团授信额度（如有）、客户授信额度，再办理信贷业务的逻辑顺序开展信贷业务。

4. 商业银行在贷款审查中，审查借款人申请信贷业务是否履行了法律法规或公司章程规定的授权程序，这属于（　）审查。[2021 年 6 月真题]

A. 担保能力　　B. 借款人主体资格及基本情况

C. 财务因素　　D. 信贷资料完整性

【解析】借款人主体资格及基本情况审查内容包括：①借款人主体资格及经营资格（资质）的合法性，信贷业务用途是否在其营业执照规定的经营范围内。②借款人股东实力及注册资金的到位情况，产权关系是否明晰，法人治理结构是否健全。③借款人申请信贷业务是否履行了法律法规或公司章程规定的授权程序。④借款人的银行和商业信用记录，以及法定代表人和核心管理人员的背景、主要履历、品行和个人信用记录。

1B　2D　3C　4B

5. 授权适度原则，指银行业金融机构应按照信贷风险控制和(　　)两方面的要求，合理确定授权金额及行权方式，以实现集权与分权的平衡。[2021 年 6 月真题]

A. 扩大贷款数额　　B. 提高审批效率

C. 获取最大利息收入　　D. 提高贷款份额

【解析】授权适度原则是指银行业金融机构应兼顾信贷风险控制和提高审批效率两方面的要求，合理确定授权金额及行权方式，以实现集权与分权的平衡。实行转授权的，在金额、种类和范围上均不得大于原授权。

6. 下列关于商业银行信贷审查审批的表述，错误的是(　　)。[2020 年 10 月真题]

A. 审查人员原则上不与借款人单独直接接触

B. 授信审批应按规定权限、程序进行，不得违反程序、减少程序或逆程序审批授信业务

C. 审查人员如果对信贷业务持否定态度，可以停止信贷流程，拒绝审批

D. 审查人员应具备经济、财务、信贷、法律、税务等专业知识，并有丰富的实践经验

【解析】审查人员无最终决策权。审查人员即使对信贷业务持否定态度，也应按正常的信贷流程继续进行审批。最终审批人参考审查人员意见后，对是否批准该信贷业务提出明确的意见。信贷决策权应由信贷审批会议或审批委员会或最终有权审批人行使。

7. 信贷审查事项中，下列选项中不属于非财务因素审查内容的是(　　)。[2020 年 10 月真题]

A. 行业地位分析　　B. 生产技术分析

C. 财务报告的审计结论　　D. 经营环境

【解析】非财务因素审查主要包括借款人的企业性质、发展沿革、组织架构及公司治理、经营环境、所处的行业市场、行业地位、产品定价、生产及其技术、客户核心竞争能力等。C 项，财务报告的审计结论属于财务因素审查内容。

8. 下列关于信贷审批要素中有关信贷期限的表述，错误的是(　　)。[2020 年 10 月真题]

A. 贷款期限应与借款人的风险状况及风险控制要求相匹配

B. 贷款期限应与借款人还款来源到账时间相匹配

C. 贷款期限须控制在借款人生产周期以内

D. 贷款期限应符合相应信贷品种有关期限的规定

【解析】信贷期限的确定通常应考虑以下因素：①应符合相应信贷品种有关期限的规定，如商业汇票最长期限为 6 个月，并购贷款期限一般不超过 7 年。②贷款期限一般应控制在借款人相应经营的有效期限内。③应与借款人资产转换周期及其他特定还款来源的到账时间相匹配。④贷款期限还应与借款人的风险状况及风险控制要求相匹配；对于风险相对较高的客户及业务，时间越长不确定性通常越大，因此较适宜办理短期产品。

9. 银行在对借款企业的风险和财务状况进行综合评估的基础上，确定的能够和愿意承担的风险总量称为(　　)。[2019 年 6 月真题]

A. 集团成员借款额度　　B. 单项信贷额度

5B　6C　7C　8C　9D

C. 集团授信额度　　　　　　　　　　D. 客户信用额度

【解析】客户信用额度是指银行在对借款企业的风险和财务状况进行综合评估的基础上，确定的能够和愿意承担的风险总量。银行对借款企业提供的各类信用余额之和不得超过该客户的授信额度，额度可在有效期内使用。

10. 商业银行的信贷决策权可以由(　　)行使。[2019 年 6 月真题]

A. 贷款调查人员　　　　　　　　　B. 贷款审批委员会

C. 银行客户经理　　　　　　　　　D. 贷款审查人员

【解析】审查人员即使对信贷业务持否定态度，也应按正常的信贷流程继续进行审批。最终审批人参考审查人员意见后，对是否批准该信贷业务提出明确的意见。信贷决策权应由信贷审批会议或审批委员会或最终有权审批人行使。

11. 商业银行对产能过剩行业、高耗能、高污染行业适当上收审批权限，这属于按照(　　)进行的信贷授权。[2018 年 6 月真题]

A. 授信品种　　B. 受权人　　C. 行业　　D. 客户风险评级

【解析】信贷授权是指银行业金融机构对其所属业务职能部门、分支机构和关键业务岗位开展信贷业务权限的具体规定。常用的授权形式有以下几种：①按受权人划分，信贷授权可授予总部授信业务审批部门及其派出机构、分支机构及相关负责人或独立授信审批人等。②按授信品种划分，可按风险高低进行授权，如对固定资产贷款、并购贷款、流动资金贷款等品种给予不同的权限。③按行业进行授权，根据银行行业信贷政策，对不同的行业分别授予不同的权限。例如，对产能过剩行业、高耗能、高污染行业应适当上收审批权限。④按客户分类及风险评级授权，根据银行信贷客户分类及差异化政策，针对信贷客户的不同类型及信用等级，分别授予不同的权限。⑤按担保方式授权，根据担保对风险的缓释作用，对采用不同担保方式的信贷业务分别授予不同的权限，如对全额保证金业务、存单(国债)质押业务通常给予更大的审批权限。

12. 下列关于商业银行信贷审批要素的表述，错误的是(　　)。[2018 年 6 月真题]

A. 银行可针对借款人及相关授信业务的风险特征，提出相应的贷后管理要求

B. 信贷币种无须与信贷业务项下交易所使用的结算币种及借款人还款来源币种相匹配

C. 贷款利率的确定应考虑所在地同类信贷业务的市场价格水平

D. 贷款审批人应分析授信申报方案所提出的信贷业务用途是否明确、具体

【解析】信贷币种应尽可能与信贷业务项下交易所使用的结算币种及借款人还款来源币种相匹配，并充分考虑贷款币种与还款来源币种错配情况下所面临的相关风险及风险控制。

13. 信贷授权的有效期一般为(　　)。[2016 年 11 月真题]

A. 2 年　　B. 6 个月　　C. 3 个月　　D. 1 年

【解析】信贷授权是指银行业金融机构对其所属业务职能部门、分支机构和关键业务岗位开展信贷业务权限的具体规定。授权的有效期限一般为 1 年。

14. 下列哪一项内容不属于贷款审查事项的基本内容？(　　)[2016 年 11 月真题]

10B　11C　12B　13D　14C

A. 担保　　　　B. 财务　　　　C. 设备　　　　D. 非财务

【解析】贷款审查事项的基本内容主要包括：①信贷资料完整性及调查工作与申报流程的合规性审查；②借款人主体资格及基本情况审查；③信贷业务政策符合性审查；④财务因素审查；⑤非财务因素审查；⑥担保审查；⑦充分揭示信贷风险；⑧提出审查结论。

15. 某农产品收购企业 8 月初开始收购，经过简单加工后次年 3 月底销售完毕，货款最迟 4 月结完，则对该企业应当发放______，贷款期限______较为适当。(　　)[2016 年 6 月真题]

A. 短期流动资金贷款；9 个月　　B. 中期流动资金贷款；2 年

C. 短期流动资金贷款；6 个月　　D. 短期流动资金贷款；1 年

【解析】短期贷款是指贷款期限在 1 年以内(含 1 年)的贷款，本题中资产转换周期为 9 个月，所发贷款应该为 9 个月的短期流动资金贷款。

16. 商业银行评价借款人还款能力应主要关注(　　)。[2015 年 5 月真题]

A. 现金流量状况　B. 现有资产价值　C. 重新筹资能力　D. 担保落实情况

【解析】客户的还款能力主要取决于客户的现金流，只有当客户在一定期限内的现金流入大于或等于现金流出时，其才具有还款能力。在实际操作中，银行可以通过对季节性或长期贷款的信用分析和财务预测来评估还款能力，集中分析客户未来现金流量的风险。

17. 下列关于信贷审批要素中信贷品种的表述，错误的是(　　)。[2014 年 11 月真题]

A. 信贷品种应与信贷用途相匹配

B. 信贷品种应与客户结算方式相匹配

C. 风险相对较高的信贷品种仅适用于资信水平低的客户

D. 信贷品种应符合所在银行的信贷政策及管理要求

【解析】信贷品种应符合以下要求：①与业务用途相匹配，即信贷品种的适用范围应涵盖该笔业务具体的用途；②与客户结算方式相匹配，即支持业务交易采用的结算方式应与信贷品种适用范围一致；③与客户风险状况相匹配，由于不同信贷品种通常具有不同的风险特征，风险相对较高的信贷品种通常仅适用于资信水平相对较高的客户；④与银行信贷政策相匹配，符合所在银行的信贷政策及管理要求。

18. 商业银行应兼顾信贷风险控制和提高审批效率方面的要求，合理确定授权金额及行权方式，以实现集权与分权的平衡。这是信贷授权应遵循的(　　)原则。[2014 年 11 月真题]

A. 权责一致　　B. 差别授权　　C. 动态调整　　D. 授权适度

【解析】授权适度原则是指银行业金融机构应兼顾信贷风险控制和提高审批效率两方面的要求，合理确定授权金额及行权方式，以实现集权与分权的平衡。实行转授权的，在金额、种类和范围上均不得大于原授权。

19. 审贷分离的核心是将负责信贷业务调查的______与负责信贷业务审查审批的______相

15A　16A　17C　18D　19B

分离，以达到相互制约的目的。(　　)［2014 年 11 月真题］

A. 业务部门；监控部门　　B. 业务部门；管理部门

C. 调配部门；稽核部门　　D. 管理部门；调配部门

【解析】审贷分离是指将信贷业务办理过程中的调查和审查审批环节进行分离，分别由不同层次机构和不同部门(岗位)承担，以实现相互制约并充分发挥信贷审查审批人员专业优势的信贷管理制度。审贷分离的核心是将负责信贷业务调查的业务部门(岗位)与负责信贷业务审查审批的管理部门(岗位)相分离，以达到相互制约的目的。

20. 下列关于商业银行审贷制度的表述，错误的是(　　)。［2014 年 6 月真题］

A. 审查审批人员应具备经济、财务、信贷、法律、税务等专业知识，并有丰富的实践经验

B. 未通过贷审会审批的信贷业务可以申请复议，但必须符合一定条件

C. 如贷款审查人员对信贷业务持否定态度，可以终止该笔贷款的信贷流程

D. 授信审批应按规定权限、程序进行，不得违反程序、减少程序或逆程序审批信贷业务

【解析】C 项，审查人员无最终决策权，审查人员即使对信贷业务持否定态度，也应按正常的信贷流程继续进行审批。最终审批人参考审查人员意见后，对是否批准该信贷业务提出明确的意见。信贷决策权应由信贷审批会议或审批委员会或最终有权审批人行使。

21. 商业银行应根据各业务职能部门和分支机构的经营管理水平、风险控制能力、主要负责人业绩以及所处地区经济及信用环境等，实行有区别的授权，这是信贷授权应遵循的(　　)原则。［2014 年 6 月真题］

A. 差别授权　　B. 授权适度　　C. 动态调整　　D. 权责一致

【解析】差别授权原则是指银行业金融机构应根据各业务职能部门和分支机构的经营管理水平、风险控制能力、主要负责人业绩以及所处地区经济及信用环境等，实行有区别的授权。

22. 商业银行根据各业务职能部门和分支机构的经营业绩、风险状况、制度执行以及经济形势、信贷政策、业务总量、审批能力等方面的情况变化，及时调整授权，这是信贷授权应遵循的(　　)原则。［2013 年 11 月真题］

A. 授权适度　　B. 权责一致　　C. 动态调整　　D. 差别授权

【解析】动态调整原则是指银行业金融机构应根据各业务职能部门和分支机构的经营业绩、风险状况、制度执行以及经济形势、信贷政策、业务总量、审批能力等方面的情况变化，及时调整授权。

23. 常用的信贷授权形式分类不包括(　　)。［2013 年 6 月真题］

A. 按受权机构人数　　B. 按担保方式

C. 按行业　　D. 按授信品种

【解析】常用的授权形式分类有以下几种：①按受权人划分；②按授信品种划分；③按

20C　21A　22C　23A

行业进行授权；④按客户分类及风险评级授权；⑤按担保方式授权。

24. 在信贷授权的形式中，对固定资产贷款、并购贷款、流动资金贷款等品种给予不同的权限，是按(　　)进行划分的。

A. 受权人　　B. 行业　　C. 授信品种　　D. 担保方式

【解析】信贷授权按授信品种划分时，可按风险高低进行授权，如对固定资产贷款、并购贷款、流动资金贷款等品种给予不同的权限。

25. 下列关于信贷授权中转授权的说法，不正确的是(　　)。

A. 受权的经营单位在总部直接授权的权限内进行授信审批权限的转授

B. 受权的经营单位对本级行各有权审批人、相关信贷业务职能部门和所辖分支机构转授一定的信贷审批权限

C. 贷款人应建立健全内部审批授权与转授权机制

D. 审批人员报上级批准，秉持审慎原则可越权审批贷款

【解析】D 项，审批人员应在授权范围内按规定流程审批信贷业务，不得越权审批。

26. 当下列哪种情况发生时，银行应该停止贷款资金的发放和支付？(　　)

A. 项目进度快于资金的使用进度或与资金使用进度一致

B. 借款人信用状况上升

C. 以化整为零的方式规避贷款人受托支付

D. 按合同约定支付贷款资金

【解析】借款人出现以下情形的，贷款人应与借款人协商补充贷款发放和支付条件，或根据合同约定停止贷款资金的发放和支付：①信用状况下降；②不按合同约定支付贷款资金；③项目进度落后于资金使用进度；④违反合同约定，以化整为零的方式规避贷款人受托支付。

27. 在信贷担保中，下列哪项不是担保方式必须满足的要求？(　　)

A. 合法合规性　　B. 盈利性　　C. 可执行性　　D. 易变现性

【解析】担保方式应满足：①合法合规性；②足值性；③可控性；④可执行性及易变现性。

28. 授信额度是指银行在客户授信限额内，根据客户的______和______最终决定给予客户的授信总额。(　　)

A. 客户的还款能力；客户的信用状况　　B. 客户的规模状况；银行的客户政策

C. 客户的还款能力；银行的客户政策　　D. 客户的信用状况；银行的客户政策

【解析】授信额度是指银行在客户授信限额以内，根据客户的还款能力和银行的客户政策最终决定给予客户的授信总额，包括贷款额度、贸易融资额度、保函额度、承兑汇票额度、透支额度等各类信贷业务额度。

29. 下列银行确立授信额度的步骤中，位于"偿债能力分析"之后的是(　　)。

A. 分析借款原因与借款需求

24C　25D　26C　27B　28C　29D

B. 讨论借款原因和具体需求额度，评估借款企业可能产生的特殊情况

C. 评估关键风险和影响借款企业资产周转和债务清偿能力的因素

D. 初步核定集团授信总量，分配授信额度，完成最后授信评审并提交审核

【解析】银行确立授信额度的步骤为：①通过与借款需求企业的讨论，以及借贷理由分析，分析借款原因和借款需求；②如果通过评估借款原因，明晰了短期和长期借款理由，在一些情况下，长期贷款额度需求可以在这一时点上进行大致的评估；③讨论具体需求额度与借款原因及其合理性；④进行信用分析以辨别和评估关键的宏观风险、行业风险和商业风险，以及所有影响借款企业的资产转换周期和债务清偿能力的因素；⑤进行偿债能力分析，评估客户未来可获得现金流量能否满足债务清偿所需；⑥初步核定集团(客户)授信总量，并根据集团(客户)需求及风险特征、成员企业经营及资信状况，在集团成员企业(或各类信贷业务品种)间分配授信额度(包括现存所有的有效授信额度以及新的正在申请批准的信贷额度)，设定授信持续条件与风险控制措施、有效期等要素，完成最后授信评审并提交审核，经审批后实施。

30. 下列关于单项信贷额度的说法，不正确的是(　　)。

A. 主要用于产品额度项下单笔业务审批及支用管理

B. 按还款后是否可续借，分为专项额度或非专项额度

C. 是指银行基于不同授信业务品种风险特征及其差异化信贷管理需要，在客户授信总额之下，为客户不同信贷品种设置的分类管理额度

D. 包括流动资金贷款额度、固定资产贷款额度、表外担保额度等

【解析】单项信贷额度是指银行基于不同授信业务品种风险特征及其差异化信贷管理需要，在客户授信总额之下，为客户不同信贷品种设置的分类管理额度。如流动资金贷款额度、固定资产贷款额度、表外担保额度等。单项信贷额度主要用于产品额度项下单笔业务审批及支用管理。一些银行基于精细化管理需要，会将单项信贷额度划分为不同性质，例如，按还款后是否可续借，设置可循环额度和不可循环额度；按单项信贷额度是否可被其他品种调剂或串用，分为专项额度或非专项额度。

二、多选题(下列选项中有两项或两项以上符合题目要求)

1. 下列选项中，容易导致集团客户授信业务风险损失的有集团客户(　　)。[2023 年 10 月真题]

A. 过度授信　　B. 多头授信

C. 统一授信额度管理　　D. 成员间分配授信额度不适当

E. 内部不公允关联交易

【解析】集团客户授信业务风险是指由于商业银行对集团客户多头授信、过度授信和不适当分配授信额度，或集团客户经营不善以及集团客户通过关联交易、资产重组等手段在内部关联方之间不按公允价格原则转移资产或利润等情况，导致商业银行不能按时收回由于授信产生的贷款本金及利息，或给商业银行带来其他损失的可能性。

2. 根据《商业银行集团客户授信业务风险管理指引》规定，下列选项中符合集团客户定义的有(　　)。[2021 年 6 月真题]

30B　▍　1ABDE　2ABDE

A. 共同被第三方企事业法人控制的
B. 主要投资者个人、关键管理人员或与其近亲属，包括三代以内直系亲属关系和二代以内旁系亲属关系，共同直接控制或间接控制的
C. 供应链上下游企业
D. 在股权上或经营决策上直接或间接控制其他企事业法人或被其他企事业法人控制的
E. 存在其他关联关系，可能不按公允价格原则转移资产和利润，商业银行认为应视同集团客户进行授信管理的

【解析】集团客户是指具有以下特征的商业银行的企事业法人授信对象：①在股权上或者经营决策上直接或间接控制其他企事业法人或被其他企事业法人控制的；②共同被第三方企事业法人所控制的；③主要投资者个人、关键管理人员或与其关系密切的家庭成员(包括三代以内直系亲属关系和二代以内旁系亲属关系)共同直接控制或间接控制的；④存在其他关联关系，可能不按公允价格原则转移资产和利润，商业银行认为应视同集团客户进行授信管理的。

3. 下列贷款审查内容中，属于借款人主体资格及基本情况审查的有(　　)。[2019 年 6 月真题]
A. 借款人的股东实力及注册资金的到位情况
B. 借款人的财务指标
C. 借款人法定代表人的个人信用记录
D. 借款人担保方式的合法、足值、有效性
E. 借款人申请信贷业务是否履行了公司章程规定的授权程序

【解析】借款人主体资格及基本情况审查包括：①借款人主体资格及经营资格(资质)的合法性，信贷业务用途是否在其营业执照规定的经营范围内；②借款人股东实力及注册资金的到位情况，产权关系是否明晰，法人治理结构是否健全；③借款人申请信贷业务是否履行了法律法规或公司章程规定的授权程序；④借款人的银行和商业信用记录，以及法定代表人和核心管理人员的背景、主要履历、品行和个人信用记录。

4. 信贷审批过程中，根据了解你的客户、了解你客户的业务、了解你客户的风险原则，应着重注意(　　)。[2018 年 6 月真题]
A. 对保证、抵押、质押等担保方式的合法、足值、有效性进行审查
B. 客户准入及借款用途是否符合银行有关行业、区域、客户、产品等信贷政策
C. 借款人股东的实力及注册资金的到位情况
D. 抵押人代偿能力
E. 借款人、担保人及具体信贷业务有关资料是否齐备

【解析】银行业金融机构在贷款审查审批过程中一般应要求把握以下内容：①信贷资料完整性及调查工作与申报流程的合规性审查；②借款人主体资格及基本情况审查；③信贷业务政策符合性审查；④财务因素审查；⑤非财务因素审查；⑥担保审查；⑦充分揭示信贷风险；⑧提出审查结论。A 项属于担保审查；B 项属于信贷业务政策符合性审查；C 项属于借款人主体资格及基本情况审查；E 项属于信贷资料完整性审查。

3ACE　4ABCE

5. 信贷授权应遵循的基本原则包括(　　)。[2016 年 11 月真题]

A. 权责一致原则　B. 授权适度原则　C. 公平公开原则　D. 差别授权原则

E. 动态调整原则

【解析】信贷授权是指银行金融机构对其所属业务职能部门、分支机构和关键业务岗位开展信贷业务权限的具体规定。其应遵循的基本原则有：①授权适度原则；②差别授权原则；③动态调整原则；④权责一致原则。

6. 下列关于担保方式的说法中正确的有(　　)。[2016 年 11 月真题]

A. 担保品必须是符合法律规定、真实存在的财产或权利

B. 担保品必须具备易变现性

C. 担保品应按法规要求在有权机构办理抵(质)押登记

D. 担保品必须具备可控性

E. 担保品必须具备足值性

【解析】担保方式的审查应重点考虑以下因素：①所采用的担保方式应满足合法合规性要求，担保人必须符合法律法规规定的主体资格要求，且担保行为获得了担保人有权机构的合法审批，能按要求签署担保合同；担保品必须是符合法律规定、真实存在的财产或权利，担保人对其拥有相应的所有权和处置权，并可按法律法规要求在有权机构办理必要的抵(质)押登记。②担保应具备足值性。③所采用的担保还应具备可控性。④担保应具备可执行性及易变现性，并考虑可能的执行与变现成本。

7. 商业银行审贷分离制度的形式有(　　)。[2016 年 6 月真题]

A. 岗位分离　B. 行业分离　C. 业务分离　D. 部门分离

E. 地区分离

【解析】审贷分离是指将信贷业务办理过程中的调查和审查审批环节进行分离，分别由不同层次机构和不同部门(岗位)承担，以实现相互制约并充分发挥信贷审查审批人员专业优势的信贷管理制度。审贷分离的形式主要有：①岗位分离；②部门分离；③地区分离。

8. 信贷审批要素包括(　　)。[2015 年 10 月真题]

A. 贷后管理要求　B. 贷款利率　C. 贷款期限　D. 担保方式

E. 发放条件与支付方式

【解析】信贷审批要素广义上是指信贷审批方案中应包含的各项内容，具体包括授信对象、信贷用途、品种、金额、期限、币种、利率或费率、担保方式、发放条件与支付方式、还款计划安排及贷后管理要求等。

9. 授信额度的决定因素有(　　)。[2015 年 10 月真题]

A. 客户的还款能力

B. 信贷组合管理的限制

C. 银行或借款企业的法律或监督条款的限制

D. 银行的客户政策

5ABDE　6ABCDE　7ADE　8ABCDE　9ABCDE

E. 客户的信贷需求

【解析】授信额度通常是在对以下因素进行评估和考虑的基础上决定的：①了解并测算客户的信贷需求，通过与客户进行讨论，对借款原因进行分析，确定客户合理信贷需求；②客户的还款能力；③银行或借款企业的相关法律或监督条款的限制；④信贷组合管理的限制；⑤银行的客户政策；⑥关系管理因素。

10. 关于审贷分离的实施要点，下列表述正确的有（　　）。[2015 年 10 月真题]

A. 审查人员原则上不允许单独接触借款人

B. 审查人员应具有最终决策权

C. 不得违反程序审批授信业务

D. 审贷分离是指将贷款审查与贷款发放相分离

E. 信贷审批原则上应实行集体审议机制

【解析】审贷分离实施要点包括：①审查审批人员与借款人原则上不单独直接接触；②审查人员无最终决策权；③审查审批人员应真正成为信贷专家；④实行集体审议机制；⑤按权限、程序、规则审批。D 项，审贷分离是指将信贷业务办理过程中的调查和审查审批环节进行分离。

11. 下列贷款审查内容中，属于非财务因素审查的有（　　）。[2015 年 10 月真题]

A. 借款人的产品定价　　B. 借款人的行业地位

C. 借款人的企业性质　　D. 借款人的发展沿革

E. 借款人的公司治理

【解析】财务因素审查主要审查借款人基本会计政策的合理性，财务报告的完整性、真实性和合理性及审计结论；非财务因素审查主要包括借款人的企业性质、发展沿革、组织架构及公司治理、经营环境、所处的行业市场、行业地位、产品定价、生产及其技术、客户核心竞争能力等。

12. 下列关于贷审会的说法中正确的有（　　）。[2015 年 5 月真题]

A. 贷审会投票否决的信贷事项，有权审批人可以审批同意

B. 行长不得担任贷审会主任委员

C. 贷审会投票通过的信贷事项，有权审批人可以否决

D. 行长可指定一名副行长担任贷审会主任委员

E. 贷审会成员发表的全部意见应记录存档，且要准确反映审议过程

【解析】A 项，贷审会投票未通过的信贷事项，不得审批同意。

13. 商业银行确定信贷授权权限应考虑的主要因素有（　　）。[2014 年 11 月真题]

A. 借款人的经济性质　　B. 被授权人的资产质量

C. 被授权人的风险管理能力　　D. 贷款规模

E. 被授权人所处区域的经济信用环境

【解析】银行业金融机构应建立统一的法人授权体系，对机构、人员和岗位进行权限管理。根据受权人的风险管理能力、所处区域经济信用环境、资产质量等因素，按地区、

10ACE　11ABCDE　12BCDE　13BCE

行业、客户、产品等进行信贷业务差别授权，合理确定授权权限。

14. 下列关于信贷授权的说法，正确的有(　　)。

A. 信贷授权指银行业金融机构对其所属业务职能部门、分支机构和关键业务岗位开展信贷业务权限的具体规定

B. 信贷授权是银行业金融机构信贷管理和内部控制的基本要求

C. 信贷授权有利于优化流程、提高效率，以实现风险收益的最优化

D. 信贷授权大致可分为直接授权和转授权两种类型

E. 对内合理授权是银行业金融机构对外优质高效授信的前提和基础

【解析】ABCDE 五项说法均正确。

15. 确定业务职能部门和分支机构的信贷授权时，应考虑的因素包括(　　)。

A. 风险管理水平　　B. 资产质量

C. 审批人员的信贷从业经验　　D. 所处地区的经济信用环境

E. 公司信贷、小企业信贷、个人信贷的业务特点

【解析】银行业金融机构对业务职能部门和分支机构的信贷授权，原则上应根据其风险管理水平、资产质量、所处地区的经济信用环境、受权机构业务量、审批人员配置、信贷从业经验及审批能力等因素，设置一定的权重，采用风险指标量化评定的方法合理确定。此外，在确定信贷授权时，还应适当考虑公司信贷、小企业信贷、个人信贷的业务特点，体现差别化。

16. 作为信贷授权的一种重要载体，授权书中应该载明的内容有(　　)。

A. 授权人全称　　B. 受权人全称

C. 授权范围和权限　　D. 授权书生效日期和有效期限

E. 对限制越权的规定

【解析】授权书应当载明以下内容：①授权人全称；②受权人全称；③授权范围和权限；④关于转授权的规定；⑤授权书生效日期和有效期限；⑥对限制越权的规定；⑦其他需要规定的内容。

17. 下列属于信贷审查岗位职责的有(　　)。

A. 积极拓展信贷业务，做好市场及客户调查，优选客户，受理借款人申请

B. 对财务报表等资料进行表面真实性审查，对存在疑点或明显虚假的资料提出进一步核实或整改等审查意见

C. 办理核保、抵(质)押登记，落实信贷审批条件

D. 审查授信资料是否完整有效

E. 审查贷前调查所提供的信贷材料和信贷结论在逻辑上是否具有合理性

【解析】AC 两项属于信贷业务岗位的职责；BDE 三项分别属于信贷审查岗位职责中的表面真实性审查、完整性审查和合理性审查。

18. 授信额度大致分为(　　)。

A. 一年授信额度　　B. 半年授信额度

14ABCDE　15ABCDE　16ABCDE　17BDE　18CDE

C. 单项信贷额度　　　　　　　　　　D. 客户授信(信用)额度

E. 集团授信额度

【解析】商业银行不同的信贷管理体制及模式，导致授信额度的授予对象、适用范围、核定流程、管理及使用方式等存在差异，大致可分为集团授信额度、客户授信(信用)额度及单项信贷额度。

三、判断题(请对下列各题的描述做出判断，正确的用A表示，错误的用B表示)

1. 按照银行业监管部门《流动资金贷款管理暂行办法》，流动资金贷款的贷款人只需采取非现场形式履行尽职调查。(　　)[2023年10月真题]

【解析】根据《流动资金贷款管理暂行办法》第十三条，贷款人应采取现场与非现场相结合的形式履行尽职调查，形成书面报告，并对其内容的真实性、完整性和有效性负责。

2. 表外授信包括贷款承诺、保证、信用证、保理、票据承兑等。(　　)[2021年6月真题]

【解析】表内授信包括贷款、项目融资、贸易融资、贴现、透支、保理、拆借和回购等；表外授信包括贷款承诺、保证、信用证、票据承兑等。

3. 商业银行对集团客户授信，必要时，商业银行可要求集团客户聘请独立的具有公证效力的第三方出具资料真实性证明。(　　)[2020年10月真题]

【解析】根据《商业银行集团客户授信业务风险管理指引》第十三条，商业银行在对集团客户授信时，应当要求集团客户提供真实、完整的信息资料，包括但不限于集团客户各成员的名称、相互之间的关联关系、组织机构代码、法定代表人及证件、实际控制人及证件、注册地、注册资本、主营业务、股权结构、高级管理人员情况、财务状况、重大资产项目、担保情况和重大诉讼情况以及在其他金融机构授信情况等。必要时，商业银行可要求集团客户聘请独立的具有公证效力的第三方出具资料真实性证明。

4. 贷款利率除应符合中国人民银行关于贷款利率的有关规定以及银行内部信贷业务利率的相关规定外，还应考虑所在地同类信贷业务的市场价格水平。(　　)[2018年10月真题]

【解析】贷款利率及其他信贷产品费率的确定通常应考虑以下因素：①信贷利率或费率应符合中国人民银行、银行业监管部门关于贷款利率及信贷业务费率的有关规定，以及银行内部信贷业务利率及费率的相关规定；②信贷利率或费率水平应与借款人及信贷业务的风险状况相匹配，体现收益覆盖风险的原则；③信贷利率或费率的确定还应考虑所在地同类信贷业务的市场价格水平。

5. 转授权金额不得大于原授权，但在某些特定业务品种上可以突破。(　　)[2015年10月真题]

【解析】银行业金融机构的信贷授权应坚持授权适度原则。银行业金融机构应兼顾信贷风险控制和提高审批效率两方面的要求，合理确定授权金额及行权方式，以实现集权与分权的平衡。实行转授权的，在金额、种类和范围上均不得大于原授权。

1B　2B　3A　4A　5B

6. 商业银行可以根据银行信贷行业投向政策，对不同行业分别授予不同权限的信贷授权。(　　)［2015 年 5 月真题］

【解析】银行按行业进行授权是指根据银行行业信贷政策，对不同的行业分别授予不同的权限。例如，对产能过剩行业、高耗能、高污染行业应适当上收审批权限。

7. 转授权是指商业银行总部对总部相关授信业务职能部门或直接管理的经营单位授予全部或部分信贷产品一定期限、一定金额内的信贷审批权限。(　　)［2014 年 11 月真题］

【解析】转授权，是指受权的分支机构(经营单位)在总部直接授权的权限内，按照转授权规则及权限，对本级行各有权审批人、相关信贷业务职能部门和所辖分支机构转授一定的信贷审批权限。直接授权，是指银行业金融机构总部对总部相关授信业务职能部门或直接管理的分支机构(经营单位)授予全部或部分信贷产品一定期限、一定金额内的信贷审批权限。

8. 在商业银行信贷授权管理中，对内授权与对外授信密切相关。对内合理授权是商业银行对外合格授信的前提和基础。(　　)［2014 年 6 月真题］

【解析】信贷授权是银行业金融机构信贷管理和内部控制的基本要求，旨在健全内部控制体系，增强防范和控制风险的能力，并有利于优化流程、提高效率，以实现风险收益的最优化。对内授权与对外授信密切相关。对内合理授权是银行业金融机构对外优质高效授信的前提和基础。

6A　7B　8A

第九章　贷款合同与发放支付

一、单选题(下列选项中只有一项最符合题目的要求)

1. 贷款发放的重要先决条件，应在贷款合同内加以规定。通常情况下，下列选项中不属于首次放款先决条件文件的是(　　)。[2023 年 10 月真题]

　A. 与项目有关的合同(协议)

　B. 企业法人营业执照、批准证书、成立批复

　C. 信贷双方已正式签署的贷款合同

　D. 工程进度报告

　【解析】首次放款的先决条件文件包括以下几类：①贷款类文件；②借款人及保证人(如有)文件，包括企业法人营业执照、批准证书、成立批复、公司章程等；③与项目有关的合同(协议)；④担保类文件；⑤与登记、批准、备案、印花税有关的文件；⑥其他类文件。D 项，除首次放款外，以后的每次放款无须重复提交许多证明文件和批准文件等，通常只需提交以下文件：①提款申请书；②借款凭证；③银行认可的工程进度报告和成本未超支的证明；④贷款用途证明文件；⑤其他贷款协议规定的文件。

2. 关于放款审核，下列选项表述错误的是(　　)。[2023 年 10 月真题]

　A. 经营行客户经理负责合同审查

　B. 对最高额担保合同项下的信用发放，要审核每笔信用发放的实际发生时间和金额是否在最高额担保债权的确定债务发生期间和额度内

　C. 审核合同签字盖章的规范性，抵(质)押担保办理的合规性，需办理止付手续的是否按规定办理，需缴纳保证金的是否按规定开立保证金账户，足额缴纳了保证金，需办理保险的是否按规定办理了保险

　D. 客户经理将签署后的合同、抵(质)押权证复印件、移交回执、已经审核通过的发放条件审核表等交经营行放款审核岗进行放款前审核

　【解析】放款执行部门应独立于前台营销部门，以实现有效制衡。它还应独立于中台授信审批部门。这是因为放款执行部门除需要承担贷款前提条件核准职能外，还承担业务合规性审查、合同审查，以及逐笔支付审核等多项工作，而中台授信审批部门承担的业务审查审批工作繁重，难以完成好放款审核工作，也难以对经自己审查审批同意的贷款提出合规性质疑。

3. 在贷款的支付环节，审核银行授信业务审批文书是否在有效期内，属于(　　)的责任。[2021 年 6 月真题]

　A. 放款执行部门　B. 法律保全部门　C. 财务会计部门　D. 授信审批部门

　【解析】放款执行部门的核心职责是贷款发放和支付的审核，集中统一办理授信业务发放，专门负责对已获批准的授信业务在实际发放过程中的操作风险进行监控和管理。其主要职能如下：①审核银行内部授信流程的合法性、合规性、完整性和有效性；②控制

1D　2A　3A

客户的授信额度，审核提款是否在批准的授信额度内，是否在授信约定的提款期限内；③核准放款前提条件，主要审核贷款审批批复文件中提出的前提条件是否逐项得到落实。

4. 贷款发放审查中，(　　)不属于借款合同审查的主要内容。[2021 年 6 月真题]
   A. 贷款种类　　B. 贷款利率　　C. 借款用途　　D. 保证期间

【解析】借款合同条款的审查应着重于合同核心部分即合同必备条款的审查，借款合同中的必备条款有：①贷款种类；②借款用途；③借款金额；④贷款利率；⑤还款方式；⑥还款期限；⑦违约责任和双方认为需要约定的其他事项。D 项，保证期间属于保证合同的审查内容。

5. 商业银行通过签订贷款合同所确定的法律关系是一种(　　)。[2018 年 10 月真题]
   A. 刑事法律关系　　B. 民事法律关系　　C. 劳动法律关系　　D. 行政法律关系

【解析】银行业金融机构为实现一定的经济目的，明确相互权利义务关系而签订的贷款合同是民事合同，通过合同所确立的民事关系是一种受法律保护的民事法律关系，所以通过签订合同建立法律关系的行为是一种民事法律行为。

6. 下列有关商业银行实贷实付的表述，错误的是(　　)。[2018 年 10 月真题]
   A. 按进度发放贷款是实贷实付的基本要求
   B. 满足有效信贷需求是实贷实付的根本目的
   C. 自主支付是实贷实付的重要手段
   D. 协议承诺是实贷实付的外部执行依据

【解析】C 项，受托支付是实贷实付的重要手段。

7. 下列关于商业银行贷款合同管理的表述，错误的是(　　)。[2018 年 6 月真题]
   A. 银行的法律工作部门对贷款合同的制定、签订和履行负有监督、检查和指导的职责
   B. 贷款合同管理工作涉及大量的法律专业问题，应由专门的法律工作部门或岗位归口管理
   C. 借款人未按约定用途使用借款时，银行可收取罚息，银行罚息的计算基础是贷款本金
   D. 借款人的基本信息关系到借款主体资格和合同的真实有效性，必须如实填写

【解析】在实践中，由于贷款合同未明确约定罚息的计算方法并予以特别提示或说明，借贷双方经常会对罚息的计算方式产生分歧，借款人经常认为罚息的计算基础仅仅为本金，不包括利息，而银行计算罚息的基础为本金与利息之和。

8. 下列选项中，(　　)不属于贷款合同审查的主要内容。[2016 年 11 月真题]
   A. 贷款种类　　B. 贷款用途　　C. 保证期间　　D. 贷款利率

【解析】贷款合同条款的审查应着重于合同核心部分即合同必备条款的审查，贷款合同中的必备条款有：①贷款种类；②贷款用途；③贷款金额；④贷款利率；⑤还款方式；⑥还款期限；⑦违约责任和双方认为需要约定的其他事项。C 项，保证期间属于保证合同的审查内容。

4D　5B　6C　7C　8C

9. 根据《固定资产贷款管理暂行办法》规定，贷款人应要求借款人在合同中对与贷款相关的重要内容作出承诺，承诺内容不包括(　　)。[2015 年 10 月真题]

A. 实质性增加债务融资等重大事项前征得贷款人同意

B. 配合贷款人对贷款的相关检查

C. 及时向贷款人提供完整、真实、有效的材料

D. 及时提取贷款并适当转化为银行存款

【解析】根据《固定资产贷款管理暂行办法》的规定，贷款人应要求借款人在合同中对与贷款相关的重要内容作出承诺，承诺内容应包括：①贷款项目及其借款事项符合法律法规的要求；②及时向贷款人提供完整、真实、有效的材料；③配合贷款人对贷款的相关检查；④发生影响其偿债能力的重大不利事项及时通知贷款人；⑤进行合并、分立、股权转让、对外投资、实质性增加债务融资等重大事项前征得贷款人同意等。

10. 商业银行须审查建设项目的资本金是否已足额到位，这符合银行贷款发放的(　　)要求。[2015 年 10 月真题]

A. 计划、比例放款　　　　　　B. 资本金足额

C. 进度放款　　　　　　　　　D. 适宜相容

【解析】资本金足额原则是指银行须审查建设项目的资本金是否已足额到位。即使因特殊原因不能按时足额到位，贷款支取的比例也应同步低于借款人资本金到位的比例。

11. 下列有关商业银行贷款发放及审查事项的表述，错误的是(　　)。[2015 年 10 月真题]

A. 商业银行公司业务部门须在借款人的提款额满之后，将借款人应提未提的贷款额度通知借款人

B. 借款人办理提款，应在提款日前填妥借款凭证，并加盖借款人在银行的预留印鉴

C. 借款人提款用途通常包括土建费用、工程设备款、购买商品费用、支付劳务费用等

D. 在审查工作中，银行应通过可能的渠道了解借款人是否存在重复使用商务合同骗取不同银行贷款的现象

【解析】A 项，公司业务部门在借款人的提款期满之前，将借款人应提未提的贷款额度通知借款人。

12. 贷放分控中的“贷”，是指信贷业务流程中贷款调查、贷款审查和贷款审批等环节，尤其是指(　　)环节，以区别贷款发放与支付环节。[2015 年 10 月真题]

A. 贷款发放　　B. 贷款审查　　C. 贷款审批　　D. 贷款调查

【解析】贷放分控中的“贷”，是指信贷业务流程中贷款调查、贷款审查和贷款审批等环节，尤其是指贷款审批环节，以区别于贷款发放及支付环节。“放”是指放款，特指贷款审批通过后，由银行通过审核，将符合放款条件的贷款发放或支付出去的业务环节。

13. 借款人自主支付方式下，借款人提出提款申请后，贷款人应审核借款人提交的用款计划或用款清单所列用款事项是否符合约定的贷款用途，计划或用款清单中的贷款资金支付是否超过贷款人(　　)起付标准或条件。[2015 年 10 月真题]

A. 其他支付　　B. 自主支付　　C. 实贷实付　　D. 受托支付

9D　10B　11A　12C　13D

【解析】借款人自主支付方式下，借款人提出提款申请后，贷款人应审核借款人提交的用款计划或用款清单所列用款事项是否符合约定的贷款用途，计划或用款清单中的贷款资金支付是否超过贷款人受托支付起付标准或条件。经审核符合条件的，方可允许借款人采用自主支付方式。

14. (　　)是指贷款人在确认借款人满足贷款合同约定的提款条件后，根据借款人的提款申请和支付委托，将贷款资金通过借款人账户支付给符合合同约定用途的借款人交易对象。[2015 年 10 月真题]

A. 实贷实付　B. 受托支付　C. 自主支付　D. 其他支付

【解析】贷款人受托支付是指贷款人在确认借款人满足贷款合同约定的提款条件后，根据借款人的提款申请和支付委托，将贷款资金通过借款人账户支付给符合合同约定用途的借款人交易对象。贷款人受托支付是实贷实付原则的主要体现方式，最能体现实贷实付的核心要求，也是有效控制贷款用途、保障贷款资金安全的有效手段。

15. 关于商业银行贷款发放管理，下列说法正确的是(　　)。[2015 年 5 月真题]

A. 贷款经批准后，业务人员应当严格遵照批复意见，着手落实贷款批复条件，在落实贷款批复中提出的问题和各项附加条件后，即可签署贷款合同

B. 对于以金融机构出具的不可撤销保函或备用信用证作担保的，可在收妥银行认可的不可撤销保函或备用信用证正本前，允许借款人根据实际经营需要先行提款

C. 贷款合同有别于一般的民事合同，借贷双方签订贷款合同后，银行不按贷款合同约定履行义务，亦不属违约行为

D. 银行须审查建设项目的资本金是否已足额到位，如因特殊原因不能按时足额到位，贷款支取比例可按实际情况高于借款人资本金到位比例

【解析】B 项，对于以金融机构出具的不可撤销保函或备用信用证作担保的，应在收妥银行认可的不可撤销保函或备用信用证正本后，才能允许借款人提款；C 项，贷款合同一经签订生效后，受法律保护的借贷关系即告确立，借贷双方均应依据贷款合同的约定享有权利和承担义务；D 项，银行须审查建设项目的资本金是否已足额到位，即使因特殊原因不能按时足额到位，贷款支取的比例也应同步低于借款人资本金到位的比例。

16. 下列文件中，属于商业银行贷款类文件的是(　　)。[2015 年 5 月真题]

A. 企业法人营业执照　B. 已正式签署的合营合同

C. 借贷双方已正式签署的贷款合同　D. 已正式签署的建设合同

【解析】贷款类文件包括：①借贷双方已正式签署的贷款合同；②银行之间已正式签署的贷款协议(多用于银团贷款)。A 项属于公司类文件；BD 两项均属于与项目有关的协议。

17. 下列不属于贷款发放审查中担保落实情况内容的是(　　)。[2015 年 5 月真题]

A. 是否已按要求进行核保

B. 担保人的担保资料是否完整、合规、有效

14B　15A　16C　17D

C. 抵(质)押物保险金额是否覆盖信贷业务金额

D. 是否可以事后补办抵(质)押登记

【解析】贷款发放审查中担保落实情况主要包括：①担保人的担保行为是否合规，担保资料是否完整、合规、有效；②是否已按要求进行核保，核保书内容是否完整、准确；③抵(质)押率是否符合规定；④是否已按规定办理抵(质)押登记；⑤抵(质)押登记内容与审批意见、抵(质)押合同、抵(质)押物清单、抵(质)押物权属资料是否一致；⑥是否已办理抵(质)押物保险，保险金额是否覆盖信贷业务金额。

18. 下列有关贷款自主支付的表述，错误的是(　　)。[2015 年 5 月真题]

A. 事后核查是借款人自主支付方式下银行业金融机构加强贷款资金发放和支付的核查的重要环节

B. 在借款人自主支付方式下，商业银行仍应遵从贷款与资本金同比例到位的基本要求

C. 自主支付是监管部门倡导和符合国际通行做法的支付方式，是贷款支付的主要方式

D. 在借款人自主支付方式下，商业银行仍应遵从实贷实付原则，既要方便借款人资金支付，又要控制贷款用途

【解析】C 项，受托支付是监管部门倡导和符合国际通行做法的支付方式，是贷款支付的主要方式。自主支付是受托支付的补充。

19. 为落实“三个办法一个指引”关于贷款发放与支付的要求，贷款人应当设立独立的(　　)。[2014 年 11 月真题]

A. 放款执行部门　B. 贷款调查部门　C. 内部审计部门　D. 贷款审查部门

【解析】贷款人应设立独立的责任部门或岗位，负责贷款发放和支付审核。其中，责任部门即放款执行部门。

20. 商业银行应按已批准的贷款项目年度投资计划所规定的建设内容、费用，准确、及时地提供贷款，这符合银行贷款发放的(　　)原则的要求。[2014 年 11 月真题]

A. 计划、比例放款　　B. 实贷实付

C. 资本金足额　　D. 适宜相容

【解析】贷款发放的原则包括：①计划、比例放款原则，银行应按照已批准的贷款项目年度投资计划所规定的建设内容、费用，准确、及时地提供贷款；②进度放款原则，在固定资产贷款发放过程中，银行应按照完成工程量的多少进行付款；③资本金足额原则，银行须审查建设项目的资本金是否已足额到位，即使因特殊原因不能按时足额到位，贷款支取的比例也应同步低于借款人资本金到位的比例。

21. 下列有关商业银行流动资金贷款受托支付的表述，错误的是(　　)。[2014 年 11 月真题]

A. 商业银行应制定完善的贷款人受托支付的操作制度，明确放款执行部门内部的资料流转要求和审核规则

B. 贷款支付后因借款人交易对手原因导致退款的，贷款人应及时通知借款人重新付款并审核

C. 商业银行应要求借款人提交贷款用途证明材料，但借款人无须逐笔提交能够反映所

18C　19A　20A　21C

提款项用途的详细证明材料

D. 贷款人受托支付是实贷实付的主要体现方式，最能体现实贷实付的核心要求

【解析】C 项，在受托支付方式下，银行业金融机构除须要求借款人提供提款通知书、借据外，还应要求借款人提交贷款用途证明材料。借款人应逐笔提交能够反映所提款项用途的详细证明材料，如交易合同、货物单据、共同签证单、付款文件等。

22. 下列关于借款人自主支付的表述，错误的是(　　)。[2014 年 11 月真题]

A. 自主支付是受托支付的补充

B. 自主支付应遵守实贷实付原则

C. 自主支付方式排斥贷款人对贷款资金用途的控制

D. 在固定资产贷款中，自主支付应遵守贷款与资本金同比例到位的要求

【解析】C 项，借款人自主支付方式并不排斥贷款人对贷款资金用途的控制。在借款人自主支付方式下，贷款人也可以与借款人协商采取措施，对贷款资金支付进行监督和控制。

23. (　　)中必备的条款包括贷款种类、贷款利率、还款方式、还款期限等。[2014 年 6 月真题]

A. 保证合同　　B. 质押合同　　C. 贷款合同　　D. 抵押合同

【解析】贷款合同中的必备条款有：①贷款种类；②贷款用途；③贷款金额；④贷款利率；⑤还款方式；⑥还款期限；⑦违约责任；⑧双方认为需要约定的其他事项。

24. 商业银行负责审核贷款审批日至放款核准日期间借款人重大风险变化情况的部门是(　　)。[2014 年 6 月真题]

A. 授信审批部门　B. 信贷营销部门　C. 风险管理部门　D. 放款执行部门

【解析】放款执行部门的主要审核内容包括：①审核合规性要求的落实情况；②审核限制性条款的落实情况；③核实担保的落实情况；④审核审批日至放款核准日期间借款人重大风险变化情况；⑤审核资本金按计划到位的落实情况；⑥审核申请提款金额是否与项目进度相匹配；⑦审核提款申请是否与贷款约定用途一致。

25. 在长期贷款发放过程中，商业银行应按照完成工程量的多少进行付款，这符合银行贷款发放的(　　)原则的要求。[2014 年 6 月真题]

A. 资本金足额　　B. 适宜相容

C. 计划、比例放款　　D. 进度放款

【解析】贷款发放的进度放款原则是指在固定资产贷款发放过程中，银行应按照完成工程量的多少进行付款。如果是分次发放或发放手续较复杂，银行应在计划提款日前与借款人取得联系。

26. 固定资产贷款中，对单笔金额超过项目总投资 5% 或超过(　　)万元人民币的贷款资金交付，应采用贷款人受托支付方式。[2014 年 6 月真题]

A. 300　　B. 800　　C. 200　　D. 500

【解析】《固定资产贷款管理暂行办法》规定了固定资产贷款必须采用贷款人受托支付的

22C　23C　24D　25D　26D

刚性条件：对单笔金额超过项目总投资5%或超过500万元人民币的贷款资金支付，应采用贷款人受托支付方式。在实际操作中，银行业金融机构应依据这些监管的法规要求审慎行使自主权。

27. 在“三个办法一个指引”中，实行“实贷实付”的根本目的是(　　)。[2013年11月真题]

A. 满足有效信贷需求　　B. 防止贷款资金闲置

C. 防范信贷风险　　D. 防止贷款诈骗

【解析】实贷实付的核心要义有以下几个方面：①满足有效信贷需求是实贷实付的根本目的；②按进度发放贷款是实贷实付的基本要求；③受托支付是实贷实付的重要手段；④协议承诺是实贷实付的外部执行依据。

28. 在固定资产贷款中，(　　)是实贷实付的基本要求。[2013年6月真题]

A. 协议承诺　　B. 满足有效信贷需求

C. 受托支付　　D. 按进度发放贷款

【解析】按进度发放贷款是实贷实付的基本要求。在贷款发放过程中，要求根据项目进度和借款人项目资金运用情况按比例发放贷款，及时慎重地调整贷款发放的节奏和数量。这是贷款发放的最基本要求。

29. ______是指贷款人在确定借款人满足合同约定的提款条件后，根据借款人的提款申请将贷款资金发放至借款人账户后，由借款人______给符合合同约定用途的借款人交易对象。(　　)[2013年6月真题]

A. 自主支付；自主支付　　B. 受托支付；受托支付

C. 其他支付；其他支付　　D. 实贷实付；实贷实付

【解析】自主支付是指贷款人在确认借款人满足合同约定的提款条件后，根据借款人的提款申请将贷款资金发放至借款人账户后，由借款人自主支付给符合合同约定用途的借款人交易对象。贷款新规在把贷款人受托支付作为贷款支付的基本方式的同时，也允许借款人自主支付在一定范围内存在。

30. 商业银行对于投资额大、技术复杂、按照项目进度分期付款的固定资产贷款项目，在借款人提取贷款时，一般应要求借款人提供(　　)。[2012年6月真题]

A. 银团贷款代理行签署确认的项目进度和质量的书面文件

B. 有监理、评估、质检等第三方机构参与签署的确认项目进度和质量的书面文件

C. 施工单位签署确认的项目进度和质量的书面文件

D. 当地政府签署确认的项目进度和质量的书面文件

【解析】对于投资额大、技术复杂、按照项目进度分期付款的固定资产投资项目，贷款人一般要求借款人提供有监理、评估、质检等第三方机构参与签署的确认项目进度和质量的书面文件，包括但不限于借款人、承包商以及第三方机构共同签署的单据等。

31. 甲企业于2008年初从A银行取得中长期借款1000万元用于一个为期3年的项目投资。截至2009年底，项目已完工75%，银行已按照贷款合同付款750万元。银行依据的贷款发放原则是(　　)。[2010年5月真题]

27A　28D　29A　30B　31B

A. 计划、比例放款原则　　B. 进度放款原则
C. 及时性原则　　D. 资本金足额原则

【解析】进度放款原则是指在固定资产贷款发放过程中，银行应按照完成工程量的多少进行付款。

32. 贷款经批准后，银行业务人员应先(　　)。
A. 通知有关人员　　B. 落实贷款批复条件
C. 与借款人签署贷款合同　　D. 发放贷款

【解析】贷款经批准后，业务人员应当严格落实贷款批复条件，并签署贷款合同。

33. 受法律保护的借贷关系开始于(　　)。
A. 贷款审查通过　B. 贷款审批通过　C. 签署贷款合同　D. 贷款合同生效

【解析】贷款合同一经签订生效后，受法律保护的借贷关系即告确立，借贷双方均应依据贷款合同的约定享有权利和承担义务。

34. 贷款合同制定原则中的适宜相容原则是指(　　)。
A. 贷款合同不违反法律、行政法规的强制性规定
B. 贷款合同要符合银行业金融机构自身各项基本制度的规定和业务发展需求
C. 贷款合同要在法律框架内充分维护银行业金融机构的合法权益
D. 贷款合同文本内容应力求完善，借贷双方权利义务明确，条理清晰

【解析】ACD 三项分别是指贷款合同制定原则中的不冲突原则、维权原则和完善性原则。

35. 下列关于贷款合同填写要求的说法，错误的是(　　)。
A. 合同文本可依据贷款的不同适用不同的格式
B. 合同填写必须做到标准、规范、要素齐全
C. 合同条款有空白栏，根据实际情况不准备填写内容的，应加盖“此栏空白”字样的印章
D. 贷款金额、贷款期限、贷款利率、担保方式等条款要与贷款最终审批意见一致

【解析】A 项，填写合同时，合同文本应该使用统一的格式，对单笔贷款有特殊要求的，可以在合同中的其他约定事项中约定。

36. 下列关于合同审核的说法，不正确的是(　　)。
A. 合同复核人员根据审批意见复核合同文本及附件填写的完整性、准确性、真实性
B. 同笔贷款的合同填写人与合同复核人不可以为同一人
C. 合同文本复核人员应就复核中发现的问题及时与合同填写人员沟通
D. 合同文本复核人员应就发现的问题及时建立复核记录，交由合同填写人员签字确认

【解析】A 项，合同复核人员无需复核合同文本及附件填写的真实性，而只需复核完整性、准确性、合规性，主要包括：①文本书写是否规范；②内容是否与审批意见一致；③合同条款填写是否齐全、准确；④文字表达是否清晰；⑤主从合同及附件是否齐全等。

32B　33D　34B　35A　36A

37. 下列关于贷款合同管理的说法，不正确的是(　　)。

A. 是对贷款合同的制定、修订、选用等一系列行为进行管理的活动

B. 是按银行业金融机构内部控制与风险管理的要求，对贷款合同进行管理的

C. 贷款合同管理工作隶属于银行业金融机构内部管理工作

D. 通过签订合同建立法律关系的行为是一种民事法律行为

【解析】贷款合同本身的特征决定了贷款合同管理工作不同于银行业金融机构内部管理工作，涉及大量的法律专业问题，应由专门的法律部门或岗位归口管理。

38. 根据《民法典》的规定，向人民法院请求保护民事权利诉讼时效期间为(　　)年。

A. 1　　B. 2　　C. 3　　D. 4

【解析】根据《民法典》的规定，向人民法院请求保护民事权利诉讼时效期间为3年，即自知道或应当知道权利被侵害之日起3年内，权利人不向法院请求保护其民事权利，便丧失请求人民法院依诉讼程序强制义务人履行义务的胜诉权。

39. 贷放分控中的“贷”，不包括的环节是(　　)。

A. 贷款调查　　B. 贷款审查　　C. 贷款审批　　D. 贷款发放

【解析】贷放分控是指银行业金融机构将贷款审批与贷款发放作为两个独立的业务环节，分别进行管理和控制，以达到降低信贷业务操作风险的目的。贷放分控中的“贷”，是指信贷业务流程中贷款调查、贷款审查和贷款审批等环节，尤其是指贷款审批环节，以区别于贷款发放及支付环节。

40. 下列关于放款执行部门的说法，不正确的是(　　)。

A. 放款执行部门负责贷款发放和支付审核

B. 放款执行部门应独立于前台营销部门

C. 放款执行部门接受中台授信审批部门的直接领导

D. 设立独立的放款执行部门或岗位，可实现对放款环节的专业化和有效控制

【解析】根据《固定资产贷款管理暂行办法》第二十一条，贷款人应设立独立的责任部门或岗位，即放款执行部门，负责贷款发放和支付审核。它首先应独立于前台营销部门，以实现有效制衡。其次，它还应独立于中台授信审批部门。设立独立的放款执行部门或岗位，可实现对放款环节的专业化和有效控制。

41. 在审查担保类文件时，公司业务人员应特别注意(　　)。

A. 抵(质)押协议的合规性　　B. 抵(质)押协议中的担保条件

C. 抵(质)押协议中的担保期限　　D. 抵(质)押协议生效的前提条件

【解析】在审查担保类文件时，公司业务人员应特别注意抵(质)押协议生效的前提条件(如向有关部门登记生效)。对于抵押协议虽正式签署但生效滞后的贷款项目，应以符合贷款审批条件为前提，并于抵押正式生效前，采取必要的手段和措施，规避贷款风险。

42. 银行贷款发放原则中，主要适用于固定资产贷款发放的是(　　)。

A. 计划放款原则　　B. 比例放款原则　　C. 进度放款原则　　D. 资本金足额原则

37C　38C　39D　40C　41D　42C

【解析】进度放款原则是指在固定资产贷款发放过程中，银行应按照完成工程量的多少进行付款。如果是分次发放或发放手续较复杂，银行应在计划提款日前与借款人取得联系。借款人如需变更提款计划，应于计划提款日前合理时间内，向银行提出申请，并征得银行同意。如借款人未经银行批准擅自改变款项的用途，银行有权不予支付。

43. 在贷款发放中，对贷款合同审查应着重于(　　)的审查。

A. 合同形式　　B. 合同必备条款　　C. 合同附加条款　　D. 合同生效条件

【解析】贷款发放中，贷款合同条款的审查应着重于合同核心部分即合同必备条款的审查。贷款合同的必备条款主要有贷款种类、贷款用途、贷款金额、贷款利率、还款方式、还款期限、违约责任和双方认为需要约定的其他事项。

44. 关于客户变更提款计划承担费的收取，说法正确的是(　　)。

A. 银行可按国际惯例，在贷款合同中规定改变提款计划需收取承担费的事宜

B. 当借款人变更提款计划时，银行可向全部贷款收取承担费

C. 借款人在提款有效期内如全部未提款，银行不能收取承担费

D. 客户应提未提的贷款在提款期终了时可累积到下一期提取

【解析】根据国际惯例，在贷款合同中规定，变更提款应收取承担费，那么当借款人变更提款计划时，公司业务部门应根据合同办理，可按改变的提款计划部分的贷款金额收取承担费。借款人在提款有效期内如部分或全额未提款，应提未提部分的贷款可根据贷款合同的规定收取承担费。在提款期终了时自动注销。

二、多选题(下列选项中有两项或两项以上符合题目要求)

1. 根据《流动资金贷款管理暂行办法》，贷款人应与借款人在借款合同中约定，出现以下情形之一时，借款人应承担的违约责任和贷款人可采取的措施(　　)。[2023 年 10 月真题]

A. 突破约定财务指标的　　B. 未按约定用途使用贷款的

C. 未遵守承诺事项的　　D. 未按约定方式进行贷款资金支付的

E. 发生重大交叉违约事件的

【解析】贷款人应与借款人在借款合同中约定，出现以下情形之一时，借款人应承担的违约责任和贷款人可采取的措施：①未按约定用途使用贷款的；②未按约定方式进行贷款资金支付的；③未遵守承诺事项的；④突破约定财务指标的；⑤发生重大交叉违约事件的；⑥违反借款合同约定的其他情形的。

2. 对于流动资金贷款，原则上应采用受托支付方式的有(　　)。[2023 年 10 月真题]

A. 贷款人认定的有必要的其他情形

B. 与借款人新建立信贷业务关系且借款人信用状况一般

C. 借款人贷款金额较大

D. 支付对象明确且单笔支付金额较大

E. 单笔金额超过 500 万元

【解析】具有以下情形之一的流动资金贷款，原则上应采用贷款人受托支付方式：①与借款人新建立信贷业务关系且借款人信用状况一般；②支付对象明确且单笔支付金额较

43B　44A　▎　1ABCDE　2ABD

大；③贷款人认定的其他情形。

3. 商业银行贷款合同管理中通常出现的问题，主要表现在(　　)。[2023 年 10 月真题]
   A. 贷款合同存在不合规、不完备等缺陷
   B. 履行合同监管不力
   C. 签约过程违规操作
   D. 合同签署前审查不严
   E. 合同救济超时

   【解析】贷款合同管理中存在的问题包括：①贷款合同存在不合规、不完备等缺陷；②合同签署前审查不严；③签约过程违规操作；④履行合同监管不力；⑤合同救济超时。

4. 在受托支付方式下，商业银行要求借款人应逐笔提交能够反映所提款项用途的详细证明材料，包括(　　)。[2021 年 6 月真题]
   A. 交易合同　　B. 付款文件　　C. 汇款申请书　　D. 共同签证单
   E. 货物单据

   【解析】在受托支付方式下，银行业金融机构除须要求借款人提供提款通知书、借据外，还应要求借款人提交贷款用途证明材料。借款人应逐笔提交能够反映所提款项用途的详细证明材料，如交易合同、货物单据、共同签证单、付款文件等。C 项，汇款申请书属于受托支付所需的相关业务凭证。

5. 实贷实付的外部执行依据是协议承诺。协议承诺中，商业银行与借款人事先约定(　　)等内容。[2020 年 10 月真题]
   A. 贷款用途　　B. 发放条件　　C. 支付方式　　D. 接受监督
   E. 违约责任

   【解析】实贷实付要求贷款人事先与借款人约定明确、合法的贷款用途，约定贷款发放条件、支付方式、接受监督以及违约责任等事项。协议承诺是廓清借款人与贷款人权利义务边界和法律纠纷的重要依据，也是督促借款人配合实施实贷实付的法律保证。

6. 在签订贷款合同时，商业银行通常要求借款人在合同中对贷款相关的重要内容作出承诺，通常包括(　　)。[2020 年 10 月真题]
   A. 向商业银行提供的材料真实有效
   B. 发生股权转让、公司分立等重大事项时通知商业银行
   C. 配合商业银行开展的相关检查
   D. 发生影响其偿债能力的重大事项时通知商业银行
   E. 未按规定用途使用贷款时通知商业银行

   【解析】贷款人应要求借款人在合同中对与贷款相关的重要内容作出承诺，承诺内容包括：贷款项目及其借款事项符合法律法规的要求；及时向贷款人提供完整、真实、有效的材料；配合贷款人对贷款的相关检查；发生影响其偿债能力的重大不利事项时及时通知贷款人；进行合并、分立、股权转让、对外投资、实质性增加债务融资等重大事项前征得贷款人同意等。

3ABCDE　4ABDE　5ABCDE　6ACD

7. 下列情形中，银行可以对借款人采取终止提款措施的有(　　)。[2019 年 6 月真题]

A. 贷款用于股市、期市投资

B. 贷款用途违反国家法律规定

C. 违反合同约定将贷款用于股本权益性投资

D. 未依法取得经营房地产资格的借款人挪用贷款经营房地产业务

E. 套取贷款相互借贷牟取非法收入

【解析】银行可以对借款人采取终止提款措施的情况包括挪用贷款的情况和其他违约情况。前者具体包括：①挪用贷款进行股本权益性投资(并购贷款除外)；②挪用贷款在有价证券、期货等方面从事投机经营；③未依法取得经营房地产资格的借款人挪用贷款经营房地产业务；④套取贷款相互借贷牟取非法收入；⑤借款企业挪用流动资金搞基本建设或用于其他不符合合同约定的用途。后者具体包括：①未按合同规定清偿贷款本息；②违反国家政策法规，使用贷款进行非法经营。

8. 借款人提款的用途通常包括(　　)。[2016 年 11 月真题]

A. 购买商品费用　B. 支付劳务费用　C. 购买股票　D. 用于资金拆借

E. 支付工程设备款

【解析】在用款申请材料检查时，通常需要审查和监督借款人的借款用途和提款进度。借款人提款用途通常包括：土建费用、工程设备款、购买商品费用、在建项目进度款、支付劳务费用、其他与项目工程有关的费用、用于临时周转的款项等。要注意审查借款人提款用途与合同约定贷款用途的符合性，监督提款进度。

9. 放款执行部门在审核项目贷款时，应审核的内容包括(　　)。[2016 年 6 月真题]

A. 合规性要求的落实情况　B. 项目贷款定价的合理性

C. 项目资本金到位情况　D. 担保的落实情况

E. 限制性条款的落实情况

【解析】放款执行部门的主要审核内容包括：①合规性要求的落实情况；②限制性条款的落实情况；③担保的落实情况；④审批日至放款核准日期间借款人重大风险变化情况；⑤资本金按计划到位的落实情况；⑥申请提款金额是否与项目进度相匹配；⑦提款申请是否与贷款约定用途一致。

10. 商业银行加强贷款合同管理的实施要点包括(　　)。[2015 年 10 月真题]

A. 加强贷款合同规范性审查管理

B. 修订和完善贷款合同等协议文件

C. 实施履行监督、归档、检查等管理措施

D. 做好有关配套和支持工作

E. 建立完善有效的贷款合同管理制度

【解析】由于贷款合同管理是一项系统工程，涉及借款人、担保方乃至法律环境等方方面面，在实施过程中需要多方配合才能实现预期目标。加强合同管理的实施要点具体包括上述 ABCDE 五项。

7ABCDE　8ABE　9ACDE　10ABCDE

11. 下列关于放款执行部门的职责说法正确的有(　　)。[2015年10月真题]

A. 审核审批日至放款核准日期间借款人重大风险变化的情况

B. 可以根据审核情况选择是否提出审核意见

C. 主要职能包括审核银行内部授信流程的合法性、合规性

D. 主要审核贷款审批书中提出的前提条件是否逐项得到落实

E. 贷款发放和支付的审核

【解析】放款执行部门的核心职责是贷款发放和支付的审核，其主要职能包括：①审核银行内部授信流程的合法性、合规性、完整性和有效性。②控制客户的授信额度，审核提款是否在批准的授信额度内，是否在授信约定的提款期限内。③核准放款前提条件，主要审核贷款审批批复文件中提出的前提条件是否逐项得到落实。放款执行部门要进行把关，提出审核意见并对审核意见负责，主要审核内容包括审核审批日至放款核准日期间借款人重大风险变化情况等。

12. 商业银行办理信贷业务时，下列做法正确的有(　　)。[2015年5月真题]

A. 对于审批日至放款核准日间隔超过一定期限的，应审核此期间借款人是否发生重大风险变化

B. 借款人用于建设项目的其他资金应先于贷款或与贷款同比例支用

C. 贷款原则上可以用于借款人的资本金、股本金和企业其他需自筹资金的融资

D. 在固定资产贷款发放过程中，银行应按照完成工程量的进度发放贷款

E. 在审查担保类文件时，信贷人员应特别注意抵(质)押协议生效的前提条件

【解析】C项，银行办理信贷业务时，须审查建设项目的资本金是否已足额到位，即使因特殊原因不能按时足额到位，贷款支取的比例也应同步低于借款人资本金到位的比例。此外，贷款原则上不能用于借款人的资本金、股本金和企业其他须自筹资金的融资。

13. 下列关于实贷实付说法正确的有(　　)。[2015年5月真题]

A. 实贷实付要求银行业金融机构在贷款发放过程中，根据项目进度和借款人项目资金运用情况按比例发放贷款

B. 贷款人实贷实付是受托支付原则的主要体现方式，最能体现受托支付的核心要求，也是有效控制贷款用途的有效手段

C. 实贷实付要求贷款人事先与借款人约定明确、合法的贷款用途，约定发放条件、支付方式、接受监督以及违约责任等事项

D. 协议承诺是廓清借款人与贷款人权利义务边界和法律纠纷的重要依据，也是督促借款人配合实施实贷实付的法律保证

E. 受托支付是实贷实付的重要手段

【解析】B项，贷款人受托支付是实贷实付原则的主要体现方式，最能体现实贷实付的核心要求，也是有效控制贷款用途、保障贷款资金安全的有效手段。

14. 商业银行信贷批复文件中可附带的限制性条款包括(　　)。[2014年6月真题]

A. 偿债优先权的要求　　B. 资本性支出的限制

11ACDE　12ABDE　13ACDE　14ABCDE

C. 配合贷后管理的要求　　　　　　　　D. 对外担保的限制

E. 股东分红的限制

【解析】除ABCDE五项外，商业银行信贷批复文件中可附带的限制性条款还包括：①办理具体贷款业务品种、额度、期限及保证金比例的要求；②贷款担保方面的要求；③对资产负债率等核心偿债能力、流动性、盈利性等财务指标的要求；④贷款支付金额、支付对象的要求；⑤资本出售的限制；⑥兼并收购的限制；⑦交叉违约的限制；⑧确定借款人的交易对手名单、交易商品，必要时限定交易商品价格波动区间和应收账款账龄；⑨锁定借款人贷款对应的特定还款来源，提出明确还款来源、监督客户物流与现金流的具体措施，并落实贷款的贷后管理责任人；⑩其他限制性条件。

15. 对于流动资产贷款，商业银行应根据(　　)，合理约定贷款资金支付方式及贷款人受托支付的金额标准。[2014年6月真题]

A. 贷款利率水平　　　　　　　　B. 借款人的行业特征

C. 借款人的管理水平　　　　　　D. 借款人的经营规模

E. 借款人的信用状况

【解析】《流动资金贷款管理暂行办法》要求贷款人应根据借款人的行业特征、经营规模、管理水平、信用状况等因素，合理约定贷款资金支付方式及贷款人受托支付的金额标准。

16. 下列关于贷款支付的表述，正确的是(　　)。[2013年6月真题]

A. 银行应根据借款人的行业特征、经营规模、管理水平、信用状况等因素，合理约定贷款资金支付方式及贷款人受托支付的金额标准

B. 对单笔资金支付超过项目总投资5%或超过500万元人民币的固定资产贷款，应采用贷款人受托支付方式

C. 与借款人新建立信贷业务关系且借款人信用状况一般的流动资金贷款，原则上应采用受托支付方式

D. 支付对象明确且单笔支付金额较大的流动资金贷款，原则上应采取受托支付方式

E. 对单笔资金支付超过项目总投3%或超过300万元人民币的固定资产贷款，应采用贷款人受托支付方式

【解析】E项，《固定资产贷款管理暂行办法》规定了固定资产贷款必须采用贷款人受托支付的刚性条件：对单笔金额超过项目总投资5%或超过500万元人民币的贷款资金支付，应采用贷款人受托支付方式。

17. 商业银行对抵押合同重点审查的条款包括(　　)。[2012年6月真题]

A. 借款人履行贷款债务的期限

B. 抵押品价值的稳定性

C. 抵押贷款的种类和数额

D. 当事人认为需要约定的其他事项

E. 抵押物的名称、数量、质量、状况、所在地、所有权权属或使用权权属

【解析】商业银行对抵押合同应注意审查以下条款：①抵押贷款的种类和数额；②借款

15BCDE　16ABCD　17ACDE

人履行贷款债务的期限；③抵押物的名称、数量、质量、状况、所在地、所有权权属或使用权权属及抵押的范围；④当事人认为需要约定的其他事项。

18. 根据相关规定，如果借款人发生(　　)情形，均可能导致民事法律行为无效。
A. 恶意串通损害国家、集体或第三人利益的
B. 主体资格存在瑕疵的
C. 违反行政法规的强制性规定的
D. 违反法律的强制性规定的
E. 行为人与相对人恶意串通损害他人合法权益的
【解析】根据《民法典》的规定，违反法律、行政法规等强制性规定，或行为人与相对人恶意串通损害他人合法权益等，均可能会导致民事法律行为无效。如果银行与借款人之间形成的借贷法律关系无效或效力待定，会对银行保全债权产生不确定性。B 项，如果与主体资格有瑕疵的当事人签署合同，将导致合同无效或效力待定。

19. 贷款合同通常存在不合规、不完备等缺陷问题，属于这一问题的有(　　)。
A. 对借款人未按照约定用途使用贷款资金约束不力
B. 未明确约定银行提前收回贷款以及解除合同的条件
C. 未明确约定罚息的计算方法
D. 担保方式的约定不明确、不具体
E. 对借款人基本信息重视程度不够
【解析】E 项属于签约过程中的违规操作。

20. 下列属于贷款合同签订过程中违规操作的有(　　)。
A. 对借款人基本信息重视程度不够
B. 对有权签约人主体资格审查不严
C. 未明确约定银行提前收回贷款以及解除合同的条件
D. 抵押手续不完善或抵押物不合格
E. 贷款合同的变更不符合法律规定
【解析】CE 两项分别属于贷款合同存在不合规、不完备等缺陷和履行合同监管不力的问题。

21. 贷放分控的操作要点主要包括(　　)。
A. 设立独立的放款执行部门
B. 明确放款执行部门的职责
C. 审核银行内部授信流程的合法性、合规性、完整性和有效性
D. 建立并完善对放款执行部门的考核和问责机制
E. 核准放款前提条件
【解析】CE 两项属于放款执行部门的职责。

22. 关于贷款发放的先决条件，下列说法正确的有(　　)。
A. 通常不列入贷款合同

18ABCDE　19ABCD　20ABD　21ABD　22BCDE

B. 主要体现为贷款类文件，公司类文件，与项目有关的协议，担保类文件，与登记、批准、备案、印花税有关的文件等

C. 贷款类文件主要指贷款合同或贷款协议

D. 公司类文件主要指企业法人营业执照、批准证书、公司章程、全体董事名单及签字样本等

E. 与项目有关的协议主要包括已正式签署的合营合同、建设合同或建造合同、商标和商业名称许可合同、培训和实施支持合同等

【解析】A 项，贷款发放的重要先决条件，应在贷款合同内加以规定。银行应按照贷款合同的规定，逐条核对是否已完全齐备或生效，以确保贷款发放前符合所有授信批准的要求，落实全部用款前提条件。

23. 关于贷款批准后、发放贷款前担保手续的完善，下列说法正确的有(　　)。

A. 在向借款人发放贷款前，银行必须按照贷款批复的要求，落实担保条件

B. 对于抵(质)押担保的，如可能必须先办理登记、备案手续，否则银行必须亲自保管抵(质)押物的有关产权文件及其办理转让所需文件的正本

C. 对于抵(质)押担保的，要特别注意抵(质)押合同生效的前提条件

D. 对于以金融机构出具的不可撤销保函或备用信用证担保的，须在收妥其正本并经银行认可后方可放款

E. 对于境外法人、组织或个人担保的保证，必须就保证可行性、保证合同等有关文件征询银行指定律师的法律意见

【解析】E 项，对于有权出具不可撤销保函或备用信用证的境外金融机构以外的其他境外法人、组织或个人担保的保证，必须就保证的可行性、保证合同等有关文件征询银行指定律师的法律意见。

24. 贷款发放审查主要是对(　　)审查。

A. 贷款合同必备条款

B. 借款人是否在规定的提款期限内提款

C. 用款申请材料

D. 有关提款账户是否开立、账户性质是否明确

E. 提款申请书

【解析】贷款发放审查的内容主要有：①贷款合同审查；②提款金额及期限审查；③用款申请材料检查；④账户审查；⑤提款申请书审查。其中，贷款合同条款的审查应着重于合同核心部分即合同必备条款的审查；提款期限审查包括审查借款人是否在规定的提款期内提款；账户审查主要是对有关提款账户、还本付息账户或其他专用账户是否已经开立，账户性质是否已经明确进行审查。

25. 贷款合同审查主要是对信贷业务中涉及的(　　)进行检查。

A. 贷款合同　　B. 保证合同　　C. 抵押合同　　D. 留置合同

E. 质押合同

【解析】信贷业务中涉及的合同主要有贷款合同、保证合同、抵押合同、质押合同等，

23ABCD　24ABCDE　25ABCE

贷款合同审查即是对这些合同进行检查。

26. 在贷款发放时，对保证合同应着重审查的条款有(　　)。

A. 被保证的贷款数额　　B. 借款人履行债务的期限

C. 保证的方式　　D. 保证担保的范围

E. 保证期间

【解析】贷款发放时，对保证合同的条款审查主要应注意以下条款：①被保证的贷款数额；②借款人履行债务的期限；③保证的方式；④保证担保的范围；⑤保证期间；⑥双方认为需要约定的其他事项。

27. 贷款发放时，银行要核查提款申请书中的(　　)等要素，确保提款手续正确无误。

A. 提款日期　　B. 提款金额　　C. 划款途径　　D. 提款次数

E. 首次提款

【解析】贷款发放时，银行应对提款申请书中写明的提款日期、提款金额、划款途径等要素进行核查，确保提款手续正确无误。

28. 推行实贷实付的意义包括(　　)。

A. 有利于将信贷资金引入实体经济

B. 有利于加强贷款使用的精细化管理

C. 有利于银行业金融机构管控信用风险和法律风险

D. 有利于杜绝信贷资金违规流入股票市场等限制性领域的恶性违规问题

E. 督促银行业金融机构有效提升信贷风险管理的能力

【解析】推行实贷实付的意义有：①有利于将信贷资金引入实体经济，在满足有效信贷需求的同时严防信贷挪用，杜绝信贷资金违规流入股票市场等限制性领域的恶性违规问题；②有利于加强贷款使用的精细化管理，督促银行业金融机构有效提升信贷风险管理的能力，尤其是有效管控支付环节风险的能力；③有利于银行业金融机构管控信用风险和法律风险。

29. 在自主支付中，贷款资金发放和支付后的核查内容主要包括(　　)。

A. 分析借款人是否按约定的金额和用途实施了支付

B. 借款人实际支付清单与计划支付清单的一致性，不一致的应分析原因

C. 借款人实际支付是否超过约定的借款人自主支付的金额标准

D. 借款人实际支付是否符合约定的贷款用途

E. 借款人是否存在化整为零规避贷款人受托支付的情形

【解析】除 ABCDE 五项外，在自主支付方式下，贷款资金发放和支付后的核查内容还包括：判断借款人实际支付清单的可信性和其他需要审核的内容。

三、判断题(请对下列各题的描述做出判断，正确的用 A 表示，错误的用 B 表示)

1. 借款人自主支付不同于传统意义上的实贷实存，自主支付对于借款人使用贷款设定了相关的措施限制，以确保贷款用于约定用途。(　　)[2021 年 6 月真题]

【解析】受托支付是监管部门倡导和符合国际通行做法的支付方式，是贷款支付的主要方

26ABCDE　27ABC　28ABCDE　29ABCDE　▌　1A

式；自主支付是受托支付的补充。借款人自主支付不同于传统意义上的实贷实存，自主支付对于借款人使用贷款设定了相关的措施限制，以确保贷款用于约定用途。

2. 在实贷实付中，一般对固定资金贷款、流动资金贷款的受托支付标准的宽严有所差异，流动资金贷款的受托支付标准更为严格。(　　)［2020 年 10 月真题］

【解析】针对固定资产贷款、流动资金贷款的不同特点，在受托支付的标准上是有差异的。相对而言，对固定资产贷款的受托支付标准更为严格，流动资金贷款的受托支付标准则赋予银行业金融机构更多的自主权和灵活性。这种有针对性的差异化管理要求，对于实现银行业金融机构信贷风险管理的差异化和精细化大有裨益。

3. 在长期贷款中，商业银行应审查借款人是否在规定的提款期内提款。除非借贷双方同意延长，否则提款期过期后，未提足的贷款不能再提。(　　)［2016 年 6 月真题］

【解析】在长期贷款项目中，通常会包括提款期、宽限期和还款期，银行应审查借款人是否在规定的提款期内提款。除非借贷双方同意延长，否则提款期过期后，未提足的贷款不能再提。

4. 同笔贷款的合同填写人与合同复核人不得为同一人。(　　)［2015 年 10 月真题］

【解析】合同填写完毕后，填写人员应及时将合同文本交合同复核人员进行复核。同笔贷款的合同填写人与合同复核人不得为同一人。

5. 对于以金融机构出具的不可撤销保函或备用信用证作担保的贷款，商业银行应在收妥银行认可的不可撤销保函或备用信用证副本后，才能允许借款人提款。(　　)［2015 年 10 月真题］

【解析】在向借款人发放贷款前，银行必须按照批复的要求，落实担保条件，完善担保合同和其他担保文件及有关法律手续。对于以金融机构出具的不可撤销保函或备用信用证作担保的，应在收妥银行认可的不可撤销保函或备用信用证正本后，才能允许借款人提款。

6. 借款人自主支付不同于传统意义上的实贷实存，自主支付对于借款人使用贷款设定了相关的措施限制，以确保贷款用于约定用途。(　　)［2015 年 10 月真题］

【解析】在实际操作中，需要注意两个问题：①受托支付是监管部门倡导和符合国际通行做法的支付方式，是贷款支付的主要方式；自主支付是受托支付的补充。②借款人自主支付不同于传统意义上的实贷实存，自主支付对于借款人使用贷款设定了相关的措施限制，以确保贷款用于约定用途。

7. 商业银行贷款发放人员在填写贷款合同时，贷款金额、贷款期限、贷款利率、担保方式、还款方式、划款方式等条款要与贷款调查报告一致。(　　)［2015 年 5 月真题］

【解析】贷款发放人员在填写有关合同文本过程中，应注意贷款金额、贷款期限、贷款利率、担保方式、还款方式、划款方式等条款要与贷款最终审批意见一致。

8. 贷款原则上可以用于借款的资本金、股本金和企业其他需自筹资金的融资。(　　)［2015 年 5 月真题］

2B　3A　4A　5B　6A　7B　8B

【解析】银行须审查建设项目的资本金是否已足额到位。即使因特殊原因不能按时足额到位，贷款支取的比例也应同步低于借款人资本金到位的比例。此外，贷款原则上不能用于借款人的资本金、股本金和企业其他须自筹资金的融资。

9. 审慎合规地确定贷款资金在借款人账户的停留时间和金额是贷款自主支付的操作要点之一。(　　)[2014 年 11 月真题]

【解析】自主支付的操作要点包括：①明确贷款发放前的审核要求；②加强贷款资金发放和支付后的核查；③审慎合规地确定贷款资金在借款人账户的停留时间和金额。

10. 商业银行在与借款人、担保人签订贷款合同文本前，贷款审批人应履行充分告知义务，告知借款人、担保人等合同签约方关于合同内容、权利义务、还款方式以及还款过程中应当注意的问题等。(　　)[2014 年 6 月真题]

【解析】在签订(预签)有关合同文本前，贷款人应履行充分告知义务，告知借款人(包括共同借款人)、担保人等合同签约方关于合同内容、权利义务、还款方式以及还款过程中应当注意的问题等。

11. 自主支付方式下，贷款发放后应要求借款人定期汇总报告贷款资金支付情况，必要时还应要求借款人提供与实际支付事项相关的交易资料，通过账户分析、凭证查验、现场调查等方式核查贷款支付情况。(　　)[2013 年 11 月真题]

【解析】借款人自主支付方式下，贷款发放后应要求借款人定期汇总报告贷款资金支付情况。贷款人可要求借款人提交实际支付清单，必要时还应要求借款人提供与实际支付事项相关的交易资料，通过账户分析、凭证查验、现场调查等方式核查贷款支付情况。

12. 借款企业用贷款在有价证券、期货等方面从事投机经营的，属于挪用银行贷款的行为。(　　)[2013 年 6 月真题]

【解析】挪用贷款的情况一般包括：①挪用贷款进行股本权益性投资(并购贷款除外)；②挪用贷款在有价证券、期货等方面从事投机经营；③未依法取得经营房地产资格的借款人挪用贷款经营房地产业务；④套取贷款相互借贷牟取非法收入；⑤借款企业挪用流动资金搞基本建设或用于其他不符合合同约定的用途。

四、综合题

某银行同意为某公司贷款 2 亿元，用于某固定资产投资项目，该项目总投资额为 3 亿元，其余项目资金为借款人自有资金。9 月份该借款人部分贷款交付方式为自主支付，信息如下：

日期	用途	金额(万元)	支付对家	账户银行
9 月 2 日	工程款	200	A 工程公司	甲银行
9 月 5 日	增资款	400	同名账户	乙银行
9 月 8 日	采购钢材	480	B 钢厂	丙银行
9 月 8 日	采购钢材	200	B 钢厂	丙银行
9 月 10 日	采购水泥	550	C 水泥厂	丁银行

9A　10B　11A　12A

请根据上述资料，回答下列问题。［2019 年 6 月真题］

(1)当贷款资金投放 8000 万元时，借款人自有资金最低应投入______万元。(填空题)

【解析】在借款人自主支付方式下，仍应遵守贷款与资本金同比例到位的基本要求，不得提前放贷。依题意，贷款资金的投放比例为 $8000 \div 20000 = 40\%$，借款人自有资金最低应投入 $10000 \times 40\% = 4000$(万元)。

(2)关于 9 月 5 日自主支付 400 万元，下列说法正确的是(　　)。(单项选择题)

A. 借款人属于贷款诈骗

B. 贷款使用合法合规

C. 贷款使用违规，应要求客户尽快将款项划回，并尽快归还贷款

D. 化整为零规避受托支付

【解析】贷款人应加强对贷款资金用途的后续跟踪核查。借款人自主支付方式下，贷款发放后应要求借款人定期汇总报告贷款资金支付情况。该贷款应专用于固定资产投资项目，而借款人用于增资，所以贷款使用违规，贷款人应要求客户尽快将款项划回，并尽快归还贷款。

(3)关于 9 月 8 日采购钢材款 480 万元和 200 万元，下列说法正确的是(　　)。(单项选择题)

A. 有化整为零规避受托支付嫌疑，应进一步核实

B. 有挪用贷款嫌疑

C. 贷款资金支付正常，无违规嫌疑

D. 贷款用途与约定用途相符，可以自主支付

【解析】《固定资产贷款管理暂行办法》规定了固定资产贷款必须采用贷款人受托支付的刚性条件：对单笔金额超过项目总投资 5% 或超过 500 万元人民币的贷款资金支付，应采用贷款人受托支付方式。该公司将 680 万元的贷款资金在 9 月 8 日分两次支付，有化整为零规避受托支付嫌疑，应进一步核实。

(4)关于 9 月 10 日采购水泥款 550 万元，下列说法正确的是(　　)。(单项选择题)

A. 该项目受托支付起点为 400 万元，该笔支付不符合要求

B. 该项目受托支付起点为 1000 万元，该笔支付符合要求

C. 该项目受托支付起点为 500 万元，该笔支付不符合要求

D. 该项目受托支付起点为 1600 万元，该笔支付不符合要求

【解析】对单笔金额超过项目总投资 5% 或超过 500 万元人民币的贷款资金支付，应采用贷款人受托支付方式。因为该项目总投资(3 亿元)的 5% 为 1500 万元，所以该项目受托支付起点为 500 万元。550 万元的采购水泥款应采用受托支付方式，题中允许借款人自主支付是不符合要求的。

---

(1)4000　(2)C　(3)A　(4)C

第十章 贷后管理

一、单选题(下列选项中只有一项最符合题目的要求)

1. 下列各项中，不属于财务状况预警信号的是(　　)。[2023 年 10 月真题]

A. 长期债务大量增加　　B. 应收账款余额激增

C. 存货激增　　D. 销售额激增

【解析】企业的财务风险主要体现在以下方面：①企业关键财务指标是否发生重大不利变化，包括盈利能力、资产质量、债务风险、经营增长状况等指标恶化；②经营性净现金流量持续为负值；③产品积压、存货周转率大幅下降；④应收账款异常增加；⑤流动资产占总资产比重大幅下降；⑥短期负债增加失当，长期负债大量增加；⑦银行账户混乱，到期票据无力支付；⑧企业销售额下降，成本提高，收益减少，经营亏损；⑨不能及时报送会计报表，或会计报表有造假现象；⑩财务记录和经营控制混乱；⑪对外担保率过高、对单一客户担保额过大、有同质企业互保、担保链或对外担保已出现垫款的现象；⑫客户存在过度交易或盲目扩张行为，表现在长期投资与投资收益相比增长过快，营运资金与 EBITDA 相比较大等；⑬财务成本不合理上升、高成本融资不合理增加，显示企业流动性出现问题。

2. 商业银行对借款企业的贷后监控主要包括经营状况、管理状况、财务状况、还款账户与银行往来情况的监控。与银行往来监控中，银行应该查企业的(　　)。[2023 年 10 月真题]

A. 贷后管理档案　　B. 信用评级　　C. 贷款申请书　　D. 银行对账单

【解析】企业与银行等金融机构的往来、履约情况直接反映了企业的交易和信用状况。银行应通过观察借款人与银行的资金往来情况，核查企业的银行对账单，分析公司最近的经营情况，并对异常的划款行为进行调查分析。

3. 关于信贷档案的规定，下列选项表述正确的是(　　)。[2023 年 10 月真题]

A. 借款合同等重要信贷合同文本属于一级档案

B. 已归档的二级档案一律不允许借阅

C. 原则上不允许借阅已归档的一级档案

D. 一级档案不允许退还

【解析】一级信贷档案存档后，原则上不允许借阅。如在特殊情况下，确需借阅一级信贷档案的，必须提交申请书，经相关负责人签批同意后，方可办理借阅手续。

4. 为了确保贷款的归还，银行应在贷款到期前按规定时间向借款人发送(　　)。[2023 年 10 月真题]

A. 支取凭条　　B. 还本付息通知单

C. 催收通知书　　D. 划款通知书

【解析】为了确保贷款的归还，除了在贷款合同中确定还款计划和违约责任条款外，业务

1D　2D　3C　4B

操作部门还应按规定时间提前向借款人发送还本付息通知单，督促借款人按时足额还本付息。

5. 对于自主支付的银行贷款资金，信贷从业人员应当通过账户分析、凭证查验、现场调查等方式核查贷款支付是否符合约定用途，以下用途中未违反约定的是(　　)。[2023 年 10 月真题]

A. 日常生产经营　　B. 购买理财

C. 投资房地产　　D. 进入集团资金池并用于投资

【解析】对于自主支付资金，应重点关注以下情况：①自主支付的交易对手是否属于借款人正常经营业务的供货商、服务商等机构；②自主支付的用途是否合理，是否违反约定用途，如违规进入股市、房地产、购买理财等；③自主支付的交易对手是否为关联企业，若为关联企业应进一步了解交易的合理性；④自主支付资金是否进入集团资金池进行统筹使用；⑤单笔自主支付的金额是否存在超过约定受托支付最低限额的情况；⑥借款人是否存在与同一交易对手在一天或者连续几天内发生多笔累计超过约定受托支付最低限额的交易，涉嫌以化整为零的方式规避受托支付管理的情况。

6. 在并购贷款贷后管理中，应当监控并购方持股情况，关于并购方退出时点的安排，原则上(　　)。[2023 年 10 月真题]

A. 若目标方实现上市再融资，并购方可先于贷款退出

B. 并购方应与银行贷款同时同比例退出

C. 并购方不得晚于贷款退出

D. 并购方不得早于贷款退出

【解析】原则上，并购方不得早于银行贷款退出，并购方退出和变动持股须通知银行并获得银行豁免或提前还款。

7. 关于商业银行风险预警程序，下列选项表述正确的是(　　)。[2022 年 7 月真题]

A. 后评价－风险分析－风险处置－信用信息的收集和传递

B. 信用信息的收集和传递－风险分析－风险处置－后评价

C. 风险分析－信用信息的收集和传递－后评价－风险处置

D. 风险分析－信用信息的收集和传递－风险处置－后评价

【解析】信贷人员按照风险预警程序，及时分析并采取风险处置措施。对预警客户实行名单制管理，设置明确的指标，观察判断风险变化情况，判断是否从预警客户名单中移除。无论是否依托动态化、系统化、精确化的风险预警系统，都应当逐级、依次完成以下程序：①信用信息的收集和传递；②风险分析；③风险处置；④后评价。

8. 下列选项中，不属于银行核查贷款用途所采取的方法的是(　　)。[2022 年 7 月真题]

A. 凭证查验　　B. 账户分析　　C. 现场调查　　D. 客户评级

【解析】在借款人自主支付情况下，银行应定期汇总资金支付情况，对借款人账户资金支付情况进行事后分析，通过账户分析、凭证查验、现场调查等方式核查贷款支付是否符合约定用途。对于认定贷款资金违反合同约定的，银行应按合同约定对该客户采取降低

5A　6D　7B　8D

受托支付起点金额、要求划回违约支付的贷款资金或停止贷款资金发放等限制措施。

9. 关于企业贷款展期的申请，下列表述错误的是(　　)。[2022 年 7 月真题]

A. 是否给予办理展期由银行决定

B. 展期内容应包括拟采取的补救措施

C. 质押贷款展期应当由出质人出具同意的书面证明

D. 借款人应当在贷款到期日向银行申请贷款展期

【解析】D 项，借款人不能按期归还贷款时，应当在贷款到期日之前，向银行申请贷款展期。

10. 银行对采用自主支付的借款企业进行贷后检查时，应重点关注(　　)。[2022 年 7 月真题]

A. 应收账款异常增加

B. 客户的主要股东，关联企业或母子公司等是否发生重大不利变化

C. 资金是否进入资金池进行统筹使用

D. 企业未实现预定的盈利目标

【解析】对于自主支付资金，应重点关注以下情况：①自主支付的交易对手是否属于借款人正常经营业务的供货商、服务商等机构；②自主支付的用途是否合理，是否违反约定用途，如违规进入股市、房地产、购买理财等；③自主支付的交易对手是否为关联企业，若为关联企业应进一步了解交易的合理性；④自主支付资金是否进入集团资金池进行统筹使用；⑤单笔自主支付的金额是否存在超过约定受托支付最低限额的情况；⑥借款人是否存在与同一交易对手在一天或者连续几天内发生多笔累计超过约定受托支付最低限额的交易，涉嫌以化整为零的方式规避受托支付管理的情况。

11. 下列选项中，不属于一级信贷档案的是(　　)。[2022 年 7 月真题]

A. 保险批单　　B. 贷后管理文件

C. 政府和公司债券　　D. 银行承兑汇票

【解析】一级信贷档案主要是指信贷抵(质)押契证和有价证券及押品契证资料收据和信贷结清通知书，其中押品主要包括：银行开出的本、外币存单，银行本票，银行承兑汇票、上市公司股票、政府和公司债券、保险批单、提货单、产权证或他项权益证书及抵(质)押物的物权凭证、抵债物资的物权凭证等。

12. 银行在对借款人实行贷后管理动态监测的过程中，应特别关注的资金流入流出的类型不包括(　　)。[2021 年 6 月真题]

A. 大额资金

B. 小额资金

C. 与借款人现有的交易习惯、交易对象等存在明显差异的资金流入

D. 关联企业间资金

【解析】在对借款人实行动态监测的过程中，要特别关注大额资金、与借款人现有的交易习惯、交易对象等存在明显差异的资金，以及关联企业间资金的流入流出情况，及

9D　10C　11B　12B

时发现风险隐患。特别是当贷款已经形成不良时，银行更要积极开展有效的贷后管理工作，通过专门还款账户监控、押品价值监测与重评估等手段控制第一还款来源和第二还款来源，最大限度地保护银行债权。

13. 银行信贷人员在进行贷款资金用途监控时，发现贷款资金使用违反合同约定的，可采取的措施不包括(　　)。[2021 年 6 月真题]

A. 要求划回违约支付的贷款资金　　B. 要求借款人股东给予流动性补偿

C. 降低受托支付起点金额　　D. 停止贷款资金发放

【解析】在借款人自主支付情况下，银行应定期汇总资金支付情况，对借款人账户资金支付情况进行事后分析，通过账户分析、凭证查验、现场调查等方式核查贷款支付是否符合约定用途。对于认定贷款资金违反合同约定的，银行应按合同约定对该客户采取降低受托支付起点金额、要求划回违约支付的贷款资金或停止贷款资金发放等限制措施。

14. 贷款新规强调了银行对借款人回款账户的动态监测分析。对于流动资金贷款，商业银行必须指定或设立专门的(　　)账户。[2020 年 10 月真题]

A. 还款准备金　　B. 基本结算　　C. 资金回笼　　D. 项目收入

【解析】对于流动资金贷款，贷款人应通过借款合同的约定，要求借款人指定专门的资金回笼账户并及时提供该账户的资金进出情况。贷款人可根据借款人信用状况、融资情况等，与借款人协商签订账户管理协议，明确约定对指定账户回笼资金进出的管理。

15. 在担保管理评价工作中，商业银行对保证人的管理评价内容不包括(　　)。[2020 年 10 月真题]

A. 审查保证人资格　　B. 分析保证人的保证实力

C. 了解保证人的保证意愿　　D. 贷款到期后保证人管理

【解析】贷款保证的目的是对借款人按约、足额偿还贷款提供保障，因此，银行应特别注意保证的有效性，并在保证期内向保证人主张权利。对保证人的管理主要有以下内容：①保证人日常管理，包括分析保证人保证实力的变化和了解保证人保证意愿的变化；②贷款到期后保证人管理。

16. (　　)是指在风险预警报告已经作出，而决策部门尚未采取相应措施之前，由风险预警部门或决策部门对尚未爆发的潜在风险提前采取控制措施，避免风险继续扩大对商业银行造成不利影响。[2020 年 10 月真题]

A. 全面性处置　　B. 预控性处置

C. 风险预警的后评价　　D. 风险分析

【解析】风险处置是指在风险警报的基础上，为控制和最大限度地消除商业银行风险而采取的一系列措施。按照阶段划分，风险处置可以划分为预控性处置与全面性处置。预控性处置是在风险预警报告已经作出，而决策部门尚未采取相应措施之前，由风险预警部门或决策部门对尚未爆发的潜在风险提前采取控制措施，避免风险继续扩大对商业银行造成不利影响。全面性处置是商业银行对风险的类型、性质和程度进行系统

13B　14C　15A　16B

详细的分析后，从内部组织管理、业务经营活动等方面采取措施来控制、转移或化解风险，使风险预警信号回到正常范围。

17. 下列关于信贷档案管理的表述，错误的是(　　)。[2020 年 10 月真题]
A. 信贷抵(质)押契证属于二级档案
B. 二级档案应按规定整理成卷，交信贷档案员管理
C. 一级档案在存放保管时应视同现金管理
D. 一级档案原则上不允许借阅

【解析】一级信贷档案主要是指信贷抵(质)押契证和有价证券及押品契证资料收据和信贷结清通知书。其中押品主要包括：银行开出的本、外币存单，银行本票，银行承兑汇票，上市公司股票、政府和公司债券、保险批单、提货单、产权证或他项权益证书及抵(质)押物的物权凭证、抵债物资的物权凭证等。

18. 下列各项中，属于二级信贷档案的是(　　)。[2018 年 6 月真题]
A. 银行承兑汇票押品
B. 贷款协议
C. 上市公司股票押品
D. 产权证或他项权益证书及抵(质)押物的物权凭证

【解析】信贷档案管理对象是指正在执行中的、尚未结清信贷(贷款)的档案材料。按其重要程度及涵盖内容不同划分为两级，即一级信贷档案和二级信贷档案。其中一级信贷档案主要是指信贷抵(质)押契证和有价证券及押品契证资料收据和信贷结清通知书，二级信贷档案主要指法律文件和贷前审批及贷后管理的有关文件。ACD 三项属于一级信贷档案。

19. 下列关于贷款账户的表述，错误的是(　　)。[2017 年 10 月真题]
A. 对于固定资产贷款，一般而言，当借款人信用状况较好、贷款安全系数较高时，银行业金融机构可不要求借款人开立专门的还款准备金账户
B. 对于项目融资业务，贷款应要求借款人指定专门的项目收入账户，并约定所有项目的资金收入均须进入此账户
C. “专门账户”是指《人民币结算账户管理办法》中的“专用账户”
D. 对于流动资金贷款，贷款人必须指定或设立专门的资金回笼账户

【解析】C 项，贷款新规针对固定资产贷款、项目融资、流动资金贷款的不同特点，分别提出了对专门的还款准备金账户、项目收入账户和资金回笼账户的管理要求。其中，“专门账户”，并不特指《人民币结算账户管理办法》中的“专用账户”，可以是一般结算户或基本结算户。

20. 下列选项中，表明企业的财务状况发生恶化的是(　　)。[2017 年 10 月真题]
A. 短期负债和长期负债减少　　B. 存货周转率大幅上升
C. 经营性净现金流量持续为正值　　D. 应收账款大幅增加

【解析】企业的财务风险主要体现在以下方面：①企业关键财务指标是否发生重大不利

17A　18B　19C　20D

变化，包括盈利能力、资产质量、债务风险、经营增长状况等指标恶化；②经营性净现金流量持续为负值；③产品积压、存货周转率大幅下降；④应收账款异常增加；⑤流动资产占总资产比重大幅下降；⑥短期负债增加失当，长期负债大量增加；⑦银行账户混乱，到期票据无力支付；⑧企业销售额下降，成本提高，收益减少，经营亏损；⑨不能及时报送会计报表，或会计报表有造假现象；⑩财务记录和经营控制混乱；⑪对外担保率过高、对单一客户担保额过大、有同质企业互保、担保链、或对外担保已出现垫款的现象；⑫客户存在过度交易或盲目扩张行为，表现在长期投资与投资收益相比增长过快，营运资金与 EBITDA 相比较大等；⑬财务成本不合理上升、高成本融资不合理增加，显示企业流动性出现问题。

21. 下列选项中，表明抵(质)押品状况发生恶化的是(　　)。[2017 年 10 月真题]

A. 抵(质)押品保险到期后及时续保

B. 抵(质)押品被变卖或部分出售

C. 抵(质)押品价值升高

D. 抵(质)押品被转移至有利于银行监控的地方保管

【解析】对抵(质)押品要定期现场检查其完整性和价值变化情况，防止所有权人在未经银行同意的情况下擅自处理抵(质)押品，检查内容主要如下：①抵(质)押品价值的变化情况；②抵(质)押品是否被妥善保管；③抵(质)押品有否被变卖出售或部分被变卖出售的行为；④抵(质)押品保险到期后有没有及时续投保险；⑤抵(质)押品有否被转移至不利于银行监控的地方；⑥抵押品有无未经贷款人同意的出租情况；⑦抵(质)押品的权属证明是否妥善保管、真实有效。

22. 银行办理了一笔 4 年期的抵押贷款，在贷款到期日之前，企业因经营需要申请贷款展期，按照《贷款通则》的企业经批准展期贷款的最长期限为(　　)。[2017 年 10 月真题]

A. 8 年　　B. 6 年　　C. 4 年　　D. 7 年

【解析】《贷款通则》对贷款展期的期限做了如下规定：①现行短期贷款展期的期限累计不超过原贷款期限；②中期贷款展期的期限累计不得超过原贷款期限的一半；③长期贷款展期的期限累计不得超过 3 年。国家另有规定的除外。中期贷款，是指贷款期限在 1 年以上(不含 1 年)5 年以下(含 5 年)的贷款。因此，4 年期的抵押贷款为中期贷款，展期贷款的最长期限为：$4 \div 2 + 4 = 6$(年)。

23. 下列选项中，哪一项不属于对借款人的贷后监控的监控范围？(　　)[2016 年 11 月真题]

A. 经营状况　　B. 利率水平　　C. 管理状况　　D. 财务状况

【解析】对借款人的贷后监控主要包括经营状况监控、管理状况监控、财务状况监控、与银行往来情况监控、其他外部评价监控等方面。

24. 下列有关贷款文件管理说法错误的是(　　)。[2016 年 11 月真题]

A. 二级信贷档案在存放保管时应视同现金管理

21B　22B　23B　24A

B. 二级信贷档案应按规定整理成卷，交信贷档案员管理

C. 一级信贷档案存档后，原则上不允许借阅

D. 一级信贷档案在存放保管时应视同现金管理

【解析】一级信贷档案是信贷的重要物权凭证，在存放保管时视同现金管理，一级信贷档案存档后，原则上不允许借阅；二级信贷档案在保管时，应按规定整理成卷，交给信贷档案员管理。

25. (　　)是企业还款能力变化的直接反映，银行应定期收集符合会计制度要求的企业财务报表。[2015 年 5 月真题]

A. 经营状况变化　B. 管理状况变化　C. 财务状况变化　D. 还款账户变化

【解析】财务状况变化是企业还款能力变化的直接反映，银行应定期收集符合会计制度要求的企业财务报表，关注并分析异常的财务变动和不合理的财务数据，还可对贷款存续期间借款人的资产负债率、流动比率、速动比率、销售收入增减幅度、利润率、分红比率等财务指标提出控制要求。

26. 经商业银行风险管理部门及业务经办部门认定有特殊保存价值的项目档案，其保管期限为(　　)。[2015 年 5 月真题]

A. 20 年　B. 5 年　C. 永久保存　D. 10 年

【解析】已结清贷款的信贷档案的保管期限和保管部门由商业银行根据本行实际情况自行确定。通常，经行内相关部门认定有特殊保存价值的可列为永久保存。

27. 贷款新规强调了银行对借款人回款账户的动态监测分析，对于固定资产贷款，当借款人信用状况较差、贷款安全受到威胁时，银行应要求其开立专门的(　　)账户，并与借款人约定对账户资金进出、余额或平均存量等最低要求。[2014 年 11 月真题]

A. 基本结算　B. 项目收入　C. 资金回笼　D. 还款准备金

【解析】对于固定资产贷款，一般而言，当借款人信用状况较好、贷款安全系数较高时，银行业金融机构可不要求借款人开立专门的还款准备金账户；当借款人信用状况较差、贷款安全受到威胁时，出于有效防范和化解信贷风险的考虑，银行应要求其开立专门的还款准备金账户，并与借款人约定对账户资金进出、余额或平均存量等的最低要求。

28. 为了确保贷款的归还，除了在贷款合同中确定还款计划和违约责任条款外，银行应按规定时间向借款人发送(　　)。[2014 年 11 月真题]

A. 还本付息通知单　B. 支付令

C. 划款通知书　D. 催收通知书

【解析】为了确保贷款的归还，除了在贷款合同中确定还款计划和违约责任条款外，业务操作部门还应按规定时间提前向借款人发送还本付息通知单，督促借款人按时足额还本付息。

29. A 企业在 B 银行有一笔一年期流动资金贷款即将到期，但 A 企业集团因季节性因素影响了销售及资金回笼，资金暂时出现不足，无法偿还在 B 银行的贷款。下列各项中表述正确的是(　　)。[2014 年 6 月真题]

25C　26C　27D　28A　29B

A. B银行业务部门客户经理对A企业展期条件审查核实后，可直接批准企业展期申请
B. A企业应在到期前向银行提出贷款展期申请
C. 为确保企业足额还款且不影响其正常生产，B银行可同意企业展期期限为两年
D. 若A企业未向B银行提出展期申请，其贷款自到期之日起，转入次级类贷款

【解析】借款人不能按期归还贷款时，应当在贷款到期日之前，向银行申请贷款展期。A项，贷款展期的审批实行分级审批制度，银行应根据业务量大小、管理水平和贷款风险度确定各级分支机构的审批权限，超过审批权限的，应当报上级机构审批；C项，短期贷款展期期限累计不得超过原贷款期限；D项，借款人未申请展期或申请展期未得到批准，其贷款从到期日次日起，转入逾期贷款账户。

30. 下列关于固定资产贷款中借款人提前还款的表述，错误的是(　　)。[2013年11月真题]
A. 如果借款人希望提前归还贷款，应与银行协商
B. 对已提前偿还的部分不得要求再贷
C. 借款人应在征得银行同意后，才可以提前还款
D. 如果借款人提前还款，应一次性偿还全部剩余本金

【解析】D项，借款人可以提前偿还全部或部分本金，如果偿还部分本金，其金额应等于一期分期还款的金额或应为一期分期还款的整数倍，并同时偿付截至该提前还款日前一天(含该日)所发生的相应利息，以及应付的其他相应费用。

31. 贷款发放后，关于对保证人保证意愿的监控，做法错误的是(　　)。[2009年6月真题]
A. 应密切注意保证人的保证意愿是否出现改变迹象
B. 如保证人与借款人的关系发生变化，要密切注意保证人是否愿意继续担保
C. 主要关注保证人与借款人关系变化后的结果，不关注变化的原因
D. 保证人与借款人关系发生变化后，应判断贷款的安全性是否受到实质影响

【解析】贷款发放后，银行应密切注意保证人的保证意愿是否出现改变的迹象。如保证人和借款人的关系出现变化，保证人是否出现试图撤销和更改保证的情况。同时还应分析其中的原因，判断贷款的安全性是否受到实质影响并采取相关措施。

32. 贷后监控中，具有对“人及其行为”调查特点的是(　　)。
A. 经营状况监控　　B. 管理状况监控
C. 财务状况监控　　D. 与银行往来情况监控

【解析】管理状况监控是对企业整体运营管理的情况调查，尤其是对不利变化情况的调查。此部分调查的特点是对“人及其行为”的调查。

33. 对于项目融资业务还款账户的监控，贷款人应要求借款人指定专门的(　　)，并约定所有项目的资金收入均须进入此账户。
A. 项目支出账户　B. 项目收入账户　C. 还款账户　D. 融资账户

【解析】对于项目融资业务，贷款人应要求借款人指定专门的项目收入账户，并约定所

30D　31C　32B　33B

有项目的资金收入均须进入此账户。该账户对外支付的条件和方式均须在合同中明确，以达到有效监控资金收支变化、提高贷款资金保障性的效果。贷款人应对项目收入账户进行监测，当账户资金流动出现异常时，应及时查明原因并采取相应措施。

34. 与银行往来监控中，银行应通过检查企业的(　　)，分析公司的最近经营情况。

A. 申贷材料　　B. 提款申请书　　C. 借款凭证　　D. 银行对账单

【解析】企业与银行等金融机构的往来、履约情况直接反映了企业的交易和信用状况。银行应通过观察借款人与银行的资金往来情况，核查企业的银行对账单，分析公司最近的经营情况，并对异常的划款行为进行调查分析。

35. 项目贷款的贷后管理不包括以下哪项？(　　)

A. 项目申报程序贷后管理　　B. 项目建设期贷后管理

C. 项目试生产期贷后管理　　D. 项目经营期贷后管理

【解析】在实践中，项目贷款的贷后管理主要包括以下三个方面：①项目建设期贷后管理；②项目试生产期贷后管理；③项目经营期贷后管理。

36. 预控性处置发生在(　　)。

A. 风险预警报告正式做出前

B. 风险预警报告已经做出，决策部门尚未采取措施前

C. 风险预警报告尚未做出，决策部门尚未采取措施

D. 风险预警报告已经做出，决策部门已经采取措施

【解析】预控性处置是在风险预警报告已经作出，而决策部门尚未采取相应措施之前，由风险预警部门或决策部门对尚未爆发的潜在风险提前采取控制措施，避免风险继续扩大对商业银行造成不利影响。

37. 对信贷运行过程的监测预警是通过(　　)实现的。

A. 建立科学的贷前调查体系，对申贷人系统调查

B. 建立严格贷前审批程序，对贷款申请逐一把关

C. 建立科学的贷后检查，对贷款人随时检查

D. 建立科学的监测预警指标体系，并观察其发展变化过程

【解析】对信贷运行过程的监测预警是通过建立科学的监测预警指标体系，并对其发展变化过程进行观察来实现的，合理地选择预警指标是建立预警体系的关键。

38. 预警处置是一个(　　)的过程。

A. 借助预警操作工具对银行贷款全过程进行监控考核

B. 接收风险信号、评估、衡量风险

C. 在前期预警基础上提出有无风险、风险大小、风险危害程度

D. 在接收风险信号、评估、衡量风险基础上提出有无风险、风险大小、风险危害程度及风险处置、化解方案

【解析】预警处置是借助预警操作工具对银行经营运作全过程进行全方位实时监控考核，在接收风险信号、评估、衡量风险基础上提出有无风险、风险大小、风险危害程度及

34D　35A　36B　37D　38D

风险处置、化解方案的过程。

39. 在提前还款条款内容中，借款人提前偿还部分本金的，（　　）。

A. 其金额应为一期分期还款的金额或其整数倍

B. 要偿付偿还本金截至到期前一天的相应利息

C. 要偿付偿还本金截至到期前一天的相应其他费用

D. 在提前还款日前 45 天以书面形式通知银行

【解析】借款人可以提前偿还全部或部分本金，如果偿还部分本金，其金额应等于一期分期还款的金额或应为一期分期还款的整数倍，并同时偿付截至该提前还款日前一天（含该日）所发生的相应利息，以及应付的其他相应费用。

40. 借款人申请展期未获批准时，其贷款从到期日次日起转入（　　）。

A. 冻结账户　　B. 特殊账户　　C. 逾期贷款账户　　D. 违约账户

【解析】根据《贷款通则》的规定，借款人未申请展期或申请展期未得到批准，其贷款从到期日次日起，转入逾期贷款账户。

41. 下列做法中，不符合信贷档案管理原则和要求的是（　　）。

A. 将一个信贷项目形成的文件资料划分为执行中的信贷档案和结清后的信贷档案，分段管理

B. 任命直接经办贷款的信贷人员担任信贷档案员

C. 业务人员将信贷执行过程续生的文件随时移交信贷档案员

D. 将信贷档案的检查结果列入档案工作综合管理考评中

【解析】根据信贷档案管理的专人负责原则，信贷档案员由银行各级行的风险管理部门和业务经办部门的专职或兼职人员担任，不得由直接经办信贷业务人员担任。

42. 《贷款通则》对贷款展期的期限做了相关规定，短期贷款展期的期限累计不得超过______，中期贷款展期的期限累计不得超过______，长期贷款展期的期限累计不得超过______。（　　）

A. 原贷款期限；原贷款期限的一半；3 年

B. 原贷款期限的一半；原贷款期限；3 年

C. 原贷款期限的一半；3 年；5 年

D. 原贷款期限；2 年；3 年

【解析】《贷款通则》对贷款展期的期限作了如下规定：现行短期贷款展期的期限累计不超过原贷款期限；中期贷款展期的期限累计不得超过原贷款期限的一半；长期贷款展期的期限累计不得超过 3 年。国家另有规定的除外。

二、多选题（下列选项中有两项或两项以上符合题目要求）

1. 从评价维度来看，对借款人的贷后监控主要包括（　　）。［2023 年 10 月真题］

A. 其他外部评价监控　　B. 经营状况监控

C. 管理状况监控　　D. 财务状况监控

E. 与银行往来情况监控

39A　40C　41B　42A　▎　1ABCDE

【解析】从评价维度来看，对借款人的贷后监控主要包括经营状况监控、管理状况监控、财务状况监控、与银行往来情况监控、其他外部评价监控。

2. 根据《商业银行集团客户授信业务风险管理指引》，商业银行给集团客户贷款时，应当在贷款合同中约定，贷款对象有下列情形的，贷款人有权单方决定停止支付借款人尚未使用的贷款。(　　)[2023 年 10 月真题]

A. 未经贷款人同意擅自改变贷款原定用途，挪用贷款或用银行贷款从事非法、违规交易的

B. 交易的金额或比例不足的

C. 提供虚假材料或隐瞒重要经营财务事实的

D. 通过关联交易，有意逃废银行债权的

E. 交易未完成的

【解析】根据《商业银行集团客户授信业务风险管理指引》第十八条，商业银行给集团客户贷款时，应当在贷款合同中约定，贷款对象有下列情形之一的，贷款人有权单方决定停止支付借款人尚未使用的贷款，并提前收回部分或全部贷款本息，并依法采取其他措施：①提供虚假材料或隐瞒重要经营财务事实的；②未经贷款人同意擅自改变贷款原定用途，挪用贷款或用银行贷款从事非法、违规交易的；③利用与关联方之间的虚假合同，以无真实贸易背景的应收票据、应收账款等债权到银行贴现或质押，套取银行资金或授信的；④拒绝接受贷款人对其信贷资金使用情况和有关经营财务活动进行监督和检查的；⑤出现重大兼并、收购重组等情况，贷款人认为可能影响到贷款安全的；⑥通过关联交易，有意逃废银行债权的；⑦商业银行认定的其他重大违约行为。

3. 在对客户管理状况进行监控时，商业银行需要关注企业管理状况的多个方面，下列各项中属于管理状况风险的有(　　)。[2022 年 7 月真题]

A. 最高管理层独裁，领导不团结

B. 企业发生重要人事变动

C. 企业流失大批客户

D. 主要控制人或高级管理者涉及民间借贷

E. 管理层对企业的发展缺乏战略性规划

【解析】企业管理状况风险主要体现在以下方面：①企业发生重要人事变动，如高级管理人员或董事会成员变动，最主要领导者的行为发生变化，患病或死亡，或陷入诉讼纠纷，无法正常履行职责。②最高管理者独裁，领导层不团结，高级管理层之间出现严重的争论和分歧；职能部门矛盾尖锐，互相不配合，管理层素质偏低。③管理层对环境和行业中的变化反应迟缓或管理层经营思想变化，表现为极端的冒进或保守。④管理层对企业的发展缺乏战略性的计划，缺乏足够的行业经验和管理能力(如有的管理人员只有财务专长而没有技术、操作、战略、营销和财务技能的综合能力)，导致经营计划没有实施及无法实施。⑤董事会和高级管理人员以短期利润为中心，不顾长期利益而使财务发生混乱、收益质量受到影响。⑥客户的主要股东、关联企业或母子公司等是否发生重大不利变化；股东是否有抽逃资金的现象；客户是否出现兼并、收购、分立、重组等重大体制改革，股东结构发生实质性不利变化，可能影响贷款安全。⑦股东间发生重大纠纷且不能在短期内妥善解决；股东或主要管理人员是否涉嫌重大贪污、受贿、舞弊、违

2ACD　3ABDE

法经营案件或其他重大负面信息。⑧中层管理者是否短期内多人离职，特别是财务、市场等要害部门的中层管理者离职；中层管理人员是否较为薄弱，企业人员是否更新过快或员工不足；是否出现重大劳资纠纷且不能在短期内妥善解决。⑨主要控制人或高级管理者出现个人征信问题、涉及民间借贷或涉及赌博等行为。

4. 企业的财务风险主要包括(　　)。[2021 年 6 月真题]

A. 购货商减少采购　　B. 企业产品技术落后

C. 流动资产占总资产比重大幅下降　　D. 产品积压、存货周转率大幅下降

E. 经营性净现金流量持续为负值

【解析】企业的财务风险主要体现在以下方面：①企业关键财务指标是否发生重大不利变化，包括盈利能力，资产质量、债务风险、经营增长状况等指标恶化；②经营性净现金流量持续为负值；③产品积压、存货周转率大幅下降；④应收账款异常增加；⑤流动资产占总资产比重大幅下降；⑥短期负债增加失当，长期负债大量增加；⑦银行账户混乱，到期票据无力支付；⑧企业销售额下降，成本提高，收益减少，经营亏损；⑨不能及时报送会计报表，或会计报表有造假现象；⑩财务记录和经营控制混乱；⑪对外担保率过高、对单一客户担保额过大、有同质企业互保、担保链或对外担保已出现垫款的现象；⑫客户存在过度交易或盲目扩张行为，表现在长期投资与投资收益相比增长过快，营运资金与 EBITDA 相比较大等；⑬财务成本不合理上升高成本融资不合理增加，显示企业流动性出现问题。AB 两项属于经营风险。

5. 下列选项中，属于项目建设期贷后管理关注要点的有(　　)。[2021 年 6 月真题]

A. 项目建设过程中总投资是否突破，突破原因及金额

B. 贷款的投放与项目进度、资本金到位进度、其他融资到位进度是否保持匹配

C. 承担项目建设的能力和项目建设质量实际情况如何，是否出现较大事故

D. 关注借款人销售网络和销售客户群的建立，判断是否能取得预期收入和现金流

E. 项目建成的设施和设备运转是否正常，项目生产数据和技术指标是否达到预定标准

【解析】在项目建设期，应重点关注：①项目的建设进度是否按计划进行，有无延长情况及延长原因；②项目总投资中各类资金是否到位及使用情况；③项目建设过程中总投资是否突破，突破原因及金额；④项目的建设、技术、市场条件是否发生变化，承担项目建设的能力和项目建设质量实际情况如何，是否出现较大事故，环保设施是否同步建设等；⑤贷款的投放与项目进度、资本金到位进度、其他融资到位进度是否保持匹配。D 项属于项目经营期贷后管理。E 项属于项目试生产期贷后管理。

6. 在对客户财务状况进行监控时，出现以下(　　)情况时，商业银行重点关注。[2020 年 10 月真题]

A. 经营性净现金流量持续为负值　　B. 产品积压、存货周转率显著大幅下降

C. 流动资产占总资产比重显著大幅下降　　D. 企业盈利能力指标恶化

E. 短期负债异常增加

【解析】企业的财务风险主要体现在以下方面：①企业关键财务指标是否发生重大不利变化，包括盈利能力、资产质量、债务风险、经营增长状况等指标恶化；②经营性净现金

4CDE　5ABC　6ABCDE

流量持续为负值；③产品积压、存货周转率大幅下降；④应收账款异常增加；⑤流动资产占总资产比重大幅下降；⑥短期负债增加失当，长期负债大量增加；⑦银行账户混乱，到期票据无力支付；⑧企业销售额下降，成本提高，收益减少，经营亏损；⑨不能及时报送会计报表，或会计报表有造假现象；⑩财务记录和经营控制混乱；⑪对外担保率过高、对单一客户担保额过大、有同质企业互保、担保链或对外担保已出现垫款的现象；⑫客户存在过度交易或盲目扩张行为，表现在长期投资与投资收益相比增长过快，营运资金与 EBITDA 相比较大等；⑬财务成本不合理上升、高成本融资不合理增加，显示企业流动性出现问题。

7. 关于并购贷款的贷后管理，下列表述正确的有（　　）。[2020 年 10 月真题]

A. 跨境并购中国别风险是重要的风险因素之一

B. 在并购完成后，商业银行应关注并购双方的整合进度

C. 当并购方、实际借款人、目标方任一出现“重大信用风险事项”，应全面评估并制定全方位的风险缓释措施

D. 商业银行需关注目标方及收购方信贷、法规、流动资金等风险信息

E. 跨境并购中须关注针对该国家或地区的整体国别风险敞口

【解析】关注目标方及收购方各维度的风险信息，包括信贷、法规、流动资金、市场及利率、信誉等风险信息。当并购方、实际借款人、目标方任一出现“重大信用风险事项”，应全面评估并制定全方位的风险缓释措施。跨境并购中国别风险是重要的风险因素，须关注目标企业所在地政治稳定性、国家整体经济情况、主权评级变化、产业、税收政策、法律环境、反垄断或安全审核情况、反洗钱和反恐怖融资相关风险的变化；并且须关注针对该国家或地区的整体国别风险敞口。

8. 一级信贷档案在下列（　　）情况下可以办理借阅手续。[2019 年 6 月真题]

A. 权证所有人要求借阅的

B. 须补办房产证、他项权利证书或备案登记的

C. 贷款展期办理抵押物续期登记

D. 提交法院进行法律诉讼、债权债务重组或呆账核销的

E. 变更抵押物权证、变更质押物品的

【解析】一级信贷档案存档后，原则上不允许借阅。如在特殊情况中，确需借阅一级信贷档案的，必须提交申请书，经相关负责人签批同意后，方可办理借阅手续。除 BCDE 四项所述，“提供给审计部门或相关单位查阅的”也是特殊情况之一。

9. 下列属于企业的财务风险的有（　　）。[2018 年 10 月真题]

A. 银行账户混乱，到期票据无力支付　　B. 产品结构单一

C. 应收账款异常增加　　D. 在多家银行开户

E. 以短期利润为中心，忽视长期利益

【解析】B 项属于经营风险；D 项属于与银行往来异常的现象；E 项属于企业管理状况风险。

7ABCDE　8BCDE　9AC

10. 下列关于贷款展期的表述，正确的有(   )。[2018 年 6 月真题]

A. 抵押贷款展期的，如抵押价值不足，则抵押人应根据银行的要求按现有贷款余额补充落实抵押物

B. 展期贷款的保证金额为借款人在整个贷款期内应偿还的本金

C. 贷款经批准展期后，银行应根据贷款种类、借款人的信用等级和贷款保证等情况重新确定贷款的风险度

D. 对于保证贷款的展期，银行应重新确认保证人的担保资格和担保能力

E. 抵押贷款展期后，银行应要求抵押人及时到有关部门办理续期登记手续

【解析】对于保证贷款的展期，银行应重新确认保证人的保证资格和保证能力；借款人申请贷款展期前，必须征得保证人的同意。保证金额为借款人在整个贷款期内应偿还的本息和费用之和，包括因贷款展期而增加的利息费用。

11. 在银行贷款担保的补充机制中，贷款担保的补充途径有(   )。[2018 年 6 月真题]

A. 追加担保品，确保抵押权益

B. 重新评估担保品的价值

C. 追加保证人

D. 提高担保品的价格

E. 维护担保品的质量

【解析】在贷后检查阶段，银行要侧重对保证人与抵(质)押物进行动态分析，并认真做好日常维护工作。担保的补充机制有：①追加担保品，确保抵押权益；②追加保证人。

12. 某公司向 A 银行申请 2 年期流动资金贷款，该贷款将于 2009 年 6 月 5 日到期，该公司向 A 银行提出展期申请，在不考虑企业实际经营状况的前提下，下列可被银行接受的贷款展期到期日有(   )。[2017 年 10 月真题]

A. 2010 年 5 月 1 日

B. 2011 年 12 月 31 日

C. 2010 年 9 月 30 日

D. 2009 年 10 月 31 日

E. 2010 年 6 月 30 日

【解析】《贷款通则》对贷款展期的期限作了如下规定：①现行短期贷款展期的期限累计不超过原贷款期限；②中期贷款展期的期限累计不得超过原贷款期限的一半；③长期贷款展期的期限累计不得超过 3 年；国家另有规定的除外。中期贷款，是指贷款期限在 1 年以上(不含 1 年)5 年以下(含 5 年)的贷款。即该题目中可被银行接受的贷款展期到期日为：2 ÷ 2 = 1(年)，即 2010 年 6 月 5 日。

13. 企业的经营风险主要包括(   )。[2017 年 10 月真题]

A. 主要数据在行业统计中呈现出不利的变化或趋势

B. 应付账款大幅增加

C. 兼营不熟悉的业务、新的业务或在不熟悉的地区开展业务

D. 产品结构单一

E. 经营活动发生显著变化，出现停产、半停产或经营停止状态

【解析】除了上述四点，经营风险还体现在：①业务性质、经营目标或习惯做法改变；②不能适应市场变化或客户需求的变化；③持有一笔大额订单，不能较好地履行合约；④对存货、生产和销售的控制力下降；⑤对一些客户或供应商过分依赖，可能引起巨

10ACDE　11AC　12AD　13ACDE

大的损失；⑥在供应链中的地位关系变化；⑦购货商减少采购；⑧企业的地点发生不利的变化或分支机构分布趋于不合理；⑨收购其他企业或者开设新销售网点，对销售和经营有明显影响；⑩出售、变卖主要的生产性、经营性固定资产；⑪厂房和设备未得到很好的维护，设备更新缓慢，缺乏关键产品生产线；⑫建设项目的可行性存在偏差，或计划执行出现较大的调整；⑬借款人的产品质量或服务水平出现明显下降；⑭流失一大批财力雄厚的客户；⑮遇到台风、火灾、战争等严重自然灾害或社会灾难；⑯企业未实现预定的盈利目标；⑰关联交易频繁，关联企业之间资金流动不透明或不能明确解释。

14. 关于贷款展期，下列说法错误的有(　　)。[2016年11月真题]

A. 长期贷款展期的期限累计不得超过2年

B. 现行短期贷款展期的期限累计不超过原贷款期限的一半

C. 展期贷款的偿还在账务处理上，与正常贷款不同

D. 借款人未申请展期或申请展期未得到批准，其贷款从到期日当日起，转入逾期贷款账户

E. 抵押贷款展期后，银行应要求借款人及时到有关部门办理续期登记手续

【解析】A项，长期贷款展期的期限累计不得超过3年；B项，现行短期贷款展期期限累计不得超过原贷款期限；C项，展期贷款的偿还在账务处理上，与正常贷款相同；D项，借款人未申请展期或申请展期未得到批准，其贷款从到期日次日起，转入逾期贷款账户。

15. 企业管理状况风险主要体现在(　　)。[2016年6月真题]

A. 高级管理人员同时关注短期和长期利润

B. 客户的主要股东、关联企业或母子公司等发生重大的不利变化

C. 企业人员更新过快或员工不足

D. 高级管理层不团结，出现内部矛盾

E. 管理人员只有财务专长而没有综合能力，导致经营计划搁置

【解析】除BCDE四项外，企业管理状况风险还体现在：①企业发生重要人事变动，如高级管理人员或董事会成员变动，最主要领导者的行为发生变化，患病或死亡，或陷入诉讼纠纷，无法正常履行职责；②管理层对环境和行业中的变化反应迟缓或管理层经营思想变化，表现为极端的冒进或保守；③董事会和高级管理人员以短期利润为中心，不顾长期利益而使财务发生混乱、收益质量受到影响；④股东间发生重大纠纷且不能在短期内妥善解决；⑤主要控制人或高级管理者出现个人征信问题、涉及民间借贷或涉及赌博等行为。

16. 在商业银行贷后管理中，抵(质)押品检查的主要内容有(　　)。[2015年10月真题]

A. 抵押品是否被变卖出售或部分被变卖出售

B. 抵押品价值是否变化

C. 抵押品是否被妥善保管

D. 抵押品保险到期后是否及时续投保险

14ABCD　15BCDE　16ABCDE

E. 抵押品是否被转移至不利于银行监控的地方

【解析】除了 ABCDE 五项，抵(质)押品检查的内容还包括：①抵押品有无未经贷款人同意的出租情况；②抵押品的权属证明是否妥善保管、真实有效。

17. 贷款风险预警的程序包括(　　)。[2015 年 5 月真题]

A. 信用信息的收集与传递　　B. 风险处置

C. 停止放款　　D. 风险分析

E. 后评价

【解析】风险预警是各种工具和各种处理机制的组合结果，无论是否依托动态化、系统化、精确化的风险预警系统，都应当逐级、依次完成以下程序：①信用信息的收集和传递；②风险分析；③风险处置；④后评价。

18. 信贷档案管理的具体要求有(　　)。[2014 年 6 月真题]

A. 定期检查　　B. 专人负责　　C. 集中统一管理　　D. 按时交接

E. 分段管理

【解析】信贷档案管理的具体要求包括：①信贷档案实行集中统一管理原则；②信贷档案采取分段管理、专人负责、按时交接、定期检查的管理模式。

19. 下列情况中，可能给企业带来经营风险的有(　　)。[2009 年 6 月真题]

A. 客户需求为便携性 PC，企业仍生产台式机

B. 持有一笔占公司年订单量 60% 的订单，能按时保质完成

C. 企业只生产台式机

D. 食品生产企业最近大规模投资房地产行业

E. 只依赖于一家供应商

【解析】对于银行信贷来说，企业的经营风险部分体现在(包括但不限于)：①不能适应市场变化或客户需求的变化；②持有一笔大额订单却不能较好的履行合约；③产品结构单一；④兼营不熟悉的业务、新的业务或在不熟悉的地区开展业务；⑤对一些客户或供应商过分依赖，可能引起巨大的损失。A 项，企业生产不能适应客户需求变化；C 项，企业的产品结构过于单一；D 项，企业兼营不熟悉的业务、新的业务；E 项，企业对供应商过分依赖，这些都可能为企业带来经营风险。

20. 当借款人信用状况较差、贷款安全受到威胁时，银行应与借款人约定对账户(　　)的最低要求。

A. 资金进出　　B. 余额　　C. 担保资金　　D. 平均存量

E. 最低存量

【解析】当借款人信用状况较差、贷款安全受到威胁时，出于有效防范和化解信贷风险的考虑，银行应要求其开立专门的还款准备金账户，并与借款人约定对账户资金进出、余额或平均存量等的最低要求。

21. 下列企业与银行的往来活动，属于银行重点监控的异常现象的有(　　)。

A. 在银行存款大幅上升

17ABDE　18ABCDE　19ACDE　20ABD　21BE

B. 在多家银行开户，经审查明显超出其经营需要
C. 既依赖短期贷款，亦依赖长期贷款
D. 还款资金主要为销售回款
E. 将项目贷款通过地下钱庄转移到境外

【解析】企业与银行往来的异常现象如下：①借款人在银行的存款有较大幅度下降；②在多家银行开户(公司开户数明显超过其经营需要)；③对短期贷款依赖较多，要求贷款展期；④还款来源没有落实或还款资金主要为非销售回款；⑤贷款超过了借款人的合理支付能力；⑥借款人有抽逃资金的现象，同时仍在申请新增贷款；⑦借款人在资金回笼后，在还款期限未到的情况下挪作他用，增加贷款风险；⑧客户授信出现贷款逾期、不能按时偿还利息等情况；⑨客户在金融机构贷款余额大幅变动或授信政策调整；⑩以本行贷款偿还其他银行债务；⑪存在套取贷款资金、关联方占款或民间借贷等嫌疑；⑫存在长期借新还旧或短贷长用严重问题，要求贷款展期。

22. 对供应链金融模式下的存货和应收账款，贷后管理应关注的内容包括(　　)。
A. 应收账款管理
B. 应收账款的质量与坏账准备情况
C. 存货本身的风险，如货物丢失、挪用、过时或变质的风险
D. 存货的周期风险，如由于存货价格的周期性波动带来的质押物跌价风险
E. 对存货质押融资，要充分考虑当实际销售已经小于或将小于所预期的销售量时的风险和对策

【解析】除 ABCDE 五项外，对供应链金融模式下的存货和应收账款，贷后管理还应关注的内容有：①对于动态质押方式，还应严格审核质物进出库和库存变动信息，确保新入库的商品符合协议约定要求，且商品权属清晰；②应收账款催收：银行根据应收账款账期，主动或应收款人要求，采取电话、函件、上门催款直至法律手段等对付款人进行催收。

23. 项目经营期检查应重点关注的内容包括(　　)。
A. 借款人的收益与预期评估值是否存在较大差异
B. 项目生产数据和技术指标是否达到预定标准
C. 项目的建设、技术、市场条件是否发生变化
D. 借款人销售网络和销售客户群的建立情况
E. 是否能取得预期收入和现金流

【解析】项目贷款进入经营期后，银行信贷从业人员应加强客户生产经营、内部管理、市场拓展等情况的监控。对生产规模、销售状况等因素与预期的敏感性分析相比较，判断借款人的收益与预期评估值是否存在较大差异；关注借款人销售网络和销售客户群的建立，判断是否能取得预期收入和现金流。B 项属于项目试生产期检查的内容；C 项属于项目建设期检查的内容。

24. 对不能按借款合同约定期限还款的，银行有权(　　)。
A. 对应收未收的利息计收利息　　　　B. 自行加罚利息

22ABCDE　23ADE　24AC

C. 对应收未收的罚息计收利息　　　　　D. 扣押企业资产

E. 申请企业破产清算

【解析】贷款逾期后，银行不仅对贷款本金计收利息，而且要对应收未收的利息也要计收利息，即计复利。在催收的同时，对不能按借款合同约定期限归还的贷款，应按规定加罚利息，加罚的利率应在贷款协议中明确规定；应收未收的罚息也要计复利。

25. 小微企业续贷需要满足以下哪些条件？(　　)

A. 依法合规经营　　　　　　　　　　　B. 生产经营正常

C. 信用状况良好　　　　　　　　　　　D. 还款能力和还款意愿较差

E. 原流动资金周转贷款为正常类

【解析】根据《关于完善和创新小微企业贷款服务提高小微企业金融服务水平的通知》，符合以下四个主要条件的小微企业才可申请续贷：①依法合规经营；②生产经营正常，具有持续经营能力和良好的财务状况；③信用状况良好，还款能力与还款意愿强，没有挪用贷款资金、欠贷欠息等不良行为；④原流动资金周转贷款为正常类，且符合新发放流动资金周转贷款条件和标准。

三、判断题(请对下列各题的描述做出判断，正确的用 A 表示，错误的用 B 表示)

1. 一般而言，对于所有固定资产贷款，商业银行应要求借款企业开立专门的还款准备金账户，并与借款人约定对账户资金进出、余额或平均存量等的最低要求。(　　)[2023 年 10 月真题]

【解析】一般而言，当借款人信用状况较好、贷款安全系数较高时，银行业金融机构可不要求借款人开立专门的还款准备金账户；当借款人信用状况较差、贷款安全受到威胁时，出于有效防范和化解信贷风险的考虑，银行应要求其开立专门的还款准备金账户，并与借款人约定对账户资金进出、余额或平均存量等的最低要求。

2. 以本行贷款偿还其他银行债务属于企业经营状况监控的内容。(　　)[2022 年 7 月真题]

【解析】以本行贷款偿还其他银行债务属于与银行往来情况监控的内容。与银行往来异常现象如下：①借款人在银行的存款有较大幅度下降；②在多家银行开户(公司开户数明显超过其经营需要)；③对短期贷款依赖较多，要求贷款展期；④还款来源没有落实或还款资金主要为非销售回款；⑤贷款超过了借款人的合理支付能力；⑥借款人有抽逃资金的现象，同时仍在申请新增贷款；⑦借款人在资金回笼后，在还款期限未到的情况下挪作他用，增加贷款风险；⑧客户授信出现贷款逾期、不能按时偿还利息等情况；⑨客户在金融机构贷款余额大幅变动或授信政策调整；⑩以本行贷款偿还其他银行债务；⑪存在套取贷款资金、关联方占款或民间借贷等嫌疑；⑫存在长期借新还旧或短贷长用严重问题，要求贷款展期。

3. 对于项目融资业务，在贷款存续期间，贷款人应当不定期地监测项目的建设和经营情况，根据贷款担保、市场环境、宏观经济变动等因素，对项目风险进行评价，并建立贷款质量监控制度和风险预警体系。(　　)[2021 年 6 月真题]

25ABCE　▎　1B　2B　3B

【解析】对于项目融资业务，在贷款存续期间，贷款人应当持续监测项目的建设和经营情况，根据市场环境、宏观经济变动等因素，定期对项目风险进行评价，并建立贷款质量监控制度和风险预警体系。出现可能影响贷款安全情形的，应当及时采取相应措施。

4. 企业与银行等金融机构的往来、履约情况直接反映了企业的交易和信用状况。(　　)[2020年10月真题]

【解析】企业与银行等金融机构的往来、履约情况直接反映了企业的交易和信用状况。银行应通过观察借款人与银行的资金往来情况，核查企业的银行对账单，分析公司最近的经营情况，并对异常的划款行为进行调查分析。

5. 应收账款模式的供应链融资，一般是指中小企业对供应链上核心大企业的应收账款单据凭证作为担保，向商业银行申请短期贷款，由银行向处于供应链上游的中小企业提供融资方式。(　　)[2018年10月真题]

【解析】应收账款融资模式，一般是指以中小企业对供应链上核心大企业的应收账款单据凭证作为担保，向商业银行申请短期贷款，由银行向处于供应链上游的中小企业提供融资的方式。

6. 借款人风险预警信号出现后，银行相关部门应组织力量积极进行控制和化解，暂停发放新的贷款。(　　)[2018年6月真题]

【解析】客户风险预警信号出现后，相关部门应组织力量积极进行控制和化解。要根据风险的程度和性质，对客户实施分层管理，采取以下相应的风险处置措施：①列入重点观察名单；②要求客户限期纠正违约行为；③要求完善担保条件、增加担保措施；④降低整体授信额度，暂停发放新贷款或收回已发放的授信额度等；⑤动态调整资产风险分类。

7. 企业管理层对环境和行业中的变化反应迟缓或管理层经营思想变化，表现为极端的冒进或保守，这属于企业经营风险，银行公司信贷人员必须加强对该企业的风险监控。(　　)[2017年10月真题]

【解析】企业管理状况风险的主要体现之一为：管理层对环境和行业中的变化反应迟缓或管理层经营思想变化，表现为极端的冒进或保守。

8. 在还本付息日第二天营业时间终了前，借款人未向银行提交偿还贷款本息的支票(人民币)或支取凭条(外币)的，并且其偿债账户或其他存款账户中的存款不足以由银行主动扣款的，该笔贷款即为可疑贷款。(　　)[2016年6月真题]

【解析】借款人收到还本付息通知单后，应当及时筹备资金，按时还本付息。在还本付息日当天营业时间终了前，借款人未向银行提交偿还贷款本息的支票(人民币)或支取凭条(外币)的，并且其偿债账户或其他存款户中的存款余额不足以由银行主动扣款的，该笔贷款即为逾期贷款。

9. 由于借款人的提前还款会打乱银行原有的资金安排，借款人应至少口头征得银行同意后，才可以提前还款。(　　)[2015年10月真题]

4A　5A　6A　7B　8B　9B

【解析】如果借款人出于某种原因(如贷款项目效益较好)希望提前还款，应与银行协商。由于借款人的提前还款会打乱银行原有的资金安排，借款人应提前向银行递交提前还款计划，在征得银行的同意后，才可以提前还款。因提前还款而产生的费用应由借款人负担。

10. 如果抵押人的行为足以使抵押物价值降低的，抵押权人(银行)有权请求抵押人停止其行为，并请求其恢复抵押物的价值，或提供与减少的价值相当的担保，即追加担保品，以达到原借贷担保合同规定的价值。(　　)[2015 年 5 月真题]

【解析】在抵押期间，银行若发现抵押人对抵押物使用不当或保管不善，足以使抵押物价值减少时，有权请求抵押人停止其行为。若抵押物价值减少时，银行有权请求抵押人恢复抵押物的价值，或者提供与减少的价值相等的担保。

11. 贷款逾期后，银行对应收未收的利息、罚息，要按照复利计收。(　　)[2015 年 5 月真题]

【解析】贷款逾期后，银行不仅对贷款本金计收利息，而且对应收未收的利息计收利息，即计复利。同时，对不能按借款合同约定期限归还的贷款，应按规定加罚利息，加罚的利率应在贷款协议中明确规定，应收未收的罚息也要计复利。

12. 商业银行一级信贷档案可存放在金库或保险箱(柜)中保管，指定双人分别管理钥匙和密码，双人入、出库，形成存取制约机制。(　　)[2012 年 6 月真题]

【解析】一级信贷档案是信贷的重要物权凭证，在存放保管时视同现金管理，可将其放置在金库或保险箱(柜)中保管，指定双人分别管理钥匙和密码，双人入库、出库，形成存取制约机制。

13. 商业银行的信贷风险处置按照阶段划分，可以分为预控性处置与实质性处置。(　　)[2010 年 5 月真题]

【解析】风险处置是指在风险警报的基础上，为控制和最大限度地消除商业银行风险而采取的一系列措施。按照阶段划分，风险处置可以划分为预控性处置与全面性处置。

10A　11A　12A　13B

第十一章　贷款风险分类与贷款损失准备金的计提

一、单选题(下列选项中只有一项最符合题目的要求)

1. 关于信贷资产风险分类，下列表述错误的是(　　)。[2023 年 10 月真题]

A. 信贷资产风险分类本质上是判断债务人及时足额偿还贷款本息或及时足额履约的可能性

B. 信贷资产风险状况发生变化的，应在年终调整风险分类

C. 信贷资产风险分类结果是计提贷款损失准备金，实施绩效考核的重要依据

D. 信贷资产风险分类揭示资产损失可能性及程度

【解析】贷款风险分类是指商业银行按照风险程度将信贷资产划分为不同档次的行为，其实质是以贷款的内在风险程度和债务人还款能力为核心，判断债务人及时足额偿还贷款本息或及时足额履约的可能性。B 项，商业银行应根据债务人履约能力以及贷款风险变化情况，及时、动态地调整分类结果，至少每季度对全部贷款进行一次分类。

2. 贷款拨备覆盖率是指贷款损失准备金与(　　)之比。[2023 年 10 月真题]

A. 全部贷款　　B. 不良贷款

C. 可疑加损失贷款　　D. 损失贷款

【解析】根据《商业银行贷款损失准备管理办法》，拨备覆盖率 = 贷款损失准备 ÷ 不良贷款 × 100%，监管参考标准是 120% ~150%。

3. 借款人出现还款意愿差，不与银行积极合作的情形时，其贷款至少应归为(　　)。[2023 年 10 月真题]

A. 可疑类　　B. 关注类　　C. 损失类　　D. 次级类

【解析】依据《商业银行金融资产风险分类办法》，商业银行金融资产按照风险程度划分为五类，分别为正常类、关注类、次级类、可疑类和损失类，后三类合称为不良资产。关注类贷款定义为虽然存在一些可能对履行合同产生不利影响的因素，但债务人目前有能力偿付本金、利息或收益。

4. 关于贷款风险分类，下列选项表述不正确的是(　　)。[2023 年 10 月真题]

A. 商业银行贷款分类对象应涵盖其银行账簿承担信用风险的全部信贷业务

B. 一般公司贷款可仅根据逾期时间进行分类等级认定

C. 法人客户贷款逾期 90 天以上，原则上至少应划分为次级

D. 逾期时间长短，是划分贷款分类等级的重要因素

【解析】贷款风险分类是在执行核心定义的前提下，参照主要参考特征，结合贷款的逾期时间，并以债务人正常的营业收入作为主要偿还来源，以担保作为第二偿还来源，判断债务人及时足额偿还债务的可能性。主要参照以下七方面因素：①借款人的还款能力；②借款人的还款记录；③借款人的还款意愿；④贷款项目的盈利能力；⑤贷款的担保；

1B　2B　3B　4B

⑥贷款偿还的法律责任；⑦银行的信贷管理状况。

5. 《金融企业准备金计提管理办法》要求商业银行计提一般准备，余额不得低于(　　)。[2022年7月真题]

A. 金融贷款期末余额的1%　　B. 金融表内外资产的1%

C. 贷款年度收益的1.5%　　D. 风险资产期末余额的1.5%

【解析】按照《金融企业准备金计提管理办法》的要求，商业银行除在成本中列支贷款损失准备金之外，每年年终还应在其净利润中提取一般准备。商业银行应当根据自身实际情况，选择内部模型法或监管指定的标准法对风险资产所面临的风险状况定量分析，确定潜在风险估计值。对于潜在风险估计值高于资产减值准备的差额，计提一般准备。一般准备余额原则上不得低于风险资产期末余额的1.5%。

6. 贷款风险分类时应评估诸多因素，其中最核心的因素为(　　)。[2022年7月真题]

A. 贷款的担保　　B. 借款人的还款能力

C. 借款人的还款记录　　D. 借款人经营状况

【解析】贷款风险分类最核心的标准就是贷款偿还的可能性，而决定贷款是否能偿还，借款人的还款能力是主要因素，评估借款人偿还能力的主要方式是对借款人进行财务分析和现金流量分析。

7. 商业银行应按照(　　)计提贷款损失准备金，并在成本中列支。[2021年6月真题]

A. 预期收益　　B. 逾期本金　　C. 贷款金额　　D. 预期损失

【解析】按照国际通行的巴塞尔资本监管框架体系，银行必须保有足够资本来抵御风险资产的非预期损失，而资产的预期损失，应充分考虑在其经营成本中，由相应的风险损失准备金抵补。

8. 下列选项中，表述错误的是(　　)。[2021年6月真题]

A. 银行通过资本金覆盖非预期损失

B. 从事前风险管理的角度，可将贷款损失分为预期损失和非预期损失

C. 贷款损失准备金的大小由预期损失大小决定

D. 银行通过资本金覆盖预期损失

【解析】如果把全部风险比作一座冰山，预期损失就是已经能够看得到的“水上部分”，而看不见的“水下部分”就是非预期损失。按照国际通行的巴塞尔资本监管框架体系，银行必须保有足够资本来抵御风险资产的非预期损失，而资产的预期损失，应充分考虑在其经营成本中，由相应的风险损失准备金抵补。如果风险损失准备金不足，就要直接冲减资本。

9. 商业银行贷款拨备覆盖率等于(　　)。[2020年10月真题]

A. 贷款损失准备/不良贷款余额　　B. 贷款损失准备/各项贷款余额

C. 贷款损失准备/各项资产总额　　D. 贷款损失准备/逾期贷款余额

【解析】监管部门设置了贷款拨备率和拨备覆盖率两个指标，用于考核商业银行贷款损失准备计提的充足性：贷款拨备率＝贷款损失准备÷各项贷款×100%，监管参考标准是

5D　6B　7D　8D　9A

1.5% ~2.5%；拨备覆盖率 = 贷款损失准备 ÷ 不良贷款 ×100%，监管参考标准是120% ~150%。

10. 我国贷款风险分类的标准中，最核心的内容是(　　)。[2016 年 11 月真题]

A. 借款人的还款意愿

B. 借款人的历史还款记录

C. 贷款的内在风险程度和债务人还款能力

D. 借款人的还款来源

【解析】贷款风险分类是指商业银行按照风险程度将信贷资产划分为不同档次的行为，其实质是以贷款的内在风险程度和债务人还款能力为核心，判断债务人及时足额偿还贷款本息或及时足额履约的可能性。

11. 商业银行应对重组资产设置重组观察期，观察期自合同调整后约定的第一次还款日开始计算，应至少包含连续两个还款期，并不得低于(　　)年。

A. 4　　B. 3　　C. 2　　D. 1

【解析】重组资产是指因债务人发生财务困难，为促使债务人偿还债务，商业银行对债务合同作出有利于债务人调整的金融资产，或对债务人现有债务提供再融资，包括借新还旧、新增债务融资等。商业银行应对重组资产设置重组观察期。观察期自合同调整后约定的第一次还款日开始计算，应至少包含连续两个还款期，并不得低于 1 年。

12. 商业银行应在依法依规前提下，独立判断贷款的风险程度，不受其他因素左右而影响分类结果，确保风险分类真实、准确反映贷款的风险状况，体现了贷款风险分类的(　　)原则。

A. 独立性　　B. 及时性　　C. 真实性　　D. 审慎性

【解析】独立性原则要求商业银行应在依法依规前提下，独立判断贷款的风险程度，不受其他因素左右而影响分类结果，确保风险分类真实、准确反映贷款的风险状况。商业银行应完善金融资产风险分类流程，明确"初分、认定、审批"三级程序，加强各环节管理要求，建立有效的制衡机制，确保分类过程的独立性，以及分类结果的准确性和客观性。

13. 贷款风险分类应达到的目的不包括(　　)。

A. 揭示信贷资产的实际价值和风险程度

B. 真实、全面、动态地反映贷款数量

C. 及时发现信贷业务经营管理各环节存在的问题

D. 计提贷款损失准备金的重要依据

【解析】贷款风险分类是银行信贷管理的重要组成部分。商业银行贷款风险分类的目的，不仅是揭示信贷资产的实际价值和风险程度，真实、全面、动态地反映贷款质量，及时发现信贷业务经营管理各环节存在的问题，采取相应措施，化解贷款风险。贷款风险分类结果还是商业银行计提贷款损失准备金、实施责任追究和绩效考核的重要依据。贷款风险分类也是监管当局对银行进行审慎监管的基本要求。

10C　11D　12A　13B

14. 根据《商业银行金融资产风险分类办法》的要求，商业银行应至少(　　)对全部金融资产进行一次风险分类。

A. 每季度　　B. 每月　　C. 每年　　D. 每半年

【解析】根据《商业银行金融资产风险分类办法》第三十一条，商业银行应至少每季度对全部金融资产进行一次风险分类。对于债务人财务状况或影响债务偿还的因素发生重大变化的，应及时调整风险分类。

15. 金融资产已发生信用减值的证据不包括下列(　　)可观察信息。

A. 发行方或债务人发生重大财务困难

B. 债务人违反合同，如偿付利息或本金违约或逾期等

C. 债务人财务资金充裕，存在大量流动资产

D. 债务人很可能破产或进行其他财务重组

【解析】金融资产已发生信用减值的证据包括下列可观察信息：①发行方或债务人发生重大财务困难；②债务人违反合同，如偿付利息或本金违约或逾期等；③债权人出于与债务人财务困难有关的经济或合同考虑，给予债务人在任何其他情况下都不会作出的让步；④债务人很可能破产或进行其他财务重组；⑤发行方或债务人财务困难导致该金融资产的活跃市场消失；⑥以大幅折扣购买或源生一项金融资产，该折扣反映了发生信用损失的事实。

16. 债务人能够履行合同，没有客观证据表明本息、利息或收益不能按时足额偿付的金融资产应归类为(　　)。

A. 正常类金融资产　　B. 关注类金融资产

C. 次级类金融资产　　D. 损失类金融资产

【解析】B 项，关注类金融资产是指虽然存在一些可能对履行合同产生不利影响的因素，但债务人目前有能力偿付本金、利息或收益；C 项，次级类金融资产是指债务人无法足额偿付本金、利息或收益，或金融资产已经发生信用减值；D 项，损失类金融资产是指在采取所有可能的措施后，只能收回极少部分金融资产，或损失全部金融资产。

17. 根据金融资产的特征判断，下列选项中应归为可疑类金融资产的是(　　)。

A. 债务人已经无法足额偿付本金、利息或收益，金融资产已发生显著信用减值

B. 虽然存在一些可能对履行合同产生不利影响的因素，但债务人目前有能力偿付本金、利息或收益

C. 债务人无法足额偿付本金、利息或收益，或金融资产已经发生信用减值

D. 在采取所有可能的措施后，只能收回极少部分金融资产，或损失全部金融资产

【解析】可疑类金融资产的特征为：债务人已经无法足额偿付本金、利息或收益，金融资产已发生显著信用减值。B 项为关注类金融资产的特征；C 项为次级类金融资产的特征；D 项为损失类金融资产的特征。

18. 债务人或金融资产的外部评级大幅下调，导致债务人的履约能力显著下降，此类金融资产应至少分类为(　　)。

14A　15C　16A　17A　18B

A．关注类　　B．次级类　　C．可疑类　　D．损失类

【解析】属于下列情形的，至少应分类为次级类金融资产：①本金、利息或收益逾期超过 90 天；②金融资产已发生信用减值；③债务人或金融资产的外部评级大幅下调，导致债务人的履约能力显著下降；④同一非零售债务人在所有银行的债务中，逾期超过 90 天的债务已经超过 20%。

19．本金、利息或收益逾期超过 270 天的金融资产应分类为（　　）。

A．关注类　　B．次级类　　C．可疑类　　D．损失类

【解析】属于下列情形的，至少应分类为可疑类金融资产：①本金、利息或收益逾期超过 270 天；②债务人逃废银行债务；③金融资产已发生信用减值，且预期信用损失占其账面余额 50% 以上。

20．已发生信用减值，且预期信用损失占其账面余额 90% 以上的金融资产应至少分类为（　　）。

A．关注类　　B．次级类　　C．可疑类　　D．损失类

【解析】属于下列情形的，至少应分类为损失类金融资产：①本金、利息或收益逾期超过 360 天；②债务人已进入破产清算程序；③金融资产已发生信用减值，且预期信用损失占其账面余额 90% 以上。

二、多选题（下列选项中有两项或两项以上符合题目要求）

1．贷款风险分类需要考虑的因素包括（　　）。[2021 年 6 月真题]

A．贷款偿还的法律责任　　B．贷款的担保

C．借款人的还款能力　　D．借款人的还款记录

E．借款人的还款意愿

【解析】除 ABCDE 五项外，贷款风险分类还应考虑以下因素：①贷款项目的盈利能力；②银行的信贷管理状况。

2．下列情形中的金融资产，至少应分为关注类的有（　　）。

A．本金、利息或收益逾期

B．未经商业银行同意，擅自改变资金用途

C．同一非零售债务人在本行或其他银行的债务出现不良

D．债务人已进入破产清算程序

E．本金、利息或收益逾期超过 360 天

【解析】ABC 三项，属于下列情形的，至少应分类为关注类金融资产：①本金、利息或收益逾期，操作性或技术性原因导致的短期逾期除外（7 天内）；②未经商业银行同意，擅自改变资金用途；③通过借新还旧或通过其他债务融资方式偿还，债券、符合条件的小微企业续贷业务除外；④同一非零售债务人在本行或其他银行的债务出现不良。DE 两项，属于下列情形的，至少应分类为损失类金融资产：①本金、利息或收益逾期超过 360 天；②债务人已进入破产清算程序；③金融资产已发生信用减值，且预期信用损失占其账面余额 90% 以上。

19C　20D　▎　1ABCDE　2ABC

3. 贷款风险分类时，应该遵循的原则有(　　)。

A. 系统性原则
B. 真实性原则
C. 及时性原则
D. 审慎性原则
E. 独立性原则

【解析】贷款风险分类应遵循以下原则：①真实性原则，商业银行贷款风险分类应真实、准确地反映贷款的风险水平；②及时性原则，商业银行应根据债务人履约能力以及贷款风险变化情况，及时、动态地调整分类结果，至少每季度对全部贷款进行一次分类；③审慎性原则，对于暂时难以掌握风险状况的金融资产，商业银行应从严把握分类标准，从低确定其分类等级；④独立性原则，商业银行应在依法依规前提下，独立判断贷款的风险程度，不受其他因素左右而影响分类结果，确保风险分类真实、准确反映贷款的风险状况。

4. 贷款损失准备金的计提范围具体包括(　　)。

A. 流动资金贷款
B. 银行承兑汇票、信用证、担保付款
C. 福费廷
D. 贷款承诺
E. 贴现

【解析】商业银行贷款损失准备金的计提范围包括：①表内贷款，包括流动资金贷款、固定资产贷款、项目融资、银团贷款、法人账户透支、票据贴现、保理、福费廷等各类表内信贷资产；②表外信贷，包括信用证、票据承兑、保证、保兑、保函、担保付款、贷款承诺、包销承诺等各类贷款担保和承诺。

三、判断题(请对下列各题的描述做出判断，正确的用 A 表示，错误的用 B 表示)

1. 贷款损失准备金是从净利润中计提的、用于部分弥补尚未识别的可能性损失的准备金。(　　)[2022 年 7 月真题]

【解析】贷款损失准备金(又称拨备)是指商业银行在成本中列支、用于抵御贷款风险的准备金，不包括在利润分配中计提的一般风险准备。一般准备，是指金融企业运用动态拨备原理，采用内部模型法或标准法计算风险资产的潜在风险估计值后，扣减已计提的资产减值准备，从净利润中计提的、用于部分弥补尚未识别的可能性损失的准备金。

2. 一般准备从净利润中计提，可以一定程度上用于弥补银行的未来损失。(　　)[2014 年 6 月真题]

【解析】一般准备，是指金融企业运用动态拨备原理，采用内部模型法或标准法计算风险资产的潜在风险估计值后，扣减已计提的资产减值准备，从净利润中计提的、用于部分弥补尚未识别的可能性损失的准备金。

3. 通常银行提取贷款损失准备金来覆盖预期损失，计提贷款损失准备金是对贷款预期损失的抵补。(　　)[2010 年 5 月真题]

【解析】按照国际通行的巴塞尔资本监管框架体系，银行必须保有足够资本来抵御风险资产的非预期损失，而资产的预期损失，应充分考虑在其经营成本中，由相应的风险损失准备金抵补。

3BCDE　4ABCDE　▎　1B　2A　3A

4. 在贷款风险分类中，对于挪用的贷款，至少是次级类。(　　)

【解析】在贷款业务中，判断贷款是否正确使用以及不被挪用，是贷款风险分类最基本判断因素之一，因为贷款一旦被挪用，就意味着将产生更大的风险。在贷款风险分类中，对于挪用的贷款，至少是关注类。

第十二章 不良贷款管理

一、单选题(下列选项中只有一项最符合题目的要求)

1. 下列选项中，不属于目前商业银行贷款重组的主要方式的是(　　)。[2023 年 10 月真题]

A. 债权转让　　B. 调整还款期限　　C. 变更担保条件　　D. 借款企业变更

【解析】目前商业银行的贷款重组方式主要有六种，即变更担保条件、调整还款期限、调整利率、借款企业变更、债务转为资本和以资抵债。但在实务中，贷款重组可以有多种方式，各种方式既可以单独使用，也可以结合使用。

2. 关于贷款重组，下列选项表述不正确的是(　　)。[2023 年 10 月真题]

A. 通过贷款重组，应确保重组后贷款担保能力不低于原担保

B. 贷款重组后应有利于银行贷款安全和贷款人落实还款计划，通过贷款重组应能使原借款合同或担保合同中存在的法律缺陷得到完善

C. 通过贷款重组能够使银行债务先行得到部分偿还的，在其他还款条件没有因此明显恶化的情况下，可考虑办理贷款重组

D. 对恶意逃废债企业也可以办理贷款重组

【解析】贷款重组是指借款企业由于财务状况恶化或其他原因而出现还款困难，银行在充分评估贷款风险并与借款企业协商的基础上，修改或重新制订贷款偿还方案，调整贷款合同条款，控制和化解贷款风险的行为。总的来说，办理贷款重组的条件是：有利于银行贷款资产风险的控制及促进现金回收，减少经济损失。D 项，借款人恶意逃废债务不得办理贷款重组。

3. 抵债资产应在(　　)尽快处置变现。[2022 年 7 月真题]

A. 动产自取得之日起两年内

B. 法院、仲裁机构裁决抵债的终结裁决书生效日起两年内

C. 不动产和股权自取得之日起两年内

D. 法院、仲裁机构裁决抵债的终结裁决书生效日起一年内

【解析】抵债资产收取后应尽快处置变现，应以抵债协议书生效日，或法院、仲裁机构裁决抵债的终结裁决书生效日为抵债资产取得日，不动产和股权应自取得日起 2 年内予以处置；除股权外的其他权利应在其有效期内尽快处置，最长不得超过自取得日起的 2 年；动产应自取得日起 1 年内予以处置。

4. 从 2002 年起，我国全面实行贷款五级分类制度，该制度按照贷款的风险程度，将银行信贷资产分为正常、关注、次级、可疑和损失，其中不属于不良贷款的是(　　)。[2021 年 6 月真题]

A. 关注　　B. 损失　　C. 可疑　　D. 次级

【解析】从 2002 年起，我国全面实行贷款五级分类制度，该制度按照贷款的风险程度，

1A　2D　3C　4A

将银行信贷资产分为五类：正常、关注、次级、可疑、损失。不良贷款主要指次级类、可疑类和损失类贷款。

5. 保证人和债权人应当在合同中约定保证责任期间，双方没有约定的，从借款企业偿还借款的期限届满之日起的(　　)内，债权银行应当要求保证人履行债务，否则保证人可以拒绝承担保证责任。[2021 年 6 月真题]

A. 3 个月　　B. 9 个月　　C. 一年　　D. 6 个月

【解析】保证人和债权人应当在合同中约定保证责任期间，双方没有约定的，从借款企业偿还借款的期限届满之日起的 6 个月内，债权银行应当要求保证人履行债务，否则保证人可以拒绝承担保证责任。

6. 对于有多个债权人的企业，如果其他债权人已抢先采取法律行动强制执行企业的财产，债权银行可以考虑(　　)，以达到终止其他强制执行程序的目的。[2020 年 10 月真题]

A. 申请企业破产　　B. 申请财产保全　　C. 申请强制执行　　D. 提起诉讼

【解析】当债务人不能偿还到期债务而且经营亏损的趋势无法逆转时，应当果断申请对债务人实施破产。尤其对于有多个债权人的企业，如果其他债权人已经抢先采取了法律行动，如强制执行债务人的财产，或者债务人开始采取不正当的手段转移财产，此时债权银行应当考虑申请债务人破产，从而达到终止其他强制执行程序、避免债务人非法转移资产的目的。

7. 下列选项中，不能作为银行接收抵债资产价值确定原则的是(　　)。[2019 年 6 月真题]

A. 法院裁决确定价值　　B. 借款人主管部门根据实际情况确定价值

C. 双方认可的权威评估部门确认价值　　D. 双方协商

【解析】商业银行在取得抵(质)押品及其他以物抵贷财产(抵债资产)后，要按以下原则确定其价值：①借、贷双方的协商议定价值；②借、贷双方共同认可的权威评估部门评估确认的价值；③法院裁决确定的价值。

8. 下列关于财产保全的表述，错误的是(　　)。[2019 年 6 月真题]

A. 申请财产保全应当谨慎，但银行不需承担一旦申请错误赔偿被申请人损失的责任

B. 财产保全分为诉前财产保全和诉中财产保全两类

C. 财产保全能起到迫使债务人主动履行义务的作用

D. 诉前财产保全是指债权银行因情况紧急，不立即申请财产保全将会使其合法权益受到损失，因而在起诉前申请采取财产保全措施

【解析】银行在依法收贷的纠纷中申请财产保全有两方面作用：①防止债务人的财产被隐匿、转移或者毁损灭失，保障日后执行顺利进行；②对债务人财产采取保全措施，影响债务人的生产和经营活动，迫使债务人主动履行义务。但是，申请财产保全也应谨慎，因为一旦申请错误，银行要赔偿被申请人固有财产保全所遭受的损失。

9. 商业银行拍卖抵债金额(　　)万元(含)以上的单项抵债资产应通过公开招标方式确定拍卖机构。[2019 年 6 月真题]

A. 500　　B. 2000　　C. 1000　　D. 1500

5D　6A　7B　8A　9C

【解析】抵债资产原则上应采用公开拍卖方式进行处置。拍卖抵债金额1000万元(含)以上的单项抵债资产应通过公开招标方式确定拍卖机构。

10. 金融企业应在每批次不良资产转让工作结束后(　　)个工作日内，向同级财政部门和银行业监督管理机构或其属地派出机构报告转让方案及处置结果。[2018年10月真题]

A. 15　　B. 45　　C. 30　　D. 60

【解析】金融企业应在每批次不良资产转让工作结束后(即金融企业向受让资产管理公司完成档案移交)30个工作日内，向同级财政部门和银行业监督管理机构或其属地派出机构报告转让方案及处置结果，其中中央管理的金融企业报告财政部和银行业监督管理机构，地方管理的金融企业报告同级财政部门和属地派出机构。同一报价日发生的批量转让行为作为一个批次。

11. 对可能因债务人一方的行为或者其他原因，使判决不能执行或者难以执行的案件，人民法院根据债权银行的申请裁定或者在必要时对不经申请自行裁定采取的财产保全措施属于(　　)。[2018年6月真题]

A. 诉后财产保全　　B. 诉前财产保全　　C. 诉中财产保全　　D. 诉讼财产保全

【解析】财产保全分为两种：诉前财产保全和诉中财产保全。诉前财产保全是指债权银行因情况紧急，不立即申请财产保全将会使其合法权益受到难以弥补的损失，因而在起诉前向人民法院申请采取财产保全措施。诉中财产保全的含义如题干所述。

12. 已知某银行2015年已处理的抵债资产变现价值为90万元，已处理的抵债资产账面总价为100万元，年初待处理的抵债资产总价为200万元，则该银行抵债资产年处置率和抵债资产变现率分别为(　　)。[2018年6月真题]

A. 200%，90%　　B. 50%，90%　　C. 50%，45%　　D. 200%，45%

【解析】根据公式：抵债资产年处置率＝一年内已处理的抵债资产总价(列账的计价价值)/一年内待处理的抵债资产总价(列账的计价价值)×100%＝100/200×100%＝50%；抵债资产变现率＝已处理的抵债资产变现价值/已处理抵债资产总价(原列账的计价价值)×100%＝90/100×100%＝90%。

13. 资产管理公司是指具有健全公司治理、内部管理控制机制，并有______年以上不良资产管理和处置经验，公司注册资本金______亿元(含)以上，取得国务院银行业监督管理机构核发的金融许可证的公司。(　　)[2017年10月真题]

A. 3，100　　B. 5，100　　C. 5，200　　D. 3，200

【解析】资产管理公司，是指具有健全公司治理、内部管理控制机制，并有5年以上不良资产管理和处置经验，公司注册资本金100亿元(含)以上，取得国务院银行业监督管理机构核发的金融许可证的公司，以及各省、自治区、直辖市人民政府依法设立或授权的资产管理或经营公司。

14. 下列各项中，不能作为抵债资产的是(　　)。[2017年10月真题]

A. 机器设备　　B. 著作权

10C　11C　12B　13B　14D

C. 交通运输工具　　　　　　　　　　　D. 资产已先于银行抵押给第三人的

【解析】下列资产不得用于抵偿债务，但根据人民法院和仲裁机构生效法律文书办理的除外：①抵债资产本身发生的各种欠缴税费，接近、等于或超过该财产价值的；②所有权、使用权不明确或有争议的；③资产已经先于银行抵押或质押给第三人的；④依法被查封、扣押、监管的资产；⑤债务人公益性质的职工住宅等生活设施、教育设施和医疗卫生设施；⑥其他无法变现或短期难以变现的资产。

15. 商业银行对抵债资产的账实核对时间至少应为(　　)一次。[2017 年 10 月真题]

A. 每月　　B. 每半年　　C. 每旬　　D. 每季度

【解析】商业银行对抵债资产进行保管时，每个季度应至少组织一次对抵债资产的账实核对，并做好核对记录。核对应做到账簿一致和账实相符，若有不符的，应查明原因，及时报告并据实处理。

16. 有关抵债资产的处置，动产应当自取得之日起(　　)内予以处置。[2016 年 6 月真题]

A. 1 年　　B. 6 个月　　C. 3 个月　　D. 2 年

【解析】抵债资产收取后应尽快处置变现，应以抵债协议书生效日，或法院、仲裁机构裁决抵债的终结裁决书生效日为抵债资产取得日，不动产和股权应自取得日起 2 年内予以处置；除股权外的其他权利应在其有效期内尽快处置，最长不得超过自取得日起的 2 年；动产应自取得日起 1 年内予以处置。

17. 下列关于银行抵债资产的表述，错误的是(　　)。[2016 年 6 月真题]

A. 集体所有的土地使用权可以单独用于抵偿债务

B. 银行不得擅自使用抵债资产

C. 不动产和股权应自取得之日起 2 年内予以处置

D. 抵债资产收取后原则上不能对外出租

【解析】A 项，根据相关法律规定，所有权、使用权不明确或有争议的财产不得用于抵偿债务，但根据人民法院和仲裁机构生效法律文书办理的除外。

18. 某商业银行的贷款业务发生呆账贷款，经审核批准核销后，应首先(　　)。[2015 年 10 月真题]

A. 冲减贷款呆账准备金　　　　　　B. 冲减税后利润

C. 增加贷款风险准备金　　　　　　D. 冲减税前利润

【解析】呆账核销是指银行经过内部审核确认后，动用呆账准备金将无法收回或者长期难以收回的贷款或投资从账面上冲销，从而使账面反映的资产和收入更加真实。呆账经有权审批部门批准核销后连同表内利息一并冲减呆账准备金。

19. 对于借款关系清楚的案件，债权银行可以不经起诉而直接向人民法院申请(　　)。[2015 年 5 月真题]

A. 财产保全　　B. 破产　　C. 强制执行　　D. 支付令

【解析】对于借贷关系清楚的案件，债权银行可以不经起诉而直接向人民法院申请支付令；对于扭亏无望、无法清偿到期债务的企业，可考虑申请其破产。

15D　16A　17A　18A　19D

20. 商业银行在不良贷款清收中，委托第三方清收属于(　　)。[2015 年 5 月真题]
A. 依法清收　　B. 以资抵债　　C. 常规清收　　D. 现金清收
【解析】常规清收包括直接追偿、协商处置抵(质)押物、委托第三方清收等方式。

21. 下列不属于商业银行不良资产处理方式的是(　　)。[2014 年 11 月真题]
A. 呆账核销　　B. 法律仲裁　　C. 以资抵债　　D. 债务重组
【解析】商业银行不良贷款的处置方式主要有：①现金清收；②重组，从广义上来说，即债务重组，目前商业银行的贷款重组方式主要有六种，即变更担保条件、调整还款期限、调整利率、借款企业变更、债务转为资本和以资抵债；③呆账核销。

22. 下列各项中，能作为呆账核销的是(　　)。[2014 年 11 月真题]
A. 借款人或者担保人有经济偿还能力，未按期偿还的银行债权
B. 银行未向借款人和担保人追偿的债权
C. 借款人不能偿还到期债务，银行依法取得抵债资产，抵债金额小于贷款本息的差额经追偿后无法收回的债权
D. 违反法律、法规的规定，以各种形式逃废或者悬空的银行债权
【解析】下列债权或者股权不得作为呆账核销：①借款人或者担保人有经济偿还能力，银行未按规定履行所有可能的措施和实施必要的程序追偿的债权；②违反法律、法规的规定，以各种形式逃废或者悬空的银行债权；③因行政干预造成逃废或者造成悬空的银行债权；④银行未向借款人和担保人追偿的债权；⑤其他不应当核销的银行债权或者股权。

23. 向人民法院申请保护债权的诉讼时效期间通常为(　　)年。[2014 年 11 月真题]
A. 1　　B. 3　　C. 5　　D. 2
【解析】向人民法院申请保护债权的诉讼时效期间通常为 3 年。诉讼时效从债务人应当还款之日起算，但在 3 年期间届满之前，债权银行提起诉讼、向债务人提出清偿要求或者债务人同意履行债务的，诉讼时效中断；从中断时起，重新计算诉讼时效期间(仍然为 3 年)。

24. 商业银行贷款重组方式不包括(　　)。[2014 年 6 月真题]
A. 以资抵债　　B. 债务转为资本　　C. 破产清算　　D. 调整利率
【解析】目前商业银行的贷款重组方式主要有六种：①变更担保条件；②调整还款期限；③调整利率；④借款企业变更；⑤债务转为资本；⑥以资抵债。但在实务中，贷款重组可以有多种方式，各种方式既可以单独使用，也可以结合使用。

25. 银行依法可向法院申请强制执行的法律文书不包括(　　)。[2013 年 6 月真题]
A. 生效的判决
B. 还本付息通知书
C. 仲裁机构的裁决
D. 公证机关依法赋予强制执行力的债权文书
【解析】对于下列法律文书，债务人必须履行，债务人拒绝履行的，银行可以向人民法

20C　21B　22C　23B　24C　25B

院申请强制执行：①人民法院发生法律效力的判决、裁定和调解书；②依法设立的仲裁机构的裁决；③公证机关依法赋予强制执行效力的债权文书。此外，债务人接到支付令后既不履行债务又不提出异议的，银行也可以向人民法院申请强制执行。

26. 某银行组织辖内10个分行进行抵债资产拍卖活动，累计处理抵债资产5亿元，变现金额3亿元，待处理的抵债资产总价为2亿元，那么，该银行抵债资产变现率为（　　）。[2013年6月真题]

A. 55%　　B. 40%　　C. 60%　　D. 50%

【解析】抵债资产变现率＝已处理的抵债资产变现价值/已处理抵债资产总价（原列账的计价价值）×100%。题中，该银行抵债资产变现率＝3÷5×100%＝60%。

27. 某公司欠银行贷款本金1000万元，利息120万元。经协商双方同意以该公司事先抵押给银行的闲置的机器设备1200万元（评估价）抵偿贷款本息。银行对该笔抵债资产的处理是（　　）。[2010年5月真题]

A. 1000万元作为贷款本金收回，120万元作为应收利息收回，其差额80万元列入保证金科目设专户管理，待抵债资产变现后一并处理

B. 1000万元作为贷款本金收回，120万元作为应收利息收回，其差额80万元待抵债资产变现后退还给贷款人

C. 1000万元作为贷款本金收回，120万元作为应收利息收回，其差额80万元待抵债资产变现后上缴国库

D. 1000万元作为贷款本金收回，120万元作为应收利息收回，其差额80万元待抵债资产变现后上交上一级银行

【解析】商业银行在取得抵债资产时，要同时冲减贷款本金与应收利息。抵债资产的计价价值高于贷款本金与应收利息之和时，其相当于贷款本金的数额作为贷款本金收回处理；超过贷款本金的部分作为应收利息收回处理，不足应收利息部分经有权审批部门批准后冲减呆账准备金，其差额列入保证金科目设专户管理，待抵债资产变现后一并处理。

28. 关于贷款常规清收过程中需注意的问题，下列说法错误的是（　　）。

A. 要分析债务人拖欠贷款的真正原因，判断债务人短期和中长期的清偿能力

B. 利用政府和主管机关向债务人施加压力

C. 强制执行债务人资产

D. 将依法收贷作为常规清收的后盾

【解析】常规清收需要注意以下几点：①要分析债务人拖欠贷款的真正原因，判断债务人短期和中长期的清偿能力；②利用政府和主管机关向债务人施加压力；③要从债务人今后发展需要银行支持的角度，引导债务人自愿还款；④要将依法收贷作为常规清收的后盾。

29. 由于借款人和担保人不能偿还到期债务，金融企业诉诸法律，借款人和担保人虽有财产，但对借款人和担保人强制执行超过（　　）天以上仍未能收回的剩余债权可以认定

26C　27A　28C　29D

为呆账。

A. 90　　B. 120　　C. 150　　D. 180

【解析】根据《呆账核销管理办法》的相关规定，呆账认定的情形之一为：由于借款人和担保人不能偿还到期债务，金融企业诉诸法律，借款人和担保人虽有财产，但对借款人和担保人强制执行超过180天以上仍未能收回的剩余债权；或者借款人和担保人虽有财产，但进入强制执行程序后，由于执行困难等原因，经法院裁定终结(中止)执行或者终结本次执行程序的债权；或者借款人和担保人无财产可执行，法院裁定终结(中止)执行或者终结本次执行程序的债权。

30. 关于变更担保条件，以下说法正确的是(　　)。

A. 在变更担保条件过程中，担保人具有主动权

B. 变更担保条件可以将抵押转换成保证，但保证不允许转换为抵押或质押

C. 保证人的责任无法得到直接免除

D. 若担保条件有明显改善，则银行可以同意变更担保

【解析】变更担保条件包括：①将抵押或质押转换为保证；②将保证转换为抵押或质押，或变更保证人；③直接减轻或免除保证人的责任。银行同意变更担保的前提，通常都是担保条件的明显改善或担保人尽其所能替借款企业偿还一部分银行贷款。

31. 下列做法中，符合对抵债资产管理原则的是(　　)。

A. 收取抵债资产后，债务人、担保人无货币资金偿还能力时，银行要优先选择以间接拍卖的方式回收债权

B. 抵债资产要以资产原价、购入价为基础合理定价

C. 银行在办理抵债资产接收后，每年应至少组织一次对抵债资产的账实核对，并做好核对记录

D. 抵债资产以抵债协议书生效日，或法院、仲裁机构裁决抵债的终结裁决书生效日为抵债资产取得日

【解析】A项，银行收取抵债资产后，受偿方式以现金受偿为第一选择，债务人、担保人无货币资金偿还能力时，要优先选择以直接拍卖、变卖非货币资产的方式回收债权；B项，抵债资产要以市场价格为基础合理定价；C项，银行在接收抵债资产后，每个季度应至少组织一次对抵债资产的账实核对，并做好核对记录。

32. 某市四家国有商业银行在某年内累计接收抵债资产170万元，已处置抵债资产90万元，待处置抵债资产80万元，则抵债资产年处置率为(　　)。

A. 52.94%　　B. 51.11%　　C. 48.23%　　D. 47.06%

【解析】抵债资产年处置率 = 一年内已处理的抵债资产总价(列账的计价价值)/一年内待处理的抵债资产总价(列账的计价价值) × 100% = 90/170 × 100% = 52.94%。

33. 关于呆账核销审批，下列说法正确的是(　　)。

A. 对于任何一笔呆账，分行都没有权力审批

B. 一级分行可以向分支机构转授一些比较小的权力，处理日常工作

30D　31D　32A　33D

C. 除法律法规和《呆账核销管理办法》的规定外，其他任何机构和个人不得干预、参与银行呆账核销运作，债务人除外

D. 对符合条件的呆账经批准核销后，作冲减呆账准备处理

【解析】A 项，对于小额呆账，可授权一级分行(分公司)审批，并上报总行(总公司)备案；B 项，一级分行不得再向分支机构转授权；C 项，其他任何机构和个人包括债务人不得干预、参与银行呆账核销运作。

34. 存量贷款客户由(　　)进行维护和管理并承担相应责任，原则上不移交。

A. 调查分析的信贷员　　B. 后台人员

C. 支行主管　　D. 拥有授权权限的审批人员

【解析】责任认定及追究对象主要包括：贷款调查分析及维护的信贷人员及其主管领导、各级拥有授权权限的审批人员。存量贷款客户由调查分析的信贷人员进行维护和管理并承担相应责任，原则上不移交。

二、多选题(下列选项中有两项或两项以上符合题目要求)

1. 商业银行在责任认定中可对小微企业授信业务工作人员免除全部或部分责任的情形有(　　)。[2022 年 7 月真题]

A. 无确切证据证明工作人员未按照标准化操作流程完成相关操作或未勤勉尽职的

B. 自然灾害等不可抗力因素直接导致不良资产形成，且相关工作人员在风险发生后及时揭示风险并第一时间采取措施的

C. 参与集体决策的工作人员明确提出不同意见(有合法依据)，经事实证明该意见正确，且该项决策与授信业务风险存在直接关系的

D. 因工作调整等移交的小微企业存量授信业务，移交前未暴露风险的，后面接管的工作人员也没有及时发现问题

E. 在授信业务中存在重大失误，未及时发现借款人经营、管理、财务、资金流向等各种影响还款能力的风险因素的

【解析】符合下列情形之一的，商业银行在责任认定中可对小微企业授信业务工作人员免除全部或部分责任：①无确切证据证明工作人员未按照标准化操作流程完成相关操作或未勤勉尽职的。②自然灾害等不可抗力因素直接导致不良资产形成，且相关工作人员在风险发生后及时揭示风险并第一时间采取措施的。③信贷资产本金已还清、仅因少量欠息形成不良的，如相关工作人员无舞弊欺诈、违规违纪行为，并已按商业银行有关管理制度积极采取追索措施的。④因工作调整等移交的小微企业存量授信业务，移交前已暴露风险的，后续接管的工作人员在风险化解及业务管理过程中无违规失职行为；移交前未暴露风险的，后续接管的工作人员及时发现风险并采取措施减少了损失的。⑤参与集体决策的工作人员明确提出不同意见(有合法依据)，经事实证明该意见正确，且该项决策与授信业务风险存在直接关系的。⑥在档案或流程中有书面记录，或有其他可采信的证据表明工作人员对不符合当时有关法律法规、规章、规范性文件和商业银行管理制度的业务曾明确提出反对意见，或对小微企业信贷资产风险有明确警示意见，但经上级决策后业务仍予办理且形成不良的。⑦有关法律法规、规章、规范性文件规定的其他从轻

34A　▎　1ABC

处理情形。

2. 在其他贷款条件没有明显恶化的情况下，具备(　　)条件之一的，商业银行可以考虑办理债务重组。[2018 年 6 月真题]

A. 通过债务重组，能够追加或者完善担保条件

B. 通过债务重组，借款企业能够改善财务状况，增强偿债能力

C. 通过债务重组，可在其他方面减少银行风险

D. 通过债务重组，能够使银行债务先行得到部分偿还

E. 通过债务重组，能够弥补贷款法律手续方面重大缺陷

【解析】总的来说，办理贷款重组的条件是：有利于银行贷款资产风险的控制及促进现金回收，减少经济损失。具备题中五项条件之一的，同时其他贷款条件没有因此明显恶化的，可考虑办理债务重组。

3. 商业银行的资产保全人员至少要从以下(　　)方面维护债权。[2017 年 10 月真题]

A. 根据企业偿债能力制定合理的还款期限、从而有利于鼓励企业增强还款意愿

B. 防止债务人逃废债务

C. 确保主债权和担保权利具有强制执行效力，主要是确保不超过诉讼时效、保证责任期间，确保不超过生效判决的申请执行期限

D. 在贷款审查审批时要求借款人提供抵押担保

E. 妥善保管能够证明主债权和担保债权客观存在的档案材料，例如借款合同、抵质押登记证明等

【解析】现金清收准备主要包括债权维护及财产清查两个方面。资产保全人员至少要从 BCE 三项所述的三个方面认真维护债权。

4. 在商业银行贷款重组过程中，以下表述正确的有(　　)。[2015 年 10 月真题]

A. “借新还旧”和“还旧借新”都属于贷款重组

B. 当债权人内部发生无法调和的争议，或者债权人无法与债务人达成一致意见时，法院会根据自己的判断作出裁决

C. 法院裁定债务人进入破产重整程序以后，其他强制执行程序仍然有效

D. 在破产重整程序中，债权人组成债权人会议，与债务人共同协商债务偿还安排

E. 根据债权性质(例如有无担保)，债权人依法被划分成不同的债权人组别

【解析】A 项，“借新还旧”和“还旧借新”，从严格意义上说，均不属于贷款重组，只不过在某种程度上达到了重组贷款的目的；C 项，法院裁定债务人进入破产重整程序以后，其他强制执行程序，包括对担保物权的强制执行程序，都应立即停止。

5. 抵债资产进行处置的方式包括(　　)。[2015 年 5 月真题]

A. 协议处置　　B. 委托销售　　C. 招标处置　　D. 打包出售

E. 公开拍卖

【解析】抵债资产原则上应采用公开拍卖方式进行处置。不适于拍卖的，可根据资产的实际情况，采用协议处置、招标处置、打包出售、委托销售等方式变现。采用拍卖方式以

2ABCDE　3BCE　4BDE　5ABCDE

外的其他处置方式时，应在选择中介机构和抵债资产买受人的过程中充分引入竞争机制，避免暗箱操作。

6. 在不良贷款管理中，银行应当对抵债资产收取、保管和处置进行检查，发现问题及时纠正，对以下(　　)涉嫌违法犯罪的，应当移交司法机关依法追究法律责任。[2014 年 11 月真题]

A. 擅自将抵债资产转为自用资产的　　B. 未经批准收取、处置抵债资产的

C. 截留抵债资产经营处置收入的　　D. 擅自动用抵债资产的

E. 玩忽职守，怠于行使职权造成抵债资产毁损、灭失的

【解析】除 ABCDE 五项外，恶意串通抵债人或中介机构，在收取抵债资产过程中故意高估抵债资产价格，或在处理抵债资产过程中故意低估价格，造成银行资产损失的，也应视情节轻重进行处理；涉嫌违法犯罪的，应当移交司法机关，依法追究法律责任。

7. 银行对于取得的抵债资产可以采取(　　)方式保管。[2014 年 11 月真题]

A. 信托保管　　B. 就地保管　　C. 以租代管　　D. 上收保管

E. 委托保管

【解析】银行在办理抵债资产接收后应根据抵债资产的类别(包括不动产、动产和权利等)、特点等决定采取上收保管、就地保管、委托保管等方式。

8. 当债务人不能清偿到期债务时，(　　)可以向法院申请破产重整。[2010 年 5 月真题]

A. 工商管理部门　　B. 债务人主管机关

C. 债务人股东　　D. 债权人

E. 债务人

【解析】破产重整是指债务人不能清偿到期债务时，债务人、债务人股东或债权人等向法院提出重组申请，在法院主导下，债权人与债务人进行协商，调整债务偿还安排，尽量挽救债务人，避免债务人破产以后对债权人、股东和雇员等人，尤其是对债务企业所在地的公共利益产生重大不利影响。

9. 采取常规清收手段无效后，可采取依法收贷的措施。依法收贷的步骤包括(　　)。

A. 提起诉讼　　B. 财产清收　　C. 申请强制执行　　D. 申请破产

E. 重组

【解析】根据有关规定，债权人采取常规清收的手段无效后，可采取依法收贷措施，其步骤为：①向人民法院提起诉讼(或者向仲裁机关申请仲裁)，胜诉后向人民法院申请强制执行，胜诉后债务人自动履行的，则无须申请强制执行；②在起诉前或起诉后，为防止债务人转移、隐匿财产，债权银行可向人民法院申请财产保全；③对于借贷关系清楚的案件，债权银行可不经起诉直接向人民法院申请支付令；④对于扭亏无望、无法清偿到期债务的企业，可考虑申请其破产。

10. 不良资产批量转让工作应坚持(　　)原则。

A. 依法合规　　B. 公开透明　　C. 竞争择优　　D. 价值最大化

E. 效用最大化

6ABCDE　7BDE　8CDE　9ACD　10ABCD

【解析】批量转让是指金融企业对一定规模的不良资产(3户/项以上)进行组包，定向转让给资产管理公司的行为。不良资产批量转让工作应坚持依法合规、公开透明、竞争择优、价值最大化原则。

11. 责任行为可能发生于信贷人员对贷款(　　)的过程中。

A. 调查分析　　B. 决策审批　　C. 放款支付　　D. 贷后管理

E. 日常管理

【解析】责任行为是指信贷人员在贷款调查分析、决策审批、放款支付、贷后管理以及日常管理中存在的违反授信业务管理和操作流程的有关规定、或违反授信尽职有关规定、或发生职业道德风险并且与不良贷款的形成具有因果关系，或对不良贷款形成存在重大关联关系的行为。

12. 下列属于职务犯罪行为的是(　　)。

A. 收受客户贵重礼物、现金、购物卡或有价财物

B. 与客户串通或授意客户隐瞒不良信用记录

C. 与客户串通或授意客户提供虚假财务、非财务信息及资料

D. 参与客户组织的高档娱乐、餐饮活动

E. 主动危害银行利益的行为

【解析】职务犯罪是指相关人员明知其行为会发生危害银行利益的结果并且放任这种结果发生的行为，包括由于未保持良好职业操守而产生的道德风险和其他主动危害银行利益的行为。ABCD四项属于未保持良好职业操守而产生的道德风险。

三、判断题(请对下列各题的描述做出判断，正确的用A表示，错误的用B表示)

1. 借款人未能，或有迹象表明不可能按原定的贷款协议按时偿还商业银行的贷款本息的贷款为不良贷款。(　　)[2023年10月真题]

【解析】不良贷款是指借款人未能按原定的贷款协议按时偿还商业银行的贷款本息，或者已有迹象表明借款人不可能按原定的贷款协议按时偿还商业银行的贷款本息而形成的贷款。

2. 存量贷款客户原则上不移交，如确因异地工作调动等符合移交条件的，移交以后客户贷款出现逾期的，由负责接收该贷款的信贷人员承担清收责任，移交该笔贷款的信贷人员有义务协助催收。(　　)[2022年7月真题]

【解析】存量贷款客户由调查分析的信贷人员进行维护和管理并承担相应责任，原则上不移交。如确因异地工作调动等符合贷款组合移交条件的，移交以后客户贷款出现逾期的由接收该贷款的信贷人员承担清收责任，移交该笔贷款的信贷人员应协助维护和催收；如移交时贷款已处于逾期状态，仍由负责调查分析的信贷人员承担清收责任，接收该贷款的信贷人员应协助维护和催收。

3. 信贷人员在不良贷款的责任认定中，根据责任人的主观心态，界定包括职务犯罪和不尽职两种，认定为职务犯罪，承担重大责任，认定为不尽职的，承担一般责任。(　　)[2020年10月真题]

11ABCDE　12ABCDE　▌　1A　2A　3A

【解析】责任认定及追究对象是指在贷款调查分析、决策审批、放款支付、贷后管理以及日常管理中存在责任行为且负有责任的各环节信贷人员。根据责任人的主观心态，责任行为界定包括职务犯罪和不尽职。职务犯罪承担重大责任。不尽职是指相关人员行为虽不存在故意，但违背、偏离其基本职业规范和岗位职责要求，未能完整有效地履行其岗位职责，导致银行利益受到损害的行为。不尽职承担一般责任。

4. 银行在取得抵债资产时，要同时冲减贷款本金与应收利息。(　　)［2018 年 6 月真题］

【解析】商业银行在取得抵债资产过程中发生的有关费用，可以从按相关原则确定的抵押品、质押品的价值中优先扣除，并以扣除有关费用后的抵押品、质押品的净值作为计价价值，同时，将抵债资产按计价价值转入账内单独管理。商业银行在取得抵债资产时，要同时冲减贷款本金与应收利息。

5. 除股权外的其他权利作为抵债资产的，处置时限最长不得超过自取得日起的 1 年。(　　)［2010 年 5 月真题］

【解析】除股权外的其他权利作为抵债资产的，应在其有效期内尽快处置，最长不得超过自取得日起的 2 年。

6. 银行未向借款人和担保人追偿的债权，不得作为呆账核销。(　　)［2010 年 5 月真题］

【解析】债权或者股权不得作为呆账核销的情况包括：①借款人或者担保人有经济偿还能力，银行未按规定履行所有可能的措施和实施必要的程序追偿的债权；②违反法律、法规的规定，以各种形式逃废或者悬空的银行债权；③因行政干预造成逃废或者悬空的银行债权；④银行未向借款人和担保人追偿的债权；⑤其他不应当核销的银行债权或者股权。

7. 各级分支行发生的呆账，要逐户、逐级上报，上级行接到下级行的核销申请，应当组织有关部门进行严格审查并签署意见，并由上级行审批核销。(　　)［2009 年 6 月真题］

【解析】上级行(公司)接到下级行(公司)的呆账核销申报表，应当组织有关部门进行严格审查并签署意见。银行发生的呆账，经逐级上报，由银行总行(总公司)审批核销。

8. 银行依法申请财产保全，无须承担任何法律责任。(　　)

【解析】银行申请财产保全应谨慎，因为一旦申请错误，银行要赔偿被申请人固有财产保全所遭受的损失。

4A　5B　6A　7B　8B